Hans P. Sturm

Widerspiegelung des Geistes II/5

Die vier Wissenskonstituenzien
(in) der spätantiken westlichen (?) Spekulation

Hans P. Sturm

WIDERSPIEGELUNG DES GEISTES II/5

Die vier Wissenskonstituenzien

(in) der spätantiken
westlichen (?) Spekulation

oder Philosophie im Dunstkreis des Orients

Edition Verstehen – Augsburg 2018

Bibliographische Information der Deutschen Nationalbibliothek:
Die Deutsche Nationalbibliothek verzeichnet diese Publikation in der Deutschen Nationalbibliographie; detaillierte bibliographische Daten sind im Internet über http://dnb.dnb.de abrufbar.

Sturm, Hans P.
Widerspiegelung des Geistes II/5. Die vier Wissenskonstituenzien (in) der spätantiken westlichen (?)
Spekulation oder Philosophie im Dunstkreis des Orients
Augsburg – Edition Verstehen
Verlag der Gesellschaft für transkulturelles Verstehen e. V. 2018
www.getrav.de & www.getrav.org
ISBN 978-3-937736-08-2

Satz: Hans P. Sturm
Umschlag: Hans P. Sturm
Thematisches Cover-Emblem: Heiko Helbig
Diagramme und Tabellen incl. Nachgestaltungen von solchen aus der Forschungsliteratur: Hans P. Sturm

Herstellung: BoD - Books on Demand, Norderstedt
Printed in Germany

ISBN 978-3-937736-08-2

„Daß die Bibel ein orientalisches Buch ist, ist im höchsten Sinne providentiell."[1]

---

[1] A. Jeremias, Der Antichrist in Geschichte und Gegenwart, p. 3.

Inhaltsverzeichnis

Abbildungen, Diagramme, Tabellen

Vorbemerkung zu den Teilbänden II/2–7

Da Gedankengang und Gesamtsinn des auf neun Bände konzipierten Werkes ›Widerspiegelung des Geistes‹ im theoretischen Grundlagenband I entfaltet und erörtert wurden, im Einleitungsband der 7-teiligen Abteilung II zudem die spezifischen formalen Konventionen, der wissenschaftliche Stand und Zustand der derzeitigen ‚Philosophie' generell wie ihrer speziellen interkulturellen Spielart, die allgemeine Verfaßtheit dessen, worauf Philosophie gründen sollte oder müßte, wissenschaftliche Rationalität und intellectuelles Verständnis, Wahrheitssuche und Wahrhaftigkeit, aber auch in einer Hinführung der Gegenstand, das Themengebiet der nun zu leistenden Forschungsarbeit dargestellt und diskutiert wurden, werde ich in den folgenden Büchern des Teilbands II auf weitere einleitende Worte und Erläuterungen verzichten und nur diesen Vorbemerkungs-Text hier mit minimalen Anpassungen zusammen mit dem Abstract zum jeweiligen Faszikel wiedergeben.

Erstens dient es zur Einübung in die Kunst der Re–flexion, d. h. des transzendentalen Denkens (Meta-Metatheorie); zweitens verschafft es Einblicke in die diesbezüglichen Fertigkeiten von Geistern anscheinend unterschiedlichster Voraussetzungen und Ausrichtungen (Kulturen, Weisheitstraditionen, Religionen, Weltanschauungen); drittens erschließt sich durch die Anwendung der re–flexionsstrukturellen Methode in ihrer Bi-Aspektualität als Technik des Aufweises kognitiver Prinzipien und dessen sprachlicher, thetisch-antithetischer Formelhaftigkeit eine verblüffende Hermeneutik, die durch Anwendung der beiden stufenartigen Einteilungsraster den Aufbau betrachteter Gedankengebäude durchleuchtungsartig freilegt; viertens und letztens schärft es die Einsicht in den ‚Sinn' des Seins und Daseins und versetzt dadurch in die Lage, durch eine entsprechende Lebensführung selbst nicht nur Philo-Soph zu sein, sondern Weiser, σοφός (*sophós*), ज्ञानिन् (*jñānin*), 聖人 (*shèng rén*) zu werden, wahrhafter Mensch (etymologisch von idg. √*men,* skr. √*man,* gr. *maínō, manthánō,* lat, *memini, mens, mentior,* dt. meinen, Mensch): Meinender, Erdichter, Weise/r.

Abstract zum Faszikel II/5

Im vorliegenden Faszikel werden als heterogen geltende Lehrbestände der späthellenistischen Gedankenentwicklung auf ihren gemeinsamen Nenner, die GeistWelt-Lehren der Klassiker der griechischen Philosophie, gebracht. Man könnte diese Phase hellenischen Denkens, in der es sich über den gesamten mittelmeerischen Raum ausbreitete, seine Orientalisierung nennen, waren die Protagonisten und Hauptrichtungen dieser Bewegung doch zu einem beträchtlichen Teil im Morgenland beheimatet oder kombinierten bzw. rechtfertigten östlich-religiöse Weltanschauungen mit argumentativ Bewährtem griechischen Denkens. Abermals stehen wir vor dem Phänomen abendländischer Philosophie im Dunstkreis des Orients, wenn auch in anderer Hinsicht als bisher, handelt es sich nun doch auch um eine philosophische Hellenisierung gewisser Regionen des Orients. Systematisch läßt sich dieses Phänomen unter der Rubrik Hypostasenspekulation verzeichnen. Daß es sich hierbei nicht nur und vielleicht nicht einmal genuin um eine Kategorie des ‚heidnischen' Neuplatonismus, handelt, der die systematisch anspruchsvollsten der folgend thematisierten Überlegungen zur Kognitionsstruktur anstellte, darüber werden Kapitel zum jüdischen, christlichen und heidnischen Mittelplatonismus, zum ›Neuen Testament‹, Neupythagoreismus, zur mediterran-orientalischen Esoterik (Gnosis, Chaldaik, Hermetik) und zu einigen frühen, sich der Philosophie bedienenden Kündern des christlichen Glaubens Auskunft geben.

1 Jüdisch-mittelplatonische Gott-Geist-Kosmos-Trias

Die Denkergestalt des Platonismus, der das Übergehen der heidnischen in die christliche Tradition wegen ihres Einflusses auf die frühchristliche Spekulation maßgeblich geschuldet ist, indem sie von den älteren Kirchenvätern als Muster und Vorbild allegorischer Bibelexegese „viel zitiert und in ausgedehntem Masse benutzt"[1] wurde, war Philon aus Alexandreia. Es ist nicht zu übersehen, daß seine jüdisch-theologische Ausgestaltung des Drei/Vierstufen-Dogmas für die darauffolgenden Spekulationen Vorbildfunktion hatte, insbesondere wenn man, wie das im Platonismus so gut wie immer zu geschehen hat, das Körperliche und das Materielle als Gegenpol, als komplementierende und komplettierende Elemente zum Dreistufig-Seelisch-Geistigen noch hinzudenkt. „Entsprechend ist Philon's Logos nicht nur ein wesentlicher Schlüssel zur christlichen Entwicklung, sondern auch ein Stadium auf dem Weg zu den mittel- und neuplatonischen Spekulationen über zwei oder drei Seinsebenen in Gott. ... In vielerlei Hinsicht erscheint Philon wie ein Rohentwurf für Plotinos, Gregor von Nyssa und Dionysios Areopagita."[2] Doch auch noch aus einem anderen Grund ist ihm von seiten der Philosophiegeschichte eine herausragende Stellung zuzusprechen, dem Sachverhalt, daß seine

[1] L. Cohn, Einleitung in: Philo von Alexandria, 1.5; cf. D. T. Runia, Philo in Early Christian Literature; H. Meyer, Jüdisch-alexandrinische Religionsphilosophie und christliche Väterspekulation.

[2] H. Chadwick, Philo and the Beginnings of Christian Thought, pp. 145 ... 154; cf. o.c., pp. 142-146.

Werke zu einem beträchtlichen Teil erhalten sind und die Hauptquelle für die Kenntnis der Periode des Philosophierens darstellen, die von der und für die Schule das Etikett »Mittelplatonismus« erhielt.

Bei Philon heißt es, daß Gott das Allgemeinste und zweiter der Lógos Gottes ist.[3] Zusammen mit dem Kosmos bildet dieser den Schatten(riß), das Phantom (*skìan*) des Unentstandenen, Ungeschaffenen (*toũ agenḗtou*),[4] Göttlichen. Die Zahl der Stationen, durch die hindurch sich die Manifestation des Geistgottes vollzieht, beträgt jedoch grob gerechnet wenigstens drei, wodurch sich vier hauptsächliche Weisen des Bewußt-Seins abzeichnen. „Wolfson hatte geltend gemacht, daß wir in beiden, der Lógos-Lehre Philon's und der ›Weisheit Salomos‹ drei Phasen des Seins zu unterscheiden haben:

(ϒ4) 1) den Lógos oder die Weisheit als Eigenschaft Gottes;
(ϒ3) 2) den Lógos oder die Weisheit, der/die als unabhängiges Wesen vor der Weltschöpfung erschaffen wurde und
(ϒ2) den Lógos oder die Weisheit als
(ϒ1) der geschaffenen Welt immanent."[5]

[3] Philon, Legum allegoriarum 2.86: *tò dè genikṓtatón estin 'o theós, kaì deúteros 'o theoũ lógos;* cf. o.c. 2.21; idem, De somniis 1.229. Dazu und hinsichtlich der Lehreinflüsse Philon's auf Noumenios: K. S. Guthrie, Numenius of Apamea. The Father of Neo-Platonism, pp. 145-148; den Logos-Begriff erläutert ausführlich É. Bréhier, Les idées philosophiques et religieuses de Philon d'Alexandrie, pp. 83-111.

[4] Cf. Philon, Legum allegoriarum 3.100.

[5] A. H. B. Logan, Origen and Alexandrian Wisdom Christology, p. 124, mit Verweis auf H. A. Wolfson, Philo, 1.255, 287-288 (Absätze und ϒ-Skalierung von mir eingefügt). Die drei Dichtegrade des Lógos lassen sich jedoch nicht immer leicht bestimmen. Dieser Sachverhalt schlägt sich in der unsicheren Indizierung seiner Ordnungsniveaus, die ich im folgenden durchzuführen habe, nieder.

Tatsächlich finden sich im ersten Kapitel des von der neuesten Doxographie zwischen dem 2. vor- und 1. nachchristlichen Jahrhundert datierten alttestamentlich-deuterokanonischen ›Buches der Weisheit‹ aus dem jüdischen Diaspora-Milieu Ägyptens, eingebunden in eine Mahnrede zur Führung eines gerechten, gottesfürchtigen und von Gotteserkenntnis erfüllten Lebens, die Momente der KosmoLogo-Taxis, die einen (mittel)platonistischen Welt-, Geist- und Seelenbau erkennen lassen, wenngleich nicht in systematischer Anordnung und völlig eindeutiger Verortbarkeit auf den einzelnen Niveaus:

(ϒ4) Herr (*kúrios*); Gott (*theós*); [mit unsicherer Lozierung:] Geist des Herrn (*pneũma kuríou*);
(ϒ3) Heiliger Geist der Unterweisung/Erziehung (*'ágion gàr pneũma paideías*), Weisheit (*sophía*), Weisheit als menschenliebender Geist (*philánthrōpon gàr pneũma sophía*);
(ϒ2) All-Sein (*tò eĩnai tà pánta*);
(ϒ2_1) Seele (*psuchḗ*);
(ϒ2_2) Gedanken (*logismoí*);
(ϒ2_3)[ϒ1_3] Geschöpfe des Kosmos (*'ai genéseis toũ kósmou*);
(ϒ1_2)[ϒ1_2] Erdkreis/Lebenswelt (*oikouménē*)
(ϒ1_1)[ϒ1_1] Körper (*sõma*).[6]

Durch Zusammen- und Übereinanderstellung der metaphysisch relevanten Sinneinheiten des Bibeltexts wird einigermaßen klar, daß es sich hierbei um Spekulationsgut aus Kreisen handelt, denen auch Philon zugerechnet werden muß. „Die Verwandtschaft dieser Schrift mit Philo lässt sich nicht leugnen. Ist auch in der berühmten Stelle über die Weisheit (7,22–8,5 vgl. 9,4) diese göttliche Eigenschaft noch nicht wirklich, in

6 Cf. Sapientia Salomonis 1.4–7; 1.14, ⟨ed.⟩ J. Ziegler, pp. 94–97.

dogmatischem Sinn, hypostasirt oder gar personificirt, so befindet sich doch der Verfasser unbestreitbar auf dem Wege zu einer solchen Hypostasirung; er beschreibt

(Υ3$_{3}$) die Weisheit als einen Abglanz
(Υ4$_{3}$) des göttlichen Lichts,
(Υ3$_{2}$) einen Spiegel
(Υ4$_{2}$) der göttlichen Wirksamkeit,
(Υ3$_{1}$) einen Ausfluss
(Υ4$_{1}$) der göttlichen Herrlichkeit,
(Υ3) als einen feinen, verständigen, reinen, allvermögenden allwissenden Geist, welcher durch
(Υ2) die ganze Welt verbreitet,
(Υ3) aber doch unzerteilt und in sich bleibend,
(Υ1) alle Dinge künstlerisch bilde, und
(Υ'2) von Geschlecht zu Geschlecht in gottgefällige Seelen übergehe.“[7]

Dieser Befund sollte für das Verständnis des Ideenhintergrunds, auf dem der Johanneische Lógos-Hymnus fußt, und der noch Thema meiner Ausführungen sein wird, festgehalten werden. Je nachdem, wie man die Philonischen Geistmodi, Modi des Lógos oder der Sophía faßt, ergibt sich eine vier- bzw. fünffache Staffelung, zählt man als ergänzendes Element noch das Sinnliche, Physische, das auf der Materie basiert und an so mancher Textstelle zusammengenommen als unterste Einheit aufzufassen ist, hinzu. Demgemäß wird denn auch Philon's Einteilung des Wirklichen expliziert: „Die Dreigliederung erscheint damit, genauer betrachtet, vierstufig:

7 E. Zeller, Die Philosophie der Griechen in ihrer geschichtlichen Entwicklung, 3.2.292–293; man beachte die Triadik des Göttlich-Geistigen, wie sie voll entwickelt in den Chaldäischen Orakeln und bei Porphyrios vertreten wird.

(ϒ4) Auf die Gottheit selbst folgt
(ϒ3) ein transzendenter Logos mit der Ideenwelt,
(ϒ2) darauf eine Art von Weltseele in Gestalt des immanenten Logos
(ϒ1) und endlich die aus der Hyle aufgebaute sichtbare Welt.

Ganz ähnlich ist nun aber der Vier-Stufen-Bau, der gegen Ende des Jahrhunderts in akademischer Nachfolge bei *Moderatos* auftaucht und der mit der Stufenfolge

(ϒ4) ἕν [Eines] –
(ϒ3) ἕν = εἴδη [Eines = Ideen] –
(ϒ2) ψυχικόν [Seelisches] –
(ϒ1) ὕλη/αἰσθητά [Materie/Sichtbares]

derjenigen Philons ziemlich genau entspricht.“[8] In der Sache sind das annähernd die Momente der Selbstmanifestation des Plotinschen Einen via Ideen/Noũs, Allseele/Lógoi, Einzelseele/Logismos-Doxa, Natur-Dinge/Sinnlichkeit und Materie/Soffliches in fünf Dispersionsgraden: dem göttlichen (einheitlichen), dem geistigen (ein-zwei-vielheitlichen), dem kosmischen (ein-und-vielheitlichen), dem menschlichen (vielheitlichen) und stofflich-materiellen (vielheitlich-unzähligen). Die formalen Differenzen sind durch einen Vergleich mit dem Kapitel zu den

---

[8] H. J. Krämer, Der Ursprung der Geistmetaphysik, p. 277, mit Verweis auf Stellen (wovon ich die erste Angabe korrigiere, indem ich die Seitenzahl um eins erhöhe und die zweite nach der neueren Ausgabe im genannten Aufsatzband gebe) bei C. J. de Vogel, On the Neoplatonic Character of Platonism and the Platonic Character of Neoplatonism, pp. 46–47; W. Theiler, Forschungen zum Neuplatonismus (Gott und Seele im kaiserzeitlichen Denken), p. 107, die ebenso die Vierstufigkeit des Philonischen GeistWelt-Aufbaus herausstellen; meine Übersetzung der griechischen Termini in eckigen Klammern.

›Enneaden‹ zu verifizieren, die inhaltlichen springen ohne weiteres in die Augen. Es ist in diesem Zusammenhang sehr wichtig zu erwähnen, daß die Philonischen Ideen, nicht wie die Platonischen, ewig, ungeworden, nicht werdend, sondern qua Gedanken im Geist Gottes geschaffen sind,[9] und man darf sich angesichts dessen, daß sie hier wie dort strukturell in etwa den gleichen Rang einnehmen, nicht verwirren lassen. Was hier aber so klar gegliedert erscheint, ist aus den verschiedenen Argumentationsgängen Philon's nur mit äußerster Mühe und rückblickend von Plotins Hypostasenlehre aus konjektural zu rekonstruieren, ja, ich muß es aussprechen, zu konstruieren.

Innerhalb einer Allegorese des Sechstagewerks erläutert Philon, warum Gott dem ersten Schöpfungstag keinen Namen gab, nicht einmal den des ersten: damit er nicht zu den anderen hinzugezählt werde, sondern Er bezeichnet ihn mit dem Namen »Eines«, um ihm damit das Wesen der Monade oder Ein(s)heit zuzusprechen. „Sie umfaßt nämlich die intelligible Ordnung als Erhabenes, wie die Schrift über sie zeigt.

(ϒ4) Denn die Gottheit, indem sie Gott ist, nahm vorweg, daß
(ϒ2/1) eine schöne Nachbildung niemals ohne
(ϒ3) ein schönes Vorbild entstehen würde,
(ϒ2/1) auch wäre nichts Wahrnehmbares makellos, das nicht
(ϒ3) dem Urbild und der intelligiblen Idee nachgebildet wäre; entschlossen, gerade
(ϒ2/1) diese sichtbare Ordnung zu schaffen, gestaltete
(ϒ4) Er im voraus
(ϒ3) das Intelligible, um, ein unkörperliches und völlig gottähnliches Vorbild verwendend,
(ϒ2/1) das Körperhafte zu verfertigen, vom älteren eine

[9] Stellen und Zitate dazu in H. P. Sturm, Alt-Akademische Erledigung der okzidentalen Metaphysik, p. 207^{+45}.

jüngere Nachbildung, die so viele sichtbare Arten enthält, wie jenes intelligible."[10]

(Υ1/2) „Indem er wahrnehmbar ist, ist dieser Kosmos nämlich der jüngere Sohn Gottes,

(Υ3) hinsichtlich des älteren aber – jenes intelligiblen also – beschloß

(Υ4) Er, während Er ihn mit dem Vorrecht höheren Alters würdigte, daß er in Seiner Nähe verbleibe."[11]

Vom Kosmos, dem jüngeren Sohn, meint ein Kenner der Thematik, daß er „auf seinen Reisen eher wie der verlorene Sohn vorwärtsschreitet, indem er in dem Prozeß die Zeit erzeugt, ganz genau so, wie es die plotinsche Hypostase der Seele später tut."[12] In die Intellectwelt, die erste, geistige Schöpfung, das Pneuma, den Lógos, die Sophía oder den Noũs Gottes,

---

[10] Philon, De opificio mundi 15–16: *periéchei gàr tòn noētòn kósmon exaíreton, ʻōs ʻo perì autẽs lógos mēnúei. prolabõn gàr ʻo theòs ʻáte theòs ʻóti mímēma kalòn ouk án pote génoito dícha kaloũ paradeígmatos oudé ti tõn aisthētõn anupaítion, ʻò mẽ pròs archétpon kaì noētẽn idéan apeikonísthē, boulētheìs tòn ʻoratòn kósmon toutonì dēmiourgẽsai proexetúpou tòn noētón, ʻína chrõmenos asōmátōj kaì theoeidestátōj paradeígmati tòn sōmatikòn apergásētai, presbutérou neõteron apeikónisma, tosaũta periéxonta aisthētà génē ʻósaper en ekeínōj noētá.* Cf. o.c. 25. Zur doppelten Vorbildwelt, der des Geistigen an sich für das geistig Vernehmbare und der des allgemeinen Wahrnehmbaren an sich (dem Kosmos) für die Wahrnehmungsgegenstände, cf. idem, Legum allegoriarum 1.22.

[11] Philon, Quod deus sit immutabilis 31: *ʻo mèn gàr kósmos ʻoũtos neõteros ʻuiòs theoũ, ʻáte aisthētòs õn · tòn gàr presbúteron* [*oudéna eĩpe*] *– noētòs d' ekeĩnos – presbeíõn axiõsas par' ʻeautõj kataménein dienoẽthē.* Cf. J. M. Dillon, The Great Tradition, IV: Reclaiming the Heritage of Moses: Philo's Confrontation with Greek Philosophy, pp. 116–121; VIII: Logos and Trinity: Patterns of Platonist Influence on Early Christianity, pp. 3–4.

[12] M. Dillon, The Great Tradition, VIII: Logos and Trinity: Patterns of Platonist Influence on Early Christianity, p. 4.

werden nach Philon's ›Über die Kosmoserschaffung nach Moses‹, pythagoreischer Zahlenspekulation und altorientalischen Vorweltlehren nachempfunden, sieben geistige (intelligible) Urideen (*noētè idéa*), Archetypen (*archétupos*) oder Vorbilder/Modelle (*parádeigma*) bzw. Elementareigenschaften (*ousía*) in zeitloser (*ouch ... katà chrónon*), simultaner (*'áma*), numerisch geordneter Weise (*kat' arithmón*) eingeschrieben; die Zeit, sagt Philon, entsteht ja erst mit dem Kosmos (*sùn autõj gégonen*) oder nach ihm (*è met' autón*).

Bei den sieben handelt es sich um 1) Himmel (*ouranós*), 2) Erde (*gẽ*), 3) Luft/Dunkelheit (*aẽr/skótos*), 4) Leere/Abgrund (*kénon/ábussos*), 5) Wasser (*'údōr*), 6) Wind/Hauch (*pneũma*) und 7) Licht (*phõs*). Das Licht besitzt entsprechend dem siebten, nach jüdischem Verständnis gesegneten und heiligen Tag, dem Ruhetag/Sabbat und Geburtstag des Alls/Kosmos insgesamt (*toũ kosmoũ genéthlion*)[13], den höchsten Stellenwert. Als unsichtbares, nur geistig wahrnehmbares Licht und Bild des göttlichen Lógos ist es ein überhimmlisches Gestirn (*tò dè aóraton kaì noētòn phõs ekeĩno theíou lógou gégonen eikṑn ... éstin 'uperouránios astḗr*) und Musterbild der Sonne wie aller lichtspendenden Sterne (*noētòn 'ēlíou parádeigma kaì pántōn 'ósa phōsphóra ástera*)[14]. Diese sieben Ideen, „Prädikate des kosmischen Plans" oder „Konstitutionsbegriffe der Welt", werden dann durch einen zweiten Schöpfungsakt im Sechstagewerk der ›Genesis‹ bzw. Siebentagewerk der ›Kosmopoíēsis nach Moses‹ zu den sieben Elementarwelten des sichtbaren

---

[13] Cf. Philon, De opificio mundi 89. Idem, Legum allegoriarum 1.16–18, wird erklärt, daß die Schaffung der Ruhe des siebten Tags die Schaffung der Wesen und Heiligung der Sinnesarten und Denkweisen bedeute, die sich nach der Sieben und dem wahren göttlichen Licht richten, die wohlverständigen (*eulógistos*).

[14] Cf. Philon, De opificio mundi 29–31.

Kosmos umgeschaffen.[15]

„Man nimmt folglich die Existenz zweier Modelle an: das erste Modell, das sich im Sinn/Denken des Königs, und das, das sich im Denken des Architekten befindet. Dieses letztere Modell ist selbst ein Bild des höheren Modells ...“[16] Anklänge an den Platonischen ›Timaios‹, den griechischen Mustertyp philosophisch-kosmogonischer Stufentheorie, sind unüberhörbar.[17] „Wir finden bei Philon also eine Lektüre des mosaischen Berichts, gemäß der er mit Hilfe von Kategorien, die der ›Timaios‹ lieferte, die Prinzipien dessen, was dann der Kern der valentinianischen und neoplatonischen Spekulation werden wird, festsetzt: die Stellung eines Gottes (Υ4), der in seinem Sinn/Denken die Konstitutionsprinzipien der Welt hat (das Pléroma, den Noûs, die zweite Hypostase) (Υ3) und die Existenz einer intelligiblen Welt im Denken eines «Architekten» (Weltseele) (Υ2).“[18]

Eine hypostatische Hierarchie von Gott, Geist, Kosmos oder Sichtbarem und Körperlichem vor der Erfindung der Hypostasenlehre als so genannter ist auch im Symbol des Platzes/Ortes (*tópos*) oder Raumes (*chōra*) verschlüsselt, von dem

---

[15] Die Elementarweltschöpfung wird in Philon, De opificio mundi 12–37, vorgeführt; Zusammenfassung bei W. Schmidt-Biggemann, Philosophia perennis, pp. 330–337, woraus die beiden mit Anführungsstrichen versehenen Wendungen stammen.

[16] J. Montserrat-Torrents, La cosmogonie du Timée et les premiers chapitres de la Genèse, p. 289.

[17] Allgemeiner Überblick bei D. T. Runia, Philo of Alexandria and the *Timaeus* of Plato; sehr materialreich und inhaltlich detailliert, doch für einen formalen Ansatz nicht sehr fruchtbar; U. Früchtel, Die Kosmologischen Vorstellungen bei Philo von Alexandrien; J. Montserrat-Torrents, La cosmogonie du Timée et les premiers chapitres de la Genèse, pp. 289–290.

[18] J. Montserrat-Torrents, La cosmogonie du Timée et les premiers chapitres de la Genèse, p. 290, meine Skalierung in runden Klammen.

Philon drei Bedeutungen annimmt:

(ϒ2/1) Der erste Topos/Raum ist der Raum (*chṓra*), der mit
(ϒ1) Körperlichem angefüllt ist (*'upò sṓmatos peplērōménē*);
(ϒ31) der zweite Topos/Raum ist der göttliche Lógos (*'o theĩos lógos*), den Gott selbst
(ϒ32) gänzlich durch und durch mit unkörperlichen Kräften erfüllte (*'òn ekpeplḗrōken 'ólon di' 'ólōn asōmátois dunámeis*); und
(ϒ4) drittens ist Gott selbst der allumfassende Ort (*autòs 'o theós kaleĩtai tópos tỗj periéchein mèn tà 'óla*), der Raum und Ort/Platz seiner selbst (*autós esti chṓra 'eautoũ ... estìn autò tópos 'eautoũ*).[19]

Zwischen Philon's Seins- und Bewußtseinseinheiten scharfe Trennungslinien zu ziehen, wie darin eindeutige und konstante Bestimmungen festzustellen, ist u.a. deshalb schwierig, weil seine Metaphysik aus einer Paradigmenmischung platonischer Gnoseologie, stoischer Pneumatologie und aristotelischer Noetik, mit jüdischen Glaubensartikeln illustriert, besteht. Die Isomorphie, die sich durch die unterschiedlichen Entfaltungsniveaus seiner Geist-Welten zieht, tut ein Übriges. Zugespitzt wird uns das gleich anschließend im Kontext der mikrokosmischen Hierarchie begegnen, wo der stoische Einfluß überhand nimmt. Wie Philon's mundan-objektive Schöpfung ist auch seine human-subjektive durch eine zweifache Depotenzierung

---

[19] Cf. Philon, De somniis 1.62–64; zur Beantwortung der Frage, ob die unsichtbaren Kräfte nicht auf der nächsttieferen Ebene verortet werden sollten, konnte mir ein Vergleich mit den Übernahmen dieser Schichtungsmodelle durch Clemens Alexandrinus (→ Kapitel 5) nicht weiterhelfen. Zum Raum bei Philon ganz allgemein L. Cohn / P. Wendland, Philonis Alexandrini opera quae supersunt, 7.2.864, s.v. χώρα. Das bedeutungsmäßige Verhältnis zur Raum-Metapher (*ākāśa*) im Mahāyāna und Vedānta müßte eigens geklärt werden.

gekennzeichnet:

(ϒ4) Das unumfaßbare Seiende, Gott, der Schöpfer;
(ϒ3) der archetypische Lógos über uns, (Ab-)Bild oder Nachbildung Gottes, der wiederum Vorbild ist für
(ϒ'3/2) unseren Noũs, der somit Abdruck des Abbildes, vollgültig und wahrheitsgemäß der Mensch ist, vom Bildner aus eine dritte Gestalt.[20]

Der Schluß aus dem Gleichlauf der ontogonischen (Gott ⇒ GottLógos ⇒ Kosmos) und der noogonischen (Gott ⇒ Gott-Lógos ⇒ Noũs) Reihe wäre, daß der Mensch an sich mit seinem Geist der Manifestationsebene von bloßer Seele (Universalpsyche) und Gesamtkosmos der Hypostatik Plotins entspräche. Doch kann es sein, daß die übersinnliche, unsichtbare menschliche Noũs-Psyche im gleichen Verhältnis Abbild des göttlichen Lógos-Pneumas ist wie der sinnlich wahr-nehmbare, sichtbare Kosmos? Ja, aber nur unter der Einschränkung, daß die Schöpfung des Kosmos und des Uradam vor der Zeit angesetzt und ausschließlich ideell verstanden wird. Dem unvergänglichen Menschengeist stünde dann der präkosmische Elementarkosmos, die (Universal-)Seele dem Realkosmos, der Sinnesgeist den Körpern gegenüber.

Der Vorgang, durch den dem gottebenbildlichen Geist (*noũs*), dem Elementar-Menschen, wenn ich so sagen darf, Leitungsinstanz der Seele (*psuchẽs 'ẽgemonikón*), von Gott das

[20] Cf. Philon, Quis rerum divinarum heres sit 229–230; idem, Quaestiones et solutiones in Genesin 2.62, ⟨tr.⟩ R. Marcus, Supplement, 1.150–151; das gleiche Verhältnis gilt zwischen den zwei Graden der Weisheit (*sophía*), der himmlischen (= göttlicher Lógos wie göttliche Tugend) und der irdischen (= menschliche Tugend), cf. idem, Legum allegoriarum 1.43. Analog Clemens Alexandrinus, Stromata 7.3.16.5–6; 4.6.30.1–2.

Pneuma, der Geistodem eingehaucht (*empneĩ*) wird,[21] ist als Verknüpfung beider Erzeugungsreihen zu verstehen: „Das »blies ein« ist jedoch gleichbedeutend mit hauchte (Pneuma) ein oder beseelte das Unbeseelte."[22] Dieser virtuelle Vorgang der Animation und In-spiration der Geistmaterie wäre damit gleichzeitig, nein, die Zeit gibt es ja noch nicht, gleichursprünglich eine virtuelle Somatisierung oder Materialisation des Geiststoffes, wie der nämliche Prozeß auf der Ebene des Sichtbaren eine Beatmung des Menschenleibs mit göttlichem Odem (*pnoē̃*) und wirkliche Inkarnation der Seele wäre. Wir haben also zwei parallele Schöpfungsstränge vor uns, einen subjektiven und einen objektiven, die vom Lógospneuma-Prinzip ausgehen und durch dieses wiederum miteinander verflochten sind.

Zur Plausibilisierung des Umstands, daß es sich in der Tat um zwei differentgradige Erzeugungen handelt, beruft sich Philon auf die ›Tora‹. Im ›Ersten Buch Mose‹ finden sich zwei stark voneinander abweichende, unterschiedliche Schichten der Bibelgenese repräsentierende Berichte der ›Genesis‹ (Gn 1.26-27 & 2.7) zur Schaffung des Menschen. Im ersten Bericht sei vom Prägen (*tetupõsthai*) eines himmlischen (*ouránios*), gottebenbildlichen (*kat' eikóna theoũ*), männlichen wie auch weiblichen (*árren te kaì thẽlu*)[23] oder weder männlichen noch weiblichen, seiner Natur nach unvergänglichen/unzerstörbaren (*oút' arren oúte thẽlu, áphthartos phúsei*) Menschen die Rede, im zweiten vom Herstellen (*peplásthai*) eines irdischen (*gẽïnos*),

[21] Cf. Philon, Legum allegoriarum 1.39.

[22] Cf. Philon, Legum allegoriarum 1.36: *tó ge mèn „enepsúsēsen" íson estì tõj enépneusen ẽ epsúchōse tà ápsucha·*

[23] Cf. Philon, De opificio mundi 76 (zu Gn 1.27), und Note dazu in L. Cohn et al., Die Werke in deutscher Übertragung, 1.53²-54, wo die Doppelgeschlechtlichkeit des Idealmenschen auf Platon's ›Symposion/Trinkgelage‹ zurückgeführt wird.

aus zerstreuter Materie (*ek sporádos 'úlēs*) – oder in biblischer Terminologie: Staub (*choũn*) – zusammengefügten (*epágē*).[24] Zum Zwecke der Akzentuierung des Gefälles zwischen den beiden Schöpfungsabschnitten spricht der Alexandriner anläßlich des Leiblichen denn auch nicht davon, daß Gott dem von ihm geformten menschengestaltigen Erdkloß Pneuma, sondern daß er ihm Pnoḗ eingehaucht/eingeblasen (*enephúsēsen*) habe, damit er ihn beseele und belebe (*epsuchõsthai*). In diesem Wortgebrauch drücke sich nun die alttestamentliche Unterscheidung zwischen der Stärke, Spann- wie Wirkkraft (*ischùn kaì eutonían kaì dúnamin*) des Noũs-Geisthauchs und der Schwäche wie Energielosigkeit des Materiegeist-Lüftchens wie der Körpergeist-Ausdünstung (*aũrá tís esti kaì anathumíasis ēremaía kaì praeĩa*) aus.[25]

Philon mußte selbstverständlich wissen, daß *pnoḗ* nur eine poetische und epische Form des Wortes *pneũma* ist und der Etymologie nach beide folglich gleich sind. Insofern ist sein Wortgebrauch sehr geschickt, weil in diesem allein schon angezeigt ist, daß es sich um zwei Ausdrucksformen eines bi-aspektuellen Sachverhalts handelt. Um an der übermenschlichen Herausforderung, die Philonische Kosmologie stimmig zu skizzieren, nicht zu verzweifeln, greife ich zusammenfassend zu einer Darstellungsart, die der Allegorese des jüdischen Mittelplatonikers möglicherweise noch am nächsten kommt: seine Weltdichtung strukturell nach- oder besser zurechtzudichten, mit dem Ergebnis, daß der Geistgottheit vor langer, langer Zeit die Idee des Lógos-Pneumas kam, dieses Noũs-Psychḗ und Elementarkosmos erdachte, beide Ideen zusammendachte, damit sie selbst wiederum in die Lage versetzt würden, sich

---

[24] Cf. Philon, De opificio mundi 134; idem, Legum allegoriarum 1.28–42.

[25] Cf. Philon, Legum allegoriarum 1.33; 1.42.

vielfach zu reflektieren, mit Hilfe der Pnoē aufeinander zu zu reflektieren und auf diesem Wege das, was wir Welt und Mensch nennen, manifest werden zu lassen.

Gemäß mancher Mythen vom prämundanen Urmenschen als ‚Kosmētor', (sich) in Reiche, Reihen und Gebiete (ein)teilender Gebieter des Kosmos – davon unten ausführlicher – und gerechnet nach dem Stellenwert des Geistigen im Werk Philon's wage ich, das Intellektuelle im Menschen in seiner Eigenschaft als Siegelabdruck des göttlichen Geistes und unter Integration der ihn konstituierenden Funktionsglieder in den Geistbereich generell, wenigstens in seiner gottebenbildlichen Prägung so über das Sichtbare in seiner Gesamtheit, und das heißt, Kosmische zu stellen, daß es wenigstens an der Spitze des Welthaften, streng genommen aber darüber steht.

Demgemäß werde ich im folgenden, wenn auch mit allen Vorbehalten, die aus den vorgeführten Erwägungen und mit Blick auf die Vorlage des Platonischen ›Timaios‹, und diesen mitunter entgegen, abzuleiten sind, den menschlichen Geist hypostatisch betrachtet im Mittenbereich (Υ'3) zwischen göttlichem Geist und hyponoetischem Kosmos verorten. Dadurch gelingt es, die Systematik der Skalierung, deren Sinn sich, wie im Vorspann meines Werkes ausgeführt, bezugsrahmenspezifisch aus den je einzelnen Gedankengängen und Gegenstandsfeldern, in verwandten Kontexten jedoch analog, ergibt, auch in diesem Fall durchzuhalten und eine Vergleichbarkeit mit anderen GeistWelt-Anschauungen zu ermöglichen. Meine Versuche sind stark konjektural und hochspekulativ. Der Problematik eventueller tendenziöser Zurechtdeutung bin ich mir, wie öfters in dieser Abhandlung, schmerzlich bewußt, doch bitte ich den Leser, seinen Vorwurf bezüglich des Gegenstands hier bis zu meiner Diskussion der Verschiebung universeller gegenüber individuellen Geistphasen durch Einschiebung von Zwischen- und Nebengliedern zurückzustellen, weil darin erst die Schwierigkeit ganz offensichtlich wird, Konstrukte zu restrukturieren, die der strukturtheoretisch zu rekonstruierenden Grundstruktur des Reflexionsgeschehens nicht konform sind.

Das Philonische Kognitionsmodell ist zwar nicht mit der Platonischen Lehre von den sogenannten Seelenteilen, d.h. Seelenfunktionen: Empfinden (*epithumētikón*), Wollen (*thumoeidés*), Erkennen (*logistikón*), die im Werk Philon's immer wieder wie selbstverständlich in Anspruch genommen wird, identisch,[26] einzelne Überschneidungen mit dieser bzw. seiner zweistufigen Minimalform (*logikón – álogon*) treten aber trotzdem auf. Wo es Philon um die Konstitution des menschlichen Erkenntnisvermögens geht, in dem die Erkenntnisweisen und -vermögen gefaßt sind, die den Menschen als Gattungswesen in seiner idealtypischen und als Einzelwesen in seiner empirischen Verfassung beschreiben und ihn als Teilhaber an der, ja Ausdrucksform der Gesamtstruktur des Geistigen insgesamt ausweisen, scheint annähernd eine Ordnung gemäß der Hypostasenstruktur zu gelten. Um das Verständnis der folgend allegierten Originalpassus zu erleichtern, unternehme ich den gewagten Versuch einer Vorstrukturierung, ohne diese auf die Originale bruchlos und unverzerrt anwenden zu können:

(Υ'3) Noũs, Hegemonikon, innerer Lógos (*endiáthetos lógos*), verständiger Seelenteil (*logistikón*), (bloße) Seele (*psuchḗ*); gewissermaßen Seele der Seele (*psuchē̃s tina psuchḗ*)[27];

(Υ24) Denkseele, sich äußerndes Begriffsvermögen (*prophorikòs lógos*), Urteilskraft (*logismós*);

(Υ23) lebende Seele (*psuchḕ zō̃sa*);

[26] Eine Dokumentation kann und muß wegen der Häufigkeit der Inanspruchnahme unterbleiben; Interessierte mögen die Werk-Indizes konsultieren.

[27] Cf. Philon, De opificio mundi 66.

(ϒ2₂) Vorstellung (*phantasía*);
(ϒ2₁) erdhafter (*geṓdēs*), vergänglicher (*phthartós*), körperliebender (*philosṓmatos*) Geist (*noũs*) (Wahr-nehmungsgeist?);
(ϒ1₂) Sinne(sorgane), Sinnlichkeit (*aísthēsis*);
(ϒ1₁) Wahrnehmbares (*aisthētón*), Körper (*sõma*), Stoff/Materie (*'úlē*).

Da die Modelle in ihrem Aufbau je nach Argumentationsgang gewissen Schwankungen unterworfen sind, z. B. durch Weglassung/Hinzufügung oder Unter-/Überbetonung einzelner Elemente, die terminologische Inkonstanz und Inkonsequenz will ich gar nicht erst diskutieren, ist es nötig, die jeweilige Rekonstruktion mit dem Hintergrundwissen eines umrißhaften, aus verschiedenen Argumentationsgängen gewonnenen Generalschemas anzugehen.

(ϒ4) „Dieser, der endgültige/perfekte Lógos, der entsprechend der Hebdomas/Siebenzahl [sc. des Sabbats/Ruhetags] bewegt, ist der Entstehungsgrund
(ϒ3) sowohl des den Ideen gleichgeordneten Geistes/Intellects,
(ϒ2/1) als auch der den Ideen nach-/gleichgeordneten gedachten/gedanklichen/geistigen, wenn dieser Ausdruck gestattet ist, (Sinnes-)Wahrnehmung.
(ϒ4) Gottes
(ϒ3) Lógos aber hat er [Moses] »Buch« genannt, in dem vereinigt die Gestaltungen alles anderen eingeschrieben und eingeprägt sind.“[28]

---

[28] Philon, Legum allegoriarum 1.19: *'oũtos 'o katà 'ebdomáda kinoúmenos téleios lógos archḕ genéseōs toũ te katà tàs idéas noũ tetagménou kaì tẽs katà tàs idéas tetagménēs noētẽs, ei 'oĩón te toũto eipeĩn, aisthḗseōs. biblíon dè eírēke tòn toũ theoũ lógon, 'ỗj sumbébēken eggráphesthai kaì*

Meine gewagte Übersetzungsvariante von *katà tàs idéas noũ tetagménou* mit „den Ideen nachgeordnet" ist sprachlich in der Bedeutung des *katá* von: hinab, abwärts, herunter, nach unten hin, wohl möglich und gemäß der ‚Logik' eines platonistischen Geistaufbaus, den der Einschub „wenn dieser Ausdruck gestattet ist" noch verstärkt, wohl angezeigt: die Ideen haben auf verschiedenen Aktualitätsstufen eben unterschiedliche Spezifika und sind gemäß ihrem jeweiligen Leistungssinn nach Niveaus der Verstofflichung zu differenzieren. Eigentlich wäre sie jedoch gar nicht nötig und es könnte die Übersetzung beide Male durchaus „den Ideen gleichgeordnet" lauten, indizierte man die Ideen nach ihrem Rang: die puren Noũs-Ideen mit Ideen$_{(3')}$; die im Text aufgezählten Ideen, die die Wahrnehmung im Denkakt zur Wahr-Nehmung erheben, sprich mit (begrifflicher) Erkenntnis begaben, mit ihr „arbeiten, d.h. auf das Sinnesvermögen einwirken" (*ergásasthai toutéstin energẽsai katà aísthēsin*),[29] mit Ideen$_{(2)}$; und peripatetisch weitergedacht die erst im folgenden Passus in aller Deutlichkeit auftauchenden rein potentiellen, noch unwirksamen Ideen der ‚ideisierbaren' Sinnlichkeit mit Ideen$_{(1)}$; über ihnen allen die Ideen$_{(3)}$ des göttlichen Lógos-Pneumas und darüber vielleicht noch die Gott gleichgeordneten Urideen$_{(4)}$.

Philon erläutert die Hierarchie des Mentalen bisweilen sehr bildhaft und anschaulich, ja geradezu dichterisch. Dabei bleibt die gliederungsgemäße und stufungsspezifische Klarheit nicht selten auf der Strecke. Dennoch will ich eines dieser noo-psychologischen Schemata den Interessierten nicht vorenthalten:

---

egcharáttesthai tàs tō̃n állōn sustáseis.

[29] Philon, Legum allegoriarum 1.29.

⟨Υ”3⟩ „Vielmehr ist das Grün des Feldes das geistig Vernehmbare, der Austrieb

(Υ’3) des Geistes/Noũs,

(Υ1) das Gras das Wahrnehmbare, und selbst wiederum Sproß

(Υ2) des verstandlosen [Teils] der Seele/Psyche. …

(Υ4) Wenn Gott nämlich

(Υ’1) den Sinnen nicht die Entgegennahme

(Υ1) des Zugrundeliegenden herniederregnete,

(Υ’3) könnte der Geist/Noũs hinsichtlich des Sinnesvermögens auch nichts bestellen und zustande bringen. Denn er ist aus sich selbst unwirksam, wenn

(Υ4) der Verursacher nicht

(Υ1_1) die Farben

(Υ’1_1) in das Sehen regnen und tröpfeln läßt,

(Υ1_2) Töne ins

(Υ’1_2) Gehör,

(Υ1_3) Geschmacksempfindungen in

(Υ’1_3) den Geschmackssinn und

(Υ’1_n) in die anderen [Sinne]

(Υ1_n) Entsprechendes.

(Υ4) Sobald Gott jedoch begonnen hat,

(Υ’1) das Sinnesvermögen

(Υ1) mit Wahrnehmbarem zu tränken, genau dann findet sich auch

(Υ’3) der Geist/Noũs

(Υ3) sozusagen als ein Besteller fruchtbaren Bodens ein.

⟨Υ”3⟩ Die Idee der Sinnlichkeit benötigt keine Nahrung, denn

(Υ1) die Nahrung der Sinnlichkeit, die man symbolisch Regen nennt, ist das einzelne Wahrnehmbare, das bekanntlich Körper sind.

⟨Υ”3⟩ Die Idee ist mit

(ϒ1) dem Körperlichen aber unvereinbar.“[30]

Die Nebenordnung von Geist, Ideen und Geistobjekten wie Unterordnung von unvernünftiger, sinnlicher Seele und Wahrnehmbarem schlage ich an dieser Stelle mit der platonistischen Systematik im Hinterkopf vor. Die Stockwerkeinteilung des Gedankengebäudes ist schwierig und Kritik wie Verbesserungsvorschlägen gegenüber offen. Der Gedankengang scheint zu bestätigen, daß bei der Sinneswahr-nehmung ein geistbezogener Aktualaspekt und ein dem Körperlichen zuzurechnender Potentialaspekt ohne Beteiligung des Geistes zu unterscheiden ist, was in der an das Zitat anschließenden Ausführung noch unterstrichen wird, wo zwischen

(ϒ'3) einem himmlischen, allem Vergänglichen und Irdischen gegenüber völlig unbedingten/absoluten, gottebenbildlichen (*'o mèn oũn ouránios 'áte kat' eikóna theoũ gegonṓs phthartē̃s kaì sunólōs geṓdous ousías amétochos*), dem reinen Geist/Intellect nämlich,

(ϒ21) einem aus Erde gebildeten Menschen, unter dem der Geist zu verstehen ist, der in einen Körper einzuführen, doch noch nicht eingeführt ist, dem erdhaften, vergänglichen (*ánthrōpon dè tòn ek gē̃s logistéon eĩnai noũn eiskrinómenon sṓmati, oúpō d' eiskekriménon. 'o*

[30] Philon, Legum allegoriarum 1.24–26: *allá tò mèn agroũ chlōròn tò noētón estin, ekblástēma noũ, 'o dè chórtos tò aisthētón, toũ alógou tē̃s psuchē̃s kaì autò blástēma. ... eàn gàr mḕ epombrḗsēj taĩs aisthḗsesi tàs antilḗpseis tō̃n 'upokeiménōn 'o theós, oud' 'o noũs ergásetai kaì pragmateúsetaí ti perì aísthēsin · ápraktos gàr autòs ex 'eautoũ mḕ 'ṓsper 'úontos kaì epipsekázontos 'orásei mèn chrṓmata, phōnàs dè akoē̃j, geúsei dè chuloùs kaì taĩs állais tà oikeĩa toũ aitíou. 'ótan dè árdein 'o theòs árxētai tḕn aísthēsin aisthētoĩs, tēnikaũta kaì 'o noũs ergátēs 'oĩa píonos gē̃s aneurísketai. 'ē d' idéa tē̃s aisthḗseōs ou deĩtai trophē̃s · trophḕ dè aisthḗseōs, 'ḕn katà súmbolon brochḕn eírēken, tà epì mérous aisthētá, 'à dḕ sṓmatá estin · idéa dè sōmátōn allótrion*. Cf. idem, De opificio mundi 137–139.

> *dè noũs ʻoũtos geṓdēs estì tõj ónti kaì phthartós*), körperliebenden (*philosṓmaton*) Geist und
> (Υ22) dem Menschen unterschieden wird, der durch das Hauchen des Lebensatems ins Antlitz (*enephúsēsen eis tò prósōpon autoũ pnoèn zõēs*) und die [indirekt über den abbildhaften Noũs erfolgende] Würdigung mit dem göttlichen Pneuma (*ēxíōsen ʻo theòs ʻólōs tòn gēgenẽ kaì philosṓmaton noũn pneúmatos theíou*) zu einer lebenden Seele (*eis psuchèn zõsan*) wird, durch zweierlei, Vorstellungs- und Antriebsvermögen, vor dem Leblosen ausgezeichnet (*tò gàr zõjon toũ mè zõjou dusì proúchei, phantasíaj kaì ʻormẽj*), nicht untätig und unbeeindruckbar,
> (Υ2/Υ'3) und im Idealfall erkennend/denkend und seinsgemäß/wirklich lebend (*tóte gàr gínetai, oukéti pláttetai, eis psuchḗn, ouk argòn kaì adiatúpōton, all' eis noeràn kaì zõsan óntōs*).[31]

Nimmt man zu diesen Stadien die Gottheit samt ihrem Geist noch hinzu ⟨Υ4/3⟩, so kommt man nicht umhin, auch darin den allgemeinen hypostatischen Bauplan der platonistischen Prinzipienlehre zu erblicken, die durch die aristotelische und stoische Erkenntnislehre modifiziert ist. Kann es überraschen, wenn eine strukturell nicht unähnliche Mentallehre im synkretistischen Milieu des Post-Hellenismus auftaucht? Ich meine das von dem Neo-Aristoteliker Alexandros von Aphrodisias (2./3. Jh.) entwickelte dreiphasige innermenschliche Noũs-Modell, das sich in der arabischen Aristotelik und abgewandelt in jüdischen Spekulationen durchsetzte[32] und sich in Gegenüberstellung zur

[31] Cf. Philon, Legum allegoriarum 1.30–33.

[32] Darstellung bei L. Weinsberg, Der Mikrokosmos, ein angeblich im 12. Jahrhundert von dem Cordubenser Josef ibn Zaddik verfasstes philosophisches System, pp. 29–30. Zu den inneren, d.h. hinter-sinnlichen

Materie (ϒ1) als solcher und den Eindrücke, Empfindungen und Wahrnehmbares aufnehmenden Sinnen (ϒ'1)

(ϒ1/2) vom materiellen, natürlichen oder potentiellen Geist (*noũs 'ulikòs kaì phusikós/noũs dunámei*) über

(ϒ2/3) den erworbenen, zum Besitz gewordenen und somit habituellen Geist, der über die ihm gemäße Fertigkeit verfügt (*noũs epíktētos/noũs kath' 'éxin*), bis

(ϒ3/4) zum überseelischen, außermenschlichen, von außen durch die Türe kommenden (transzendenten), unsterblichen Aktualgeist (*thúrathén esti legómenos noũs 'o poiētikós, ouk ȍn mórion kaì dúnamís tis tē̃s 'ēmetéras psuchē̃s, all' éxōthen ginómenos en 'ēmĩn*) erstreckt.[33]

Seelenvermögen und ihrer Klassifikation in den metaphysischen Psychologien der drei abrahamitischen Religionen cf. H. A. Wolfson, Studies in the History of Philosophy and Religion, 1.250–314 (The Internal Senses in Latin, Arabic, and Hebrew Philosophic Texts).

[33] Cf. E. Zeller, Die Philosophie der Griechen in ihrer geschichtlichen Entwicklung, 3.1.824–827; die relevanten Textpassagen, auf die sich Zeller in einzelnen Sätzen beruft, reichen über folgende Passus: Alexander Aphrodisias, De anima liber cum mantissa 80.16–92.11; 106.19–113.24 (Supplement), ⟨ed.⟩ I. Bruns; 1. Passus: ⟨tr.⟩ A. P. Fotinis, pp. 103–122; 2. Passus: ⟨tr.⟩ A. P. Fotinis, pp. 137–153; ⟨tr.⟩ R. W. Sharples, pp. 24–44; ⟨trr.⟩ F. M. Schroeder / R. B. Todd, pp. 46–58. Zusätzlich: Ioannes Philoponos, In Aristotelis de anima libros commentaria, p. 518.11–18, ⟨ed.⟩ M. Hayduck. Zur Authentie und Rekonstruktion des relevanten Lehrstücks über den Intellect cf. F. M. Schroeder / R. B. Todd, Two Greek Aristotelian Commentators on the Intellect, pp. 1–31, Introduction, pp. 59–74, Commentary (→ in der Literaturliste unter Alexandros Aphrodisias), mit ausführlicher Diskussion des Forschungsstandes. Wer diese nachvollzogen hat, wird verstehen, warum ich mich hier nicht auf nähere Blicke auf und tiefere Einblicke in dieses einlassen kann und will. Hier wichtig ist die durchgängige Dreigliederung des Intellects, unabhängig von den genaueren Bestimmungen der jeweiligen Glieder in den verschiedenen Textpassagen, cf. o. c., pp. 6–7.

Der Übergangsbereich, der den vergänglichen Wahr-nehmungsgeist mit dem unsterblichen Geist des Uradam verbindet, bleibt in Philon's Geist/Seelen-Lehre eventuell deshalb bisweilen unterbelichtet, weil er in seinem Eifer als Seelenretter vornehmlich die Diskrepanz zwischen Sinnlichem und Übersinnlichem betont, um den von ihm Angesprochenen das Heil desto glorreicher vor Augen zu führen. Wie dem auch immer sei, wird die scheinbare Lücke zwischen dem irdischen und dem überirdischen Geist andernorts mit einiger Deutlichkeit durch eine Kategorie aus der stoischen Doktrin vom zweifachen Lógos geschlossen. Es handelt sich dabei um den extravertierten, vorrückenden, verkündenden, sich äußernden Lógos (*prophorikòs lógos*), der für die normal menschliche Vernünftigkeit und Begriffsfähigkeit der Seele steht und dem innewohnenden, immanenten, introvertierten Verstand (*endiáthetos lógos*), der der Gottheit zugewandt ist, gegenübersteht.

Um sich ihm und somit Gott, dem Mehr-als-Guten, Ehrwürdigeren-als-die-Monade und Sonnenklareren-als-das-Eine (*'o kaì agathoũ kreĩtton kaì monádos presbúteron kaì 'enòs 'eilikrinésteron*)[34] (Υ5) zu nähern, müssen wir im übertragenen Schriftverständnis Philon's zunächst den »Bruder« töten (*apoktenoũmen*); nicht etwa den leiblichen, sondern den mit der Seele (Υ2) verbrüderten Leib (*tò psuchẽs adelphòn sõma*), das Leidenschaftsliebende und Sterbliche (*tò philopathès kaì thnētòn*) (Υ1). Dann den »Nahestehenden«; nicht einen lebendigen Menschen, sondern den der Seele (Υ2) sowohl vertrauten als auch feindselig gegenüberstehenden (*kaì oikeĩos kaì dusmenẽs*) Reigen und Schwarm der Sinnlichkeit (*tòn ⟨aisthḗseōn⟩ chiròn kaì thíason*), welcher sie ködert und Netze legt (Υ'1), damit sie, vom Anströmen der Wahrnehmungsgegenstände überschwemmt (*'ína toĩs epirréousin aisthētoĩs katakluzoménē*) (Υ1),

[34] Cf. Philon, De praemiis et poenis, de exsecrationibus 40.

nie mehr zum Himmel (Υ3) emportauche und die geistigen und gottähnlichen Wesen begrüße (Υ2½). Schlußendlich den »Allernächsten«.

(Υ'3_1)[Υ2_2] „Dem Denksinn (*dianoías*) am allernächsten ist
(Υ'2)[Υ2_1] die sich (sprachlich) äußernde Vernünftigkeit (*lógos*), die mit Plausiblem, Wahrscheinlichem und Glaubhaftem falsche Meinungen (*dóxas*) einflößt,
(Υ3) um sein vorzüglichstes Vermögen zu vernichten, die Wahrheit.
(Υ'2)[Υ2_1] Warum ihn, diesen verruchten Sophisten, also nicht abwehren und zum verdienten Tod verurteilen, Stilleschweigen – denn Stilleschweigen ist der Tod des Lógos –, damit er nicht länger Sophistereien treibe und
(Υ'3) der Intellect (*noũs*) mitgeschleppt werde, sondern völlig losgelöst
(Υ1) von den Lüsten des »Bruders« Körper,
(Υ'1) vom Blendwerk/Zaubertrug des »Nahestehenden«, der benachbarten Sinnesempfindungen,
(Υ'2) von den Sophistereien des »Allernächsten«, des Lógos, frei, ungebunden, gelassen und ungehindert
(Υ3) auf alles geistig Vernehmbare (*noētoĩs*) zu werfen?“[35]

---

[35] Philon, De ebrietate 69–71, wörtlich zitierter Text o.c. 70–71: *'o d' eggutátō dianoías 'o katà prophorán esti lógos, eulógois kaì eikósi kaì pithanótēsi dóxas pseudeĩs entitheìs ep' oléthrōj toũ kratístou ktḗmatos, alētheías. dià tí oũn ouchì kaì toũton sophistḕn ónta kaì miaròn amunoúmetha tòn 'armóttonta autõj katapsēphisámenoi thánaton, 'ēsuchían – lógou gàr 'ēsuchía thánatos –, 'ína mēkét' ensophisteúontos 'o noũs methélkētai, dúnētai d' apēllagménos pántōs tõn katà tò »adelphòn« sõma 'ēdonõn, tõn katà tàs »plēsíon« kaì agchithúrous aisthḗseis goēteiõn, tõn katà tòn »éggista« lógon sophisteiõn eleútheros kaì áphetos eatheìs katharõs*

Zu diesem Passus aus der ›Trunkenheitsschrift‹ gibt es in der Abhandlung ›Über die Flucht und das Finden‹ eine Parallele, die nicht nur den gleichen Gedanken vorträgt, sondern sich fast derselben Terminologie bedient. Dort vernehmen wir, daß

(Υ'3) das Beste in uns nur dann ein Diener des
(Υ4) Besten des Seienden werden könne, wenn sich der Mensch zuerst

---

toĩs noẽtoĩs 'ápasin epibállein;. Die von mir hier mit „Denksinn" und im nächsten Passus mit „reiner Gedanken" bzw. „reines Denken" übertragene *diánoia* lese ich hier wie dort in Richtung *noeĩn*, Geisteinsehen, Intellectual-Vernehmen oder die Ideenschau prophetischer Theoria des Noũs-Kreises. Zur Verdeutlichung der Unterscheidung zwischen dem in der Ein(fach)heit beruhenden göttlichen, internen, absolut zuverlässigen (*echurṓtaton*) Lógos und dem menschlichen, sich äußernden, in Zwiefalt und Mischung befangenen, und damit unsicheren (*ou bébaion*) Lógos, cf. idem, De gigantibus 52; idem, Quod deus sit immutabilis 82-85. Zum Unterschied von sinnlich wahrnehmbarem Lógos und über-sinnlichem Vernehmen und ‚Denken'/Einsehen gemäß wahrer Weisheit, die der trügerischen Sophistik entgegengesetzt ist, cf. idem, Quod deterius potiori insidiari soleat 38-40. Philon's Schwankungen im Gebrauch von Kognitionsbegriffen werden auf einen Schlag deutlich, wenn man die nach der jeweiligen Bedeutung rubrizierten Eintragungen im Doppelindexband von L. Cohn / P. Wendland, Philonis Alexandrini opera quae supersunt, 7.1; 7.2, nachschlägt. Dabei handelt es sich um Begriffe des Bedeutungsfeldes Verstand, Verständigkeit, Denken, Denkvermögen, Ratio, Überlegen, Intellect, Einsicht, Vernunft, Geist usw. So muß in jedem einzelnen Kontext eigens erschlossen werden, ob die jeweiligen Termini: *diánoia, noũs, logismós, lógos* etc. oder Verbformen davon im immanenten, enkosmierten, im transzendenten, hyperkosmischen oder in einem irgendwie dazwischenliegenden Sinne zu verstehen sind. Selbst die Doxographie steht hier vor einer schwierigen Aufgabe, viel mehr noch die re-flexionsstrukturelle Verfahrensweise, die, wie mittlerweile bekannt sein dürfte, Ergebnisse sogenannter ‚objektiver' Deskriptionen auf ihren Wahrheitsgehalt hin befragt und diesbezüglich zwar keine Patentlösungen anbieten, sehr wohl aber ein Problembewußtsein schaffen und zur denkerischen Experimentation anregen kann.

(ϒ2) zu einer Seele auflöse,[36] nachdem er

(ϒ1) ihren »Bruder« Leib mitsamt den Begierden (*epithumiõn*) abgeschlagen und losgehauen hat;

(ϒ2) wenn die Seele

(ϒ'2½) das dem Logistikón, dem vernünftigen Seelenteil

(ϒ2/1) »Nahestehende« (*plēsíon*), das Alógiston, abwirft, und dann

(ϒ'2½) das der Denkkraft (*toũ logismoũ*)

(ϒ2) »Allernächste«, die sich äußernde Vernünftigkeit (*tòn prophorikòn lógon*), damit

(ϒ'3) der, der um des reinen Gedankens/Denkens willen ist [*'o katà diánoian,* i.e. der innere Lógos oder Noũs], allein übrigbleibe,

(ϒ1) des Körpers,

(ϒ'1) der Sinnlichkeit und

(ϒ2) der sich (sprachlich) äußernden Vernünftigkeit entblößt,

(ϒ'3) dann wird dieser (d. h. der innewohnende Lógos oder Intellect), allein/einsam lebend,

(ϒ4) das Allein⟨seiend⟩e lauter und unbeirrbar liebkosen/verehren.[37]

Betreffs des Erklimmens der Leiter immer höherer Erkenntnisarten durch Epochḗ ist eine interessante Übereinstimmung mit

[36] Cf. Philon, De fuga et inventione 90–91: *toũ tõn óntōn arístou tò en 'ēmĩn autoĩs áriston, prõton mèn ei analutheíē 'o ánthrōpos eis psuchḗn, …*

[37] Cf. Philon, De fuga et inventione 90–92, wörtlich zitierter Text: *'ín' 'o katà diánoian apoleiphthẽj mónos, érēmos sṓmatos, érēmos aisthḗseōs, érēmos gegōnoũ lógoũ prophorãs· apoleiphtheìs gàr, tẽj katà tèn mónōsin diaítẽj chrṓmenos, tò mónon ⟨òn⟩ katharõs kaì amethélktōs aspásetai.* Ähnlich in idem, De migratione Abrahami 2–15. Zum Einfachwerden um der Einung mit dem Einen willen gilt Analoges, cf. idem, De migratione Abrahami 153, 158; abgeschwächt auch in idem, De gigantibus 52; idem, Quod deus sit immutabilis 82–85.

der ›Bhagavad-Gītā‹ festzustellen: die Bezogenheit psychisch-mentaler Vermögen aufeinander ist hier wie dort als Verwandtschaftsverhältnis unterschiedlicher Grade und die spirituelle Bemühung zur Überwindung des Niedrigeren (Leidenschaftsbehafteten) als Krieg zwischen Verwandten thematisiert.[38] Philon fordert geradezu im Stile indischer Yogatechniken auf, sich von allen Sinneseindrücken (ϒ1), allem Sichtbaren und dessen Vorstellung (*tò phanèn aisthētón*) (ϒ'1), sowie den sich damit beschäftigenden mentalen Funktionen der Erinnerung (*'upomimnḗskesthai*), Vergegenwärtigung/(Zurück-)Meldung (*anaggéllein*) und Wiedererwägung (*anapoleĩn*) (ϒ2) abzukoppeln, damit das auf das Wahrnehmbare bezogene Überlegen (*aisthētòs logismós*), indem es seiner Inhalte beraubt ist, zum Stillstand kommt und den Noũs/Intellect (ϒ'3) nicht in die Unfreiheit der Schöpfung (ϒ2/1) verstrickt, sondern ihn entfliehen läßt aus der durch die Gewalt der Leidenschaften überschwemmten Sinnenwelt (ϒ1).[39] Um die mehr oder minder subtilen Oszillationen der Philonischen Kognitionsstruktur vor Augen zu führen, noch ein Beispiel aus dem Themenkreis mystischer Bewußtseinszustände.

(ϒ'2½)[ϒ'3] „Was in uns nämlich das Urteilen/Vernünftige (*logismós*) ist, das ist im Kosmos die Sonne, da ja jedes von beiden Licht spendet. Das eine, indem es

(ϒ1) dem Wahrnehmbaren (*aisthētòn*) überhaupt Helligkeit,

(ϒ2) das andere, indem es uns selbst durch Begreifen/Erfassen Gedankenstrahlen (*tàs noētàs dià tõn katalḗpseōn augás*) sendet.

---

[38] Cf. K. Ceming, Gewalt und Weltreligionen, pp. 105-107; für die Gītā wird dies ausgeführt von Yogananda Paramahansa, God Talks With Arjuna. The Bhagavad Gita, 1.XVII-167, 1.244-266.

[39] Cf. Philon, Legum allegoriae 3.17sqq.

(ϒ'3) Solange unser Noũs jedenfalls noch ringsum leuchtet und umläuft, gleichsam Mittagshelle
(ϒ2/1) in die ganze Psyche ergießend, sind wir in uns selbst, [und] nicht ergriffen.
(-ϒ'3) Sobald er aber dem Untergang entgegengeht, überfällt uns, wie sich erwarten läßt,
(ϒ'4) eine Ekstase und eine gottbegeisterte Ergriffenheit und Verzückung. Denn sooft einerseits
(ϒ3) das göttliche Licht erstrahlt, geht
(-ϒ'1-3) das menschliche unter, sooft andrerseits jenes untergeht, geht dieses auf und steigt empor.
(ϒ'4) Das trifft bei den Propheten aber für gewöhnlich zu.
(ϒ'3) Der Noũs in uns zieht nämlich bei der Ankunft
(ϒ3) des göttlichen Pneumas aus, beim Umzug desselben aber wieder ein. Denn es gibt notwendigerweise kein Zusammenwohnen von Sterblichem/Vergänglichem und Unsterblichem/Unvergänglichem.
(ϒ'2½)[ϒ'3] Dadurch rief der Untergang der Vernünftigkeit und
(ϒ2/1) die Dunkelheit um sie herum
(ϒ'4) die Ekstase und gottbegeisterte Verzückung hervor."[40]

---

[40] Philon, Quis rerum divinarum heres sit 263–265: *'óper gàr en 'ēmĩn logismós, toũto en kósmōj 'ḗlios, epeidḕ phōsphoreĩ 'ekáteros, 'o mèn tõj pantì phéggos aisthētòn ekpémpōn, 'o dè 'ēmĩn autoĩs tàs noētàs dià tõn katalḗpseōn augás. 'éōs mèn oũn éti perilámpei kaì peripoleĩ 'ēmõn 'o noũs mesēmbrinòn 'oĩa phéggos eis pãsan tẽn psuchḕn anachéōn, en 'eautoĩs óntes ou katechómetha· epeidàn dè pròs dusmàs génētai, katà tò eikòs ékstasis kaì 'ē éntheos epipíptei katokōchḗ te kaì manía. 'ótan mèn gàr phõs tò theĩon epilámpsēj, dúetai tò anthrṓpinon, 'ótan d' ekeĩno dúētai, toũt' aníschei kaì anatéllei. tõj dè prophētikõj génei phileĩ toũto sumbaínein· exoikízetai mèn gàr en 'ēmĩn 'o noũs katà tḕn toũ theíou pneúmatos áphixin, katà dè tḕn metanástasin autoũ pálin eisoikízetai· thémis gàr ouk ésti thnētòn athanátōj*

Es wäre selbstverständlich genauer zu prüfen, welche Funktion und welcher genaue Stellenwert hier dem menschlichen Noũs zugewiesen ist; welcher der aus dem Sonnengleichnis übernommenen Sonne, welcher dem Licht. Zudem, ob und wie die unterste und die oberen zwei der vier Arten von Ekstasen, die im soeben zitierten Werk beschrieben werden,[41] mit den Treppen der gerade vorgestellten Wissensstockwerke und denen des anschließenden aus dem ›Exodus-Kommentar‹ zusammenzubringen sind. Innerhalb der Ausführungen zum Erkenntnisaufstieg deutet Philon das Paschafest mystagogisch um, indem er erklärt, daß „Pascha" Übergang bedeute. Dieserart kommt er auf vier Paschafeste, die nun vier Transzendierungen symbolisieren.

Nach den Übergängen des Intellects/Noũs von Unbildung und Unvernunft zu Bildung und Weisheit, von Unmäßigkeit und Zügellosigkeit zu Geduld und Besonnenheit, von Furcht und Feigheit zu Tapferkeit und Vertrauen und von Habsucht und Ungerechtigkeit zu Gerechtigkeit und Gleichmut, diese Tugendleiter dürfte einigermaßen bekannt sein, „gibt es daneben noch einen anderen Übergang, der darin besteht, daß die Seele (*tẽs psuchẽs*) (Υ2) das Opfer bringt, vom Körper (Υ1) herüberzugehen; und es gibt einen des Geistes/Noũs (Υ'3) (nämlich sein Herübergehen) von den Sinnen (*tõn aisthḗseōn*) (Υ'1); und was das Vernunftvermögen (*tõn logismõn*) (Υ'2½) [Υ'3] betrifft, (besteht sein Übergang) darin, nicht von sich eingenommen zu sein, sondern bereitwillig weiter daran zu denken, prophetischen Seelen nachzueifern und sie nachzuahmen

---

sunoikẽsai. dià toũto 'ē dúsis toũ logismoũ kaì tò perì autòn skótos ékstasin kaì theophórēton manían egénnēse.

[41] Cf. Philon, Quis rerum divinarum heres sit 249–266. Man vergleiche die vier Typen von Wahn(sinn) bzw. Verzückung (*manía*) bei Platon, die im Faszikel II/5 meiner Studie noch Erwähnung finden werden.

(ϒ'4).“[42] „Nach QE. I, 4, existieren vier spirituelle Paschafeste. Die letzte Etappe besteht darin, aus der Vernunft »herauszutreten«, d.h. ihre Grenzen zu ermessen, den intellektuellen τῦφος [Wissensqualm/Geistvernebelung] abzuwerfen und die prophetischen Seelen nachzuahmen.“[43]

In einem ekstatischen Lobpreis menschlicher Erkenntnisfähigkeit und ihrer jeweiligen Erkenntnisfelder nimmt unser synkretistischer Alexandriner eine Synthese der göttlich-kosmischen, sozusagen objektiven, mit der menschlich-seelischen, gleichsam subjektiven Perspektive vor. Er bietet uns damit eine Synopse der GeistWelt-Metaphysik, die den Eindruckt erweckt, als hätte er die Zielsetzung dieses Kapitels gekannt und es damit zusammenfassen und abschließen wollen. Somit brauche ich den besagten Passus aus der ›Schöpfungsschrift‹ nur zu übersetzen:

(ϒ4)	„Denn weder ist Gott
(ϒ1)	anthropomorph noch ist der menschliche Körper gottgleich.
(ϒ'3)	»(Ab-)Bild« wird dagegen wegen des
(ϒ'2)	die Seele
(ϒ'3)	leitenden/kontrollierenden Intellects/Geistes gesagt.
(ϒ3)	Gemäß einem einzigen [Intellect] nämlich, jenem des Ganzen als Archetyp,
(ϒ'3)	wurde der [Intellect] in einem nach dem anderen

[42] Philon, Quaestiones et solutiones in Exodum 1.4, ⟨tr.⟩ R. Marcus, Supplement, 2.11, von mir aus der englischen Übersetzung verdeutscht und mit den griechischen Originalbegriffen aus dem Fußnotenapparat versehen. Eine ähnliche Viergliederung ist gezwungen auch zu lesen aus idem, Quaestiones et solutiones in Genesin 1.4, ⟨tr.⟩ R. Marcus, Supplement 1.3–4.

[43] V. Nikiprowetzky, Le commentaire de l'Écriture chez Philon d'Alexandrie, p. 209[59], meine Übersetzung des griechischen Terminus in eckigen Klammern; QE. steht für Quaestiones et solutiones in Exodum.

nachgebildet, gewissermaßen dem ein Gott seiend, der ihn erlangt und als Eben-/Götterbild in sich trägt. Denn der Rang,

(ϒ4) den der Große Lenker

(ϒ2/1) im gesamten Kosmos innehat,

(ϒ'3) den scheint auch der menschliche Intellect/Geist

(ϒ'2/1) im Menschen [einzunehmen].

(ϒ'3) Und zwar ist er unsichtbar, während er alles sieht, auch hat er ein nicht offenbares Sein/Wesen, während er das von anderem erfaßt. Und indem er

(ϒ'2) durch Fertigkeiten und Wissen(schaften) weitverzweigte Wege bahnt, allesamt Heerstraßen, geht er

(ϒ2) durch Land und Meer, um das, was jedes einzelne Naturreich ausmacht, zu erforschen. Wenn er auf festen Flügeln/Schwingen sowohl die Lüfte als auch die Vorgänge in ihnen beobachtet hat,

(ϒ'2½) wird er höher in den Äther und die Kreisbahnen des Himmels getragen, dreht sich im Reigen der Planeten und Fixsterne nach den Melodien/Ordnungen vollkommener Musik, der Liebe zur Weisheit Folge leistend, die den Weg weist,

(ϒ1) und über alles sinnlich Seiende

(ϒ'2½) hinwegsehend trachtet er alsdann nach

(ϒ3) dem intelligibel [geistig erkennbar] Seienden. Und während er überschwengliche Schönheiten des Dortigen gewahrt, indem er die Urbilder und Ideen

(ϒ1) des hier Wahrnehmbaren

(ϒ'3) geschaut hat, von einer nüchternen Trunkenheit ergriffen wie die korybantisch in Verzückung Rasenden, erfüllt von einem anderen Verlangen und von einer edleren Sehnsucht, durch die er hinaufgehoben wird

(ϒ3) bis zur äußersten Kuppel [sc. dem Zenit oder Empyreum] des Intelligiblen, scheint er

(ϒ4) dem Großen König selbst entgegengeschleudert zu

werden.

(Υ'4) Während er aber danach trachtet zu sehen, strömen pure und ungetrübte Strahlen gebündelten Lichts hervor wie Sturzbäche, so daß es der Vernunft von diesem Glitzerregen schwarz vor Augen und ihr schwindlig wird."[44]

Freilich fragt sich bei diesen metaphysisch bedeutsamen religiösen Ergüssen, ob sie selbst gedacht und verstanden oder nur aus den Werken der Akademie, besonders Platon's, erdichtet wurden.

Das vorliegende re-flexionsstrukturell betrachtet nicht gerade eindeutige und einfache Kapitel, dessen Anfertigung mir gehöriges Kopfzerbrechen bereitete, soll mit einer letzten strukturellen Zusammenfassung des GeistWelt-Modells Philon's, dieses Mal aus der angelsächsischen Forschung, geschlossen

---

[44] Philon, De opificio mundi 69–71: *oúte gàr anthrōpómorphos 'o theós oúte theoeidès tò anthrṓpeion sõma. 'ē dè eikṑn léléktai katà tòn tẽs psuchẽs 'ēgemóna noũn· pròs gàr 'éna tòn tõn 'ólōn ekeĩnon 'ōs àn archétupon, 'o en 'ekástōj tõn katà méros apeikonísthē, trópon tinà theòs ṑn toũ phérontos kaì agalmatophoroũntos autón· 'òn gàr échei lógon 'o mégas 'ēgemṑn en 'ápanti tõj kósmōj, toũton 'ōs éoike kaì 'o anthrṓpinos noũs en anthrṓpōj· aóratós te gár estin autòs tà pánta 'orõn kaì ádēlon échei tḕn ousían tàs tõn állōn katalambánōn· kaì téchnais kaì epistẽmais poluschideĩs anatémnōn 'odoús leōphórous 'apásas dià gẽs érchetai kaì thaláttēs tà en 'ekatéraj phúsei diereunṓmenos· kaì pálin ptēnòs artheìs kaì tòn aéra kaì tà toútou pathẽmata kataskepsámenos anōtérō phéretai pròs aithéra kaì tàs ouranoũ periódous, planḗtōn te kaì aplanõn choreíais sumperipolētheìs katà toùs mousikẽs teleías nómous, 'epómenos érōti sophías podēgetoũnti, pãsan tḕn aisthētḕn ousían 'uperkúpsas, entaũtha ephíetai tẽs noētẽs· kaì 'õn eĩden entaũtha aisthētõn en ekeínēj tà paradeígmata kaì tàs idéas theasámenos, 'uperbállonta kállē, méthēj nēphalíōj kataschetheìs 'ṓsper 'oi korubantiõntes enthousiãj, 'etérou gemistheìs 'imérou kaì póthou beltíonos, 'uph' 'oũ pròs tḕn ákran 'apsĩda parapemphtheìs tõn noētõn ep' autòn iénai dokeĩ tòn mégan basiléa· glichoménou d' ideĩn, athróou phōtòs ákratoi kaì amigeĩs augaì cheimárrou trópon ekchéontai, 'ōs taĩs marmarugaĩs tò tẽs dianoías ómma skotodiniãn.*

werden. „Diese *diairesis* [Einteilung] des Seins kann folgendermaßen illustriert werden:

	Gott	(Ƴ4)
absolut: (*kosmos noêtos*)	Logos (Ideen)	(Ƴ3)
	Logos (Ideen)	(Ƴ2)
relativ: (*kosmos aisthêtos*)	Sinnliches	(Ƴ1)
	Materie“.[45]	(Ƴ0)

[45] R. M. Berchman, From Philo to Origen, p. 35; Unterstreichungen des Originals wurden durch Kursivierungen ersetzt; Anordnung (ohne skalierte Y-Symbole) des Originals.

2 Lógos und Prinzipienhierarchien im ›Neuen Testament‹

Mit dem Auftreten des Christentums auf der Bühne der Erklärungsmodelle von Übersein, Sein, Dasein und Nichtsein kamen zu den Traditionsbeständen weitere Bilder und Lehrgegenstände hinzu. Dadurch erhöhte sich nicht nur die Zahl der einzelnen Gehalte, Symbole und ihrer Kombinationsmöglichkeiten, die bei der Konstituierung und Konsolidierung der Gesamtlehre zur Verfügung stehen, durch die ganz spezifische Ausrichtung (mutmaßlich) neuer Weltanschauungen verschieben sich auch die Gewichtungen des aus dem vorhandenen Geistesgut Übernommenen und durch Rückwirkung dieses Gedankengut selbst, wenn auch vorwiegend hinsichtlich seiner inhaltlichen Bestimmungen der vorgegebenen bzw. übernommenen Grundstruktur. Dies ist präsent zu halten, wenn ich nun einige Überlegungen zu unserem Thema mit Blick auf die ersten christlichen Denkgebilde und Denker anstelle.

Dazu ist als Zwischenglied ein kosmogonischer Gesang zu erwähnen, der zu den tiefsinnigsten, in höchstem Maße okkult aufgeladenen Texten der gesamten christlichen Tradition zählt und die Phantasie ihrer Begeisterten, Dichter und Denker durch die Jahrhunderte hindurch beflügelte: der Johanneische Logoshymnus. Er wird in der gegenwärtigen neutestamentlichen Exegese auf ein vorchristliches (in der Theologie spricht man gern von einem vorjohanneischen) Weisheitslied zurückgeführt, von dem man annimmt, daß es christlich ergänzt, weitergedichtet und außerdem noch sekundär redigiert wurde.[1] Sein spekulativer Gehalt macht eine Herkunft aus dem Umfeld des Logos-Denkens des jüdischen Mittelplatonikers Philon von Alexandrien höchst wahrscheinlich. „Die Theodizee, die Entstehung der Auffassung eines Zwischenwesens zwischen Gott und der Welt, die allgemeine Auffassung vom Universum, die dem Logos bei der Schöpfung und Leitung der Welt zugewiesene Rolle, der Dualismus, die revelatorische und religiöse Aktivität des Logos stellen in den beiden Systemen schlagende Übereinstimmungen dar, ...“[2]

Es wurde aber auch schon einmal der ausführliche Versuch unternommen, den Ausgang des ›Johannes-Prologs‹ bis in die

---

1 Cf. J. Gnilka, Johannesevangelium, pp. 13–14; G. Richter, Studien zum Johannesevangelium, pp. 143–148; J. Blank, Das Evangelium nach Johannes, 1a.74 (mit Fn. 3, Literaturhinweise). Die Kommentare und Deutungsversuche des vierten Evangeliums, besonders seines Prologs, sind unzählbar; ich habe zum Einstieg hier einmal drei einschlägige angeführt. Da sie fast ausschließlich unter der Perspektive des gläubigen Vorurteils und der Apologie, nicht aber der philosophischen Spekulation und Reflexion verfaßt werden (eine Übersicht unter dem Blickwinkel des Lógos-Begriffs gibt R. M. Clark, A Study of Christological Categories in the Indian Church, as Compared with those of the Early Church, pp. 86–98), sind sie hier unerheblich, auch wenn die Textkritik der Theologen selbst die Vorstellung von der Inspiration, früher sogar von der Verbalinspiration, vollständig zersetzt(e).

2 J. Réville, La Doctrine du Logos dans le quatrième Évangelie et dans les Œuvres de Philon, p. 170; cf. o.c., pp. 19–77, 169–181; G. C. Stead, Logos, pp. 432–444 (mit Literaturverweisen), insbesondere pp. 436–439. Eine allgemeine Einschätzung des Verhältnisses von Philon, Gnosis und Neuem Testament versucht B. A. Pearson, Philo, Gnosis and the New Testament; beachtenswert, o.c., pp. 82–83, sein Verweis auf die hierarchische Dreigliedrigkeit des Menschen (Körper/Irdisches – Seele/Geformtes – Geist/Geschaffenes) in J. M. Robinson, The Nag Hammadi Library in English, pp. 384–385: Die Lehren des Silvanus (NH 7.4) 92.10–94.29, (NH = Nag Hammadi), die zu den Topoi gehört, bei denen er direkten Philonischen Einfluß annimmt.

Lógos-Zeus-Spekulation von Herakleitos zurückzuverfolgen.[3] Wieviele weltanschauliche Richtungen dessen Ausgestaltung beeinflußt haben könnten, dürfte in meiner Studie bereits sichtbar geworden sein und wird es im folgenden noch mehr. „Der Umstand, daß zahlreiche Elemente des frühen Christentums, von den Schriften des Neuen Testamentes angefangen bis zu den großen griechischen Lehrern Clemens, Origenes und ihren Schülern, schon in den älteren und gleichzeitigen Dokumenten des vorderasiatischen, jüdischen, ägyptischen und griechischen Geisteslebens nachgewiesen werden können, hat in der modernen Religionswissenschaft zu der Anschauung geführt, daß das Christentum auf dem Gebiet der Lehre wie des Kultus kaum wesentlich Neues gebracht hat. Die 500 Jahre vor Christus in Ephesus entstandene Logoslehre, die sich in anderer Gestalt über Ägypten und Persien bis nach Indien zurückverfolgen läßt und dann das christliche Denken der ersten drei Jahrhunderte beherrschte, wird auch als Beleg für diese Anschauung betrachtet."[4]

Auch wenn der zitierte Autor den Tatbestand der Verwurzelung der christlichen Lógosidee in territorial wie temporal näher und ferner liegenden heidnischen Spekulationen hiermit unumwunden zugesteht, kann er sich mit den gängigen religionswissenschaftlich-historiographischen Erklärungen dafür nicht zufriedengeben. Diese Ansicht teile ich mit ihm. Nicht aber seine Gründe. Anstatt nämlich einem genealogischen Dogma ein anderes, in diesem Falle ein anthroposophisches, entgegenzusetzen, durch welches auf eigentümliche Weise das Bekenntnis zur christlichen Religion, ihrer Einzigartigkeit und

---

3 B. Jendorff, Der Logosbegriff. Seine philosophische Grundlegung bei Heraklit von Ephesos und seine theologische Indienstnahme durch Johannes den Evangelisten, pp. 69–84, ist leider durch traditionsbedingt christliche Sichtweisen verengt.

4 W. Kelber, Die Logoslehre, p. 8.

Überlegenheit, mitformuliert ist, führe ich in diesem Werk und allgemein die dogmenneutrale metaphysik-strukturelle Erklärung ins Feld, um solche Phänomene ohne glaubensbedingte Verzerrung zu explizieren.

Die stoische Fortschreibung der Heraklitischen Lógos-Theorie ist als mögliche Einflußgröße auf den ›Johannes-Prolog‹ eigens noch herauszustellen. Sie vollzog sich insofern mehrgleisig, als sie nicht nur als solche, als stoische nämlich, sondern zusätzlich innerhalb der Formation der synkretistischen Neueren, der vierten und fünften Akademie und verwandter Lehren stattfand.[5] Auch die bei der Ausdeutung des ›Neuen Testaments‹ häufig gestellte Frage, wie gnostisch das ›Johannes-Evangelium‹ sei,[6] wird allein in Anbetracht der Kon-Texte, in die der Prolog von mir gestellt wird, als zu eng erwiesen. Und selbst Antworten auf die Frage, wie platonistisch wiederum die Gnosis sei,[7] sind nicht in der Lage, die Anzahl möglicher Einflußfaktoren zu fixieren, weil sie den Facettenreichtum des geistigen Milieus, in dem dieser Gedanken virulent war, nicht in vollem Umfange in den Blick bekommen. Zuerst nun der wortgetreu aus dem Griechischen übersetzte Text der fünf Eingangsverse mit den Versen zehn, elf und vierzehn des vierten

---

5 Cf. W. Windelband, Geschichte der abendländischen Philosophie im Altertum, pp. 236–265.

6 Dazu existieren Hekatomben von Studien; ihre Resultate sind je nach Interessenlage äußerst unterschiedlich und einander widersprechend. Exegesen des ›Johannes-Prologs‹ von den Gnostikern bietet E. H. Pagels, The Joahannine Gospel in Gnostic Exegesis: Heracleon's Commentary on John, pp. 20–50; einigermaßen kompliziert ist die Auslegung des Johanneischen Schöpfungshymnus von Herakleion dem Valentianianer, cf. o.c. pp. 46–50; B. Aland, Erwählungstheologie und Menschenklassenlehre, pp. 151–155.

7 Im Sammelband von ⟨edd.⟩ R. T. Wallis / J. Bregman, Neoplatonism and Gnosticism, wurden erste Forschungsresultate und Antworten vorgestellt.

Evangeliums, der sinngemäß und sachlich nur minimal abweichend schon in der jüdischen oder heidnischen Urfassung vorgelegen haben dürfte. Meine Versauswahl folgt in etwa der in der bereits genannten Exegese-Literatur üblichen, doch nicht völlig einheitlichen Rekonstruktion des zugrundeliegenden vorchristlichen Weisheitshymnus:

(ϒ3_1) „[1]Im Anfang war der Lógos, und der Lógos war bei [auf]
(ϒ4) Gott [gerichtet], und Gott war der Lógos.
(ϒ3_1) [2]Dieser war im Anfang bei [auf] Gott [gerichtet].
(ϒ2/1) [3]Alles wurde
(ϒ3_1) durch ihn, und ohne ihn
(ϒ2/1) wurde auch nicht eines, was ward.
(ϒ3_1) [4]In ihm
(ϒ$\overset{\rightleftarrows}{3}$) war Leben, und das Leben war
(ϒ'3) das Licht der Menschen; [5]und das Licht scheint
(ϒ2/1) in der Finsternis, aber die Finsternis hat es nicht ergriffen. …
(ϒ3_2) [9]Er war das Licht, das wahre,
(ϒ'3) das erleuchtet
(ϒ2) jeden Menschen, kommend
(ϒ2) in den Kosmos. [10]Er war im Kosmos und der Kosmos entstand durch ihn und der Kosmos erkannte ihn nicht. [11]Er kam in sein eigenes und die Seinen nahmen ihn nicht an. …
(ϒ3) [14]Und der Lógos
(ϒ1) wurde Fleisch und wohnte in uns …“[8]

---

[8] Joh 1.1–5 … 10–11 … 14; Übersetzung in Anlehnung an: Münchener Neues Testament, p. 177; Text nach Novum Testamentum Tetraglotton: [1]*En archẽj ẽn 'o lógos, kaì 'o lógos ẽn pròs theón, kaì theòs ẽn 'o lógos.* [2]*'Oũtos ẽn en archẽj pròs tòn theón.* [3]*Pánta di' autoũ egéneto, kaì chōrìs autoũ egéneto oudè 'èn 'ò gégonen.* [4]*En autõj zōè ẽn, kaì 'ē zōè ẽn tò phõs tõn anthrṓpōn·* [5]*kaì tò phõs en tẽj skotíaj phaínei, kaì 'ē skotía outò ou*

Der mittelplatonistische Kontext läßt es als angezeigt erscheinen, die Bestimmung der Ordnungsniveaus gemäß den beiden nahezu parallelen Philonischen Rangfolgen von Gott ⇒ Lógos ⇒ Kosmos und Gott ⇒ Lógos ⇒ Noũs/Mensch durchzuführen. Bei der Fixierung der Binnenstruktur des archetypischen Lógos bevorzuge ich im Einklang mit der platonistischen Noũs-Spekulation eine Gleichordnung von Lógos, Leben und Licht, wobei die letztgenannten beiden hierarchisch grundsätzlich gleichwertig sein dürften, Leben hier aber für den internen Aspekt des Geistes und Licht für den ausstrahlenden, sich nach außen, zum Kosmos und zur Dunkelheit (platonistisch verstanden ein wesentliches Charakteristikum der Materie) wendenden steht, während das Noētón, um es in der schulspezifischen Terminologie auszudrücken, der letztliche Erkenntnisgegenstand, Gott selbst ist. Darauf weist die Präposition *prós* mit Akkusativ in den Verszeilen 1 und 2 des Prologs: nach ... hin, auf ... zu, gegen, in bezug auf etc. Bringt man dies in Anschlag, dann läßt sich folgende Lesart konstruieren: »... und der Lógos(*-noũs*) war auf (das *noētón*, nämlich) Gott (im Modus der *zōḗ/nóēsis*) hin ausgerichtet, und Gott war der Lógos (beide wesenseins). Dieser (Erkennende) war im Anfang (dem Erkennbaren, nämlich) Gott, (in der lebendigen Erkenntnis von Ihm) zugewandt ...« Das Philonische Äquivalent findet man im stoischen innewohnenden Lógos (*endiáthetos lógos*), dem internen, auf sich (und somit auf Gott) bezogenen Lógos, der dem nach außen, zum Kosmos hin gewendeten (*prophorikòs lógos*), gegenübersteht.[9] Das wäre m.E. ein weiteres Indiz für die

katélaben. ... [9]*Ēn tò phõs tò alēthinón, 'ò phōtízei pánta ánthrōpon, erchómenon eis tòn kósmon.* [10]*En tõj kosmõj ẽn, kaì 'o kósmos di' autoũ egéneto, kaì 'o kósmos autòn ouk égnō.* [11]*eis tà ídia ẽlthe, kaì 'oi ídioi autòn ou parélabon. ...* [14]*Kaì 'o lógos sàrx egéneto, kaì eskḗnōsen en 'ēmĩn ...*

9 Zu *prós* und den beiden stoischen Lógoi cf. J. Réville, La Doctrine du Logos dans le quatrième Évangelie et dans les Œuvres de Philon, pp.

Herkunft des ›Johannes-Prologs‹ aus dem Umfeld platonistischer und pythagoreisierender Spekulationen um die verschiedenen Phasen des Noũs, die als Noũs-Triade in vertikalem wie horizontalem Sinne und den Henaden ihren Ausdruck fanden.

Um zusätzlich zu dokumentieren, daß der Informationsgehalt dieses Hymnus nicht vom Himmel fiel, sondern religiöser Ausdruck kosmogonischer Hierarchisierung einer Epoche war (oder genauer, der Zeitlosigkeit ist), kann neben anderen Passus innerhalb des neutestamentlichen Kanons ein Loblied angeführt werden, ich nenne es einmal Kolosser-Hymne, das vermutlich um einige Jahrzehnte früher als das ›Johannes-Evangelium‹ verfaßt wurde. Es handelt sich, wie in meiner Bezeichnung bereits vorweggenommen, um einen Passus aus dem (Deutero-)Paulinischen ›Brief an die Kolosser‹, die der Kirchenschriftsteller Eusebius von Caesarea (260–339/340) unter der Autorenschaft eines ‚anderen hebräischen Theologen' genau in Zusammenhang mit der Heraklitischen, Platonischen,[10] mittel- und neuplatonistischen Prinzipienlehre, der Trinitätslehre und dem ›Johannes-Prolog‹ anführt:[11]

(ϒ4) „[12]... und sagt dem Vater Dank ...,
(ϒ1) [13]der uns aus der Macht der Finsternis errettete und
(ϒ3) in das Reich des Sohnes seiner Liebe versetzte, [14]in dem wir Erlösung durch sein Blut haben, die Vergebung der Sünden, [15]der das Abbild Gottes, des unsichtbaren, ist, der Erstgeborene
(ϒ2/1) alles Kreatürlichen. [16]
(ϒ3) Da durch ihn

60–64.

[10] Cf. Platon, Epistula 2, 312e1–4.

[11] Cf. Eusebeios, Praeparatio evangelica 11.19.1–11.20.3 (Patrologia Graeca 21.540b–541d).

(ϒ2/1) das All geschaffen wurde, das
(ϒ2/3) im Himmel und
(ϒ1) das auf der Erde, das Sichtbare und
(ϒ2/3) das Unsichtbare, ...“[12]

Die mikrokosmische Seite davon, nämlich die Seelenstruktur, wie sie unter dem Einfluß der Stoa im Platonismus, in mediterranen Heilsbewegungen und später differenziert von Origenes (185-254) vertreten wurde, ist in einem als echt anerkannten Paulus-Brief, dem ersten ›Thessalonicher‹, dokumentiert:

(ϒ4) „Er selbst aber, der Gott des Friedens, heilige euch vollkommen und
(ϒ'3) Geist,
(ϒ2) Seele
(ϒ1) und Körper von euch möge in allen Teilen makellos
(ϒ3) bei der Ankunft unseres Herrn Jesus Christus bewahrt werden.“[13]

Vielleicht wird man sich angesichts dessen bewußt, welch metaphysischer Sinn und welch reiche Ideengeschichte hinter der heute gedankenlos und meist in der vertauschten Ordnung

---

[12] Kol 1.12-16: *eucharistoũntes tõj patrì ..., 'òs er'rúsato 'ēmãs ek tẽs exousías toũ skótous kaì metéstēsen eis tẽn basileían toũ 'uioũ tẽs agápēs autoũ, en 'õj échomen tẽn apolútrōsin dià toũ 'aímatos autoũ, tẽn áphesin tõn 'amartiõn , 'ós estin eikõn toũ theoũ toũ aorátou, prōtótokos pásēs ktíseōs. 'Óti en autõj ektísthē tà pánta, tà en toĩs ouranoĩs kaì tà epì tẽs gẽs tà 'oratà kaì tà aórata, ...* Entsprechend können, sollten oder müßten Hebr 1.1-13; Eph 1.2-23, gelesen werden; H. J. Krämer, Der Ursprung der Geistmetaphysik, p. 282, macht im Anschluß an A. Aall, Der Logos, 2.19-53, die Spuren der Logos-Lehre in Kol 1.13-18, Hebr 1.1sqq., 4.12 und Offb 19.13, als Vorbereitung des ›Johannes-Prologs‹ aus.

[13] 1. Thess 5.23: *Autòs dè 'o theòs tẽs eirẽnēs 'agiásai 'umãs 'oloteleĩs, kaì 'olóklēron 'umõn tò pneũma kaì 'ē psuchẽ kaì tò sõma amémptōs en tẽj parousíaj toũ kuríou 'ēmõn Iēsoũ Christoũ tērētheíē.*

verwendeten Floskel »Körper, Geist und Seele« steht, die bis zur völlig unplatonischen Assoziation mit der Auferstehung des Körpers im Himmelreich reicht.

Johann Gottlieb Fichte hat keine Bedenken, den ›Johannes-Prolog‹ als biblische Ausdrucksform seines viergliedrigen transzendentalen Wissensschemas zu deuten,[14] und das m. E. nicht zu Unrecht. Er bezieht sich zunächst auf die ersten drei Verse. Anschließend gibt er seine Einschätzung der nächsten beiden und abschließend eine Bewertung des Wahrheitsgehalts der fünf Eingangsverse. Das ganze kann ich unter Einfügung meiner Paragraphierung und Skalierung, sonst aber kommentarlos wiedergeben. Daß Fichte damit zwischen den Stühlen des Amtschristentums und der institutionellen Philosophiewissenschaft oder PhiloSophistik saß, dürfte sich erübrigen erwähnt zu werden. Und auch in Freimaurerkreisen, in denen sich Fichte eine Zeitlang bewegte,[15] könnte diese Spekulation nicht gerade großen Anklang gefunden haben, da sie für deren Absichten zu abstrakt gewesen sein mochte. „In Summa: ich würde diese drei Verse in meiner Sprache also ausdrücken. Eben so ursprünglich als

---

[14] Zu den vier Wissensmomenten bei Fichte und ihrer Terminologie im direkten Vergleich zu den Plotinschen cf. H. P. Sturm, Absolute Grunddisjunktion und Hypostasen. Das Vierphasen-Schema des Wissens bei J. G. Fichte und Plotin, pp. 39–42; ich weise darauf hin, daß dieses Essay zu Anfang meiner vergleichenden re-flexionstheoretischen Forschung verfaßt wurde und gemäß seines Neuland-Charakters noch einige Ungenaugkeiten enthält; einen Hinweis auf den Zusammenhang zwischen den Fichteschen Feststellungen zum ›Johannes-Prolog‹ in Zusammenhang mit der Hypostasen-Lehre von Plotinos gab ich bereits in der zweiten Auflage der ersten Abteilung dieses Werkes hier, cf. idem, Die vier Stadien des Ent-Setzens, pp. 503–504.

[15] Cf. J. G. Fichte, Gesamtausgabe, 1.8.399sqq.

($\Upsilon 4$) Gottes inneres Seyn ist
($\Upsilon 3_2$) sein Daseyn, und das letztere ist vom ersten unzertrennlich, und ist selber ganz gleich dem ersten: und dieses göttliche Daseyn ist in seiner eigenen Materie,
($\Upsilon 3_1$) nothwendig Wissen: und in diesem Wissen allein ist
($\Upsilon 2$) eine Welt,
($\Upsilon 1$) und alle Dinge, welche in der Welt sich vorfinden, wirklich geworden. Eben so klar werden nun auch die beiden folgenden Verse.
($\Upsilon 3$) In ihm, diesem unmittelbaren göttlichen Daseyn,
($\Upsilon \overset{\rightrightarrows}{3}$) war das Leben, der tiefste Grund alles lebendigen, substantiellen, ewig aber dem Blicke verborgen bleibenden, Daseyns; und dieses Leben
($\Upsilon 1$) ward im wirklichen Menschen
($\Upsilon 2_2$) Licht, bewußte Reflexion; und dieses Eine ewige Urlicht schien ewig fort in
($\Upsilon 2_1$) den Finsternissen der niedern, und unklaren Grade des geistigen Lebens, trug dieselben, unerblickt, und erhielt sie im Daseyn, ohne daß
($\Upsilon 1$) die Finsternisse es begriffen.

So weit als wir jetzt den Eingang des Johanneischen Evangeliums erklärt, geht sein absolut wahres, und ewig gültiges."[16] Die Fichtesche Auslegung des ›Johannes-Prologs‹ ist analog zu seiner Interpretation der Trinität. Anhand der Texte, die ich unten noch aus der frühchristlichen Vätertradition vorstellen werde, wird ersichtlich werden, daß sie als origenistisch im weiteren Sinne zu charakterisieren ist. Die Unterordnung wird anscheinend der Gleichwesentlichkeit der Hypostasen/Personen vorgezogen. Diese sind in eine platonistische Rangordnung

[16] J. G. Fichte, Gesamtausgabe, 1.9.117–120, mit zitierter Zusammenschau 1.9.119.33–120.12 (Die Anweisung zum seeligen Leben) = Fichtes Werke, 5.479–482.

aufgefächert. Beim zweiten Hinsehen ist jedoch zu bemerken, daß bei Fichte (wie Plotin und in Ausnahmen, wie noch dokumentiert werden wird, auch bei Origenes) die Hierarchisierung nicht in rein realätiologisch-ontologi(sti)scher Manier vollzogen ist, vielmehr die Komponenten des Gebildes letztlich gemäß ihrem Erscheinungsmodus im Bewußtsein aufgrund ihrer methodischen reflektorischen Erschließung verortet werden und der Unstimmigkeitsverdacht auf die orthodoxe Dreifaltigkeitslehre fällt, die damit, wie anhand der präsentierten Dokumente gezeigt werden wird, von ihrem Beginn an zu kämpfen hatte.

(ϒ4) „Hier die Erklärung der Dreiheit: der Vater, das Natürliche, Absolute in der Erscheinung, das Allgemeinvorausgegebene;
(ϒ3) der Sohn, die factische Steigerung dieses zum Bilde der übersinnlichen Welt;
(ϒ2₂) der Geist, die Anerkennung und Auffindung
(ϒ1) dieser Welt
(ϒ2₁) durch das natürliche Licht des Verstandes.“[17]

„So wie seine [sc. Fichtes] Logoslehre jetzt vorliegt, fließen in ihr christliche und neuplatonische Elemente ineinander.“[18] Daß die Fichtesche Auslegung gewissermaßen einer neuplatonischen Linie folgt, ohne daß Fichte das erwähnt (oder auch nur weiß?), wird indirekt auch durch den Bericht über die Seinshierarchie von Amelios aus Ameria (3. Jh.), einem Schüler Plotins, dokumentiert, der sich in seiner platonistischen BewußtSeins-Deutung offensichtlich vom Lógos des ›Johannes-Prologs‹ und vom Lógos Heraklits inspirieren ließ und

---

[17] J. G. Fichte, Gesamtausgabe 2.16.157.30-33 (Die Staatslehre, oder über das Verhältniss des Urstaates zum Vernunftreiche) = Fichtes Werke, 4.569; cf. GA 2.16.147.37-148.5 = FW 4.552.

[18] M. Wundt, Fichte-Forschungen, p. 250.

ersteren in die platonistische Form, in die seine Wurzeln ja hinabreichen, zurückdeutete:

(ϒ3) „Und dies war also der Lógos, durch welchen ewig Seienden

(ϒ2/1) das Gewordene entstand, wie auch Herakleitos dafürhalten würde,

(ϒ4) und, beim Zeus!, von dem der Barbar fürwahrhielt, daß er, in den Rang und die Würde des Prinzips gesetzt, auf Gott gerichtet [traditionell christlich: bei Gott] und Gott ist;

(ϒ3) daß durch ihn alles einfach/unmittelbar hervorgebracht wird; daß in ihm

(ϒ22) das Gewordene lebendig ist, sowie Leben und Sein erhält; und daß er

(ϒ1) in das Körperliche hinabsteigt und indem er sich in Fleisch hüllt/kleidet,

(ϒ21) Menschengestalt annimmt,

(ϒ1) um außerdem noch die Großartigkeit der Physis/Natur zu demonstrieren;

sobald er natürlich losgelöst ist, wird er wieder vergöttlicht und ist Gott, wie er es war, bevor er in den Körper, das Fleisch und den Menschen hinabstieg.“[19] An den nachfolgend zitierten

[19] Eusebeios, Praeparatio evangelica 11.19.1 (21.540b–d); Skalierung nach der Hypostatik Plotins: „«*Kaì ‘oũtos ára ẽn ‘o lógos kath’ ‘òn aieì ónta tà ginómena agíneto, ‘ōs àn kaì ‘o ‘Ērákleitos axiṓseie kaì nḕ Dí’ ‘òn ‘o bárbaros axioĩ en tẽj tẽs archẽs táxei te kaì axíaj kathestēkóta pròs theòn eĩnai kaì theòn eĩnai · di’ ‘oũ pánth’ ‘aplõs gegenẽsthai · en ‘õj tò genómenon zõn kaì zōḕn kaì òn pephukénai · kaì eis tà sṓmata píptein kaì sárka endusámenon phantázesthai ánthrōpon metà toũ kaì tēnikaũta deiknúmein tẽs phúseōs tò megaleĩon · amélei kaì analuthénta pálin apotheoũsthai kaì theòn eĩnai, ‘oĩos ẽn prò toũ eis tò sõma kaì tḕn sárka kaì tòn ánthrōpon katachthẽnai.*»“

Kommentator muß man natürlich die Frage richten, wer oder was hier wen und was beeinflußt hat. „Soweit die Lehre des Amelius überliefert ist, ist für diesen Zusammenhang nur das bei mehreren Kirchenvätern aufbewahrte Fragment interessant, aus dem hervorgeht, daß auf seine Logoslehre der Prolog des Johannesevangeliums eingewirkt hat. Die Abhängigkeit erstreckt sich jedoch weit mehr auf die Form als auf den Inhalt. Der ewige Logos, nach dem alles gemacht wurde, der im Anfang bei Gott und selbst Gott war, durch den Alles geworden ist, in dem Alles Leben und Sein besitzt, der zur Körperwelt herniederstieg und Fleischesgestalt annahm, der, aufgelöst und vergöttlicht, wieder Gott wurde wie zuvor, ist nicht Christus, sondern die Weltseele, die aus dem Nus hervorgeht und in die Materie einströmt. Nur so konnte Amelius den Logos Heraklits und den johanneischen Logos auf gleiche Stufe stellen."[20] Die vom zitierten Verfasser offensichtlich als Mangel empfundene ‚formale Abhängigkeit' ist uns ob unserer formalen (= strukturellen) Verfahrensweise nicht nur irgendwie ausreichend, sondern gilt uns als in höchstem Maße zutreffend.

Ein in Europa lehrender indischer Theologe wendet die tantrisch-śivaitische Theorie der Schwingung (*spanda*) und

---

[20] H. Meyer, Geschichte der Lehre von den Keimkräften von der Stoa bis zum Ausgang der Patristik, p. 68. Weitere Überlieferungsstellen des Fragments bei Kyrillos von Alexandrien (ca. 360–444) und Theodoret (ca. 394–466) sind sowohl in der verwendeten Ausgabe des Eusebios zur besprochenen Stelle als auch im Werk von H. Meyer, l.c., Fn. 1, verzeichnet. H. Dörrie, Platonica minora, pp. 491–507 (Une exégèse néoplatonicienne du prologue de l'Évangile selon Saint Jean: *Amélius chez Eusèbe, Prép. év. 11,19,1–4*), erläutert die verschiedenen Funktionen des in dem Fragment explizierten Lógos, seine Manifestationsgrade, zeigt, wie sehr/wenig die platonistische Gesamtstruktur mit dem ›Johannes-Prolog‹ in Einklang steht und es sich bei diesem Dokument um eine ironische Retourkutsche heidnischer Philosophie gegen das Christentum handelt. Die Bemerkung von A. N. Zoumpos, Amelius von Etrurien, p. 39, zu diesem Fragment trägt nichts zum besseren Verständnis bei.

Sinnevokation/Bedeutung (*dhvani*) auf das ›Johannes-Evangelium‹ an und gelangt zu einer ab- und aufsteigenden Viererskala der Schöpfung und Verwirklichung, die sehr an die Vierfachstruktur des BewußtSeins erinnern, auf die hin die entsprechenden historisch vorfindlichen Ausdrucksformen geistiger Realität und Methodenschritte zu ihrer Verwirklichung von mir reflektiert werden, was dann nicht verwundert, wenn man die Information des Autors berücksichtigt, daß sein Stufenmodell aus der Untersuchung der ›Māṇḍūkya-Upaniṣad‹ hervorging. Betreffs dieser bedenkenswerten, aber auch bedenklichen Ausführungen zum ›Johannes-Evangelium‹ und der indischen Metaphysik wäre interessant zu wissen, ob der Autor die Seins- und Sinntriaden und -tetraden (z.B. des Geltungssinns der Hl. Schrift) von Origenes kannte.[21] Die auffallendsten älteren indischen Gegenstücke zum ›Johannes-Prolog‹ werden im Kapitel 1.2 des Faszikels II/6 meiner Abhandlung zur Rolle der ‚Sprache' (skr. *vāk*) in vedischen, postvedischen und vedāntischen Kosmogonien genannt und besprochen.

[21] Cf. A. Nayak, Der Stellenwert des johanneischen Logos in indischer Theologie, pp. 33–36 (mit Graphik auf p. 35, die von mir nachgestaltet wiedergegeben wird); der erwähnte Hinweis bezieht sich auf idem, Tantra ou L'éveil de l'énergie, pp. 26–36 (Tabelle, o.c. p. 30) ≈ idem, Die innere Welt des Tantra, pp. 49–59 (Diagramm, o.c. p. 53). Ich weise darauf hin, daß das Werk des genannten Autors zum Tantra einige der von ihm (zu Recht) kritisierten, für den esoterischen Sexmarkt des Westens produzierten Bücher zur Tantra-Erotik, an Wissenschaftlichkeit (historiographische Sorgfalt, interpretative Texttreue, definitorische Trennschärfe etc.) nicht wesentlich übertrifft, wiewohl bei ihm in der Tat ganz andere Themen im Mittelpunkt stehen.

REALITÄTSKLASSIFIKATION: JOHANNES-PROLOG UND TANTRA (nach A. Nayak)

	ontolog. u. psycholog. Ebene (Reihenfolge in der Schöpfung)		*symbolische Ebene (Reihenfolge in der Verwirklichung)*	
↓	**Vater – Śiva**	(Υ_4)	**Wort bei Gott – Quelle des Lebens**	
↓	**Logos – Śakti**	(Υ_3)	**Wort – Brot des Lebens**	↑
↓	**Symbol – Innerlichkeit**	(Υ_2)	**Wort-Bedeutung – geistliches Brot**	↑
	Materie/Wirklichkeit – Äußerlichkeit	(Υ_1)	**Wort-Klang – Brot**	↑

Daß auf diesem Feld schon mehreren Forschern Ähnlichkeiten der Stratifikation aufgefallen sind, bestätigt ein weiterer Versuch, die BewußtSeins-Stufung des Tantrismus, genauer des kaschmirischen Trika-Systems, mit dem ›Johannes-Prolog‹ zu korrelieren.[22] Ich gebe ihn ohne Kommentar wieder, da er anhand meiner Strukturierung des letzteren leicht präzisiert bzw. korrigiert werden kann.

MANIFESTATIONSPHASEN DES WORTES: TRIKA-TANTRA UND ›JOHANNES-PROLOG‹ (nach B. Bäumer)

	TRIKA-TANTRA	JOHANNES-PROLOG
(ϒ4)	*parā* (transzendent)	„Im Anfang war das Wort, das Wort war bei Gott und das Wort war Gott."
(ϒ3)	*paśyanti* (seherisch)	„Durch Ihn ist alles geschaffen ..." „und (das Wort) war das Licht ..."
(ϒ2)	*madhyamā* (mittel)	„Und das Licht erleuchtet alle Menschen ..."
(ϒ1)	*vaikharī* (manifest)	„Und das Wort wurde Fleisch und wohnte unter uns ..."

In der neutestamentlichen Exegese wurde zwar schon versucht, die buddhistischen Züge des ›Vierten Evangeliums‹ via Gnosis zu erklären,[23] doch scheint es mir nicht unproblematisch zu sein, bei der doxographischen Verortung und Deutung derart

---

[22] Cf. B. Bäumer, Trika, pp. 175–177; eine umfangreiche Tabelle zum Hindu- wie auch zum Buddha-Tantra aus der Forschungsliteratur werde ich im entsprechenden Kapitel des Indien-Faszikels des vorliegenden Werkes vorstellen.

[23] Cf. J. E. Bruns, The Art and Thought of John, pp. 86–92, 116–119; idem, The Christian Buddhism of St. John. New Insights into the Fourth Gospel, pp. 10–59.

weite Gedankenkreise zu ziehen, wenn auch gewisse Gehalte des ›Neuen Testaments‹, wie in der Auflistung von Nachweisen dutzender Parallelpassagen dokumentiert,[24] mit der Ideenwelt, insbesondere den Geschichtchen und Gleichnissen des Buddhismus, übereinstimmen.[25] Zu der Frage, ob man gematrisches Zahlenhokuspokus heranziehen sollte, um die These zu erhärten, daß das ›Neue Testament‹ eine griechische Um-Schreibung von Sanskrittexten aus der buddhistischen Mahāsarvastivāda-Schule, dem mahāyānistischen ›Lotos-Sūtra‹ und anderen buddhistischen Schriften darstellt,[26] will ich hier nicht Stellung nehmen. Eine Antwort darauf soll die künftige Forschung und Kritik dazu liefern. Solange sie sich jedoch unter Äußerung von Vorverurteilungen und Diffamierungen ihrer Pflicht unvoreingenommener Prüfung entzieht, möge sie sich bitte an die eigene Nase fassen und die Klappe halten. Gegenüber geiststrukturellen Überlegungen und deren Resultaten ist jegliches diesbezügliche Ergebnis aber bedeutungslos.

---

[24] Cf. M. Lockwood, Buddhism's Relation to Christianity (288 Seiten Parallel-Dokumentation mit Kommentaren, Tabellen und Bildmaterial unter Heranziehung sekundärwissenschaftlicher Literatur); P. Carus, Das Evangelium des Buddha, pp. 281-290.

[25] Hier nur die einschlägigste Schrift: C. Lindtner, Geheimnisse um Jesus Christus; ausführliche Bibliographie, auch der diesbezüglichen Studien dieses Verfassers selbst, o.c., pp. 265-283; darin nicht enthalten: J. B. Aufhauser, Buddha und Jesus in ihren Paralleltexten (mit ausführlicher Literaturliste, pp. 2-7, 29-30).

[26] So bei C. Lindtner, Geheimnisse um Jesus Christus.

3 Tetraktyes des Neupythagoreismus

Der Eklektiker Eudoros von Alexandreia (ca. 30 v. Chr.) bediente sich bei seiner Prinzipienspekulation pythagoreischer und platonischer Grundprinzipien, deren Anzahl traditionsgemäß vier betrug:

(Υ4)	Des Hen als Gott hoch oben (*'uperánō theós*),
(Υ3)	der Monade als Urform oder Gestalt des Gestalthaften,
(Υ2)	des Lógos (der Lógoi) als (Gesamt der) Vernunftprinzip(ien), gebildet durch die Wechselwirkung von Monade und
(Υ1) [Υ'3]	unbestimmter Dyade als Urmaterie.[1]

Die Rolle, die die Neopythagoreer bei der Prägung des Platonismus in seinem mittleren Abschnitt spielten, dürfte um einiges bedeutender gewesen sein als man in der philosophischen Doxographie lange Zeit annahm. Die seit der Schulgründung favorisierte Tetraktys konnte dabei den geistigen Gestalthintergrund, platonistische Aus- und Umformungen den denkerischen Zwischenbereich und orientalische Mythologeme, der

---

[1] Cf. die Rekonstruktion von J. M. Dillon, Eudoros und die Anfänge des Mittelplatonismus, pp. 17–19 ≈ idem, The Middle Platonists, pp. 126–131, in der zusätzlich vermerkt ist, daß 'Albinus' Darstellung des obersten Gottes im ›Didaskalikos‹ (Kap. X) mit ihrer negativen Definition der Gottesvorstellung möglicherweise die wesentlichen Gedanken des Eudoros reflektiere'. Um die Orthodoxie solcher Lehren und die Umgestaltung der Tetraktys- und Prinzipienlehren geht es in J. M. Dillon, The Great Tradition, VI: „Orthodoxy" and „Eclecticism": Middle Platonists and Neo-Pythagoreans, pp. 121–125.

Überlieferungshintergrund, den anschaulichen Vordergrund bilden.

Speziell der Neupythagoreer Moderatos von Gades (1. Jh.) gilt heute nach den derzeit verfügbaren Dokumenten als einer derjenigen, der mit seinem Modell von vier grundlegenden Seins- und zugleich Wissenskomponenten die Hypostatik in ihrer eigentlichen Form (nicht in ihren spezifischen Inhalten) stiftete und Plotins Konstruktion um ein Jahrhundert vorwegnahm,[2] dabei aber an Vorläufer anschließen konnte. „Eine ganz ähnlich strukturierte monistische Prinzipienlehre wie Moderatos vertrat .. ein Jahrhundert vor diesem Eudoros von Alexandrien."[3] Hier der Bericht, auf dem diese Feststellung beruht: „Eine solche Meinung aber von der Materie vertraten nun unter den Griechen zuerst die Pythagoreer und nach jenen Platon, wie denn auch Moderatos berichtet. Dieser nämlich behauptet den Pythagoreern gemäß[,]

(ϒ4) das erste Eine [sei] über dem Sein und allem Wesen,
(ϒ3) das zweite Eine, welches das seinshaft/wirklich Seiende und Intelligible ist, sind die Ideen, sagt er,
(ϒ2) das dritte, welches das Psychische ist, hat am Einen und den Ideen teil,
(ϒ1) die letzte Natur nach diesem, die das Sinnliche ist, hat nicht einmal teil, sondern wird durch Abspiegelung jener eingerichtet/geordnet, indem
(ϒ0) die Materie darin ein Schatten des Nichtseienden ist, während sie sich zuerst im Quantitativen befindet, und

[2] Cf. J. M. Dillon, Introduction to: Proclus' Commentary on Plato's *Parmenides*, pp. XXV-XXVI.

[3] J. Halfwassen, Speusipp und die metaphysische Deutung von Platons "Parmenides", p. 349.

hinter diesem vielmehr noch zurückbleibt."[4]

Als wichtigsten inhaltlichen Unterschied zum Plotinschen Modell glauben gewisse Forscher erkannt zu haben, daß das Primärprinzip, wie bei Noumenios, zwar über dem Sein, nicht aber über dem Geist anzusiedeln ist, da er dieses selbst ist, während das Sekundärprinzip das Erkennbare und Sein ist; die dennoch zur Anwendung kommende negative Theologie dieser Lehre könnte in Alkinoos/Albinus ihr Gegenstück haben.[5] Solche doxographischen Subtilitäten sind zwar zur Kenntnis zu nehmen, doch ist vom re-flexionsstrukturellen Standpunkt aus darauf hinzuweisen, daß dabei nicht selten zwischen einem irgendwie näher bestimmten Geistprinzip und dem Geist an sich, d. h. einem an sich unbestimmten Bewußtseinsabsolutum unterschieden werden sollte. Für das Seiende und das Sein gilt Analoges, ist doch das Sein an sich an sich nichts. Und in

---

4 Porphyrios, Fragmentum 236F.1-12, ⟨edd.⟩ A. Smith / D. Wasserstein, pp. 255-256 = ⟨edd./trr.⟩ H. Dörrie / M. Baltes, Der Platonismus in der Antike, 4.176.1-16/177.1-17, Text 122.2, Kommentar: 4.477-485: *Taútēn dè perì tē̃s 'úlēs tḕn 'upónoian eoíkasin eschēkénai prō̃toi mèn tō̃n 'Ellḗnōn 'oi Puthagóreioi, metà d' ekeínous 'o Plátōn, 'ōs kaì Moderatos 'istoreĩ. 'oũtos gàr katà toùs Puthagoreíous tò mèn prō̃ton 'èn 'upèr tò eĩnai kaì pãsan ousían apophaínetai, tò dè deúteron 'én, 'óper estì tò óntōs òn kaì noētón, tà eídē phēsìn eĩnai, tò dè tríton, 'óper estì tò psuchikón, metéchein toũ 'enòs kaì tō̃n eidō̃n, tḕn dè apò toútou teleutaían phúsin tḕn tō̃n aisthētō̃n oũsan mēdè metéchein, allà kat' émphasin ekeínōn kekosmē̃sthai, tē̃s en autoĩs 'úlēs toũ mḕ óntos prṓtōs en tō̃j posō̃j óntos oúsēs skíasma kaì éti mãllon 'upobebēkuías kaì apò toútou.* Weitere Feinheiten zu dieser Schichtung als Schichtung bei J. M. Dillon, The Middle Platonists, pp. 346-350.

5 Cf. C. Tornau, Die Prinzipienlehre von Moderatos von Gades, pp. 217-219. Dieser Verfasser versucht weitere Spezifika der Lehre von Moderatos und inhaltliche Differenzen zum Hypostasenmodell Plotins einsichtig zu machen. Aufgrund der vorfindlichen Vielschichtigkeit und Schwankungsbreite solcher BewußtSeins-Konstrukte ist seine Argumentation zwar metaphysisch plausibel, ob sie auch doxographisch zutrifft, ist schwer zu entscheiden.

beiden Fällen kommen zur Beschreibung, oder besser, Umschreibung vornehmlich Negationen, Privationen, Hyperbeln etc. zum Einsatz.

In der Sequenz der ersten drei Viertel/Fünftel der Wirklichkeitstetrade/-pentade von Moderatos machten die Fachgelehrten die geschichtlich erstmalig nachweisbare metaphysische Verwertung der ersten drei Hypothesen des Platonischen ›Parmenides-Dialogs‹ aus,[6] während man in einflußreichen Kreisen der Platonismusforschung ganz allgemein davon überzeugt ist, daß der Neuplatonismus dem Mittelplatonismus an dem Tag folgte, an dem die Platoniker das Geheimnis der Philosophie von Platon im ›Parmenides-Dialog‹ entdeckt zu haben glaubten.[7] Beide Annahmen könnten sich insofern als Fehleinschätzungen erweisen, als man mittlerweile mit einiger Plausibilität einsichtig machen konnte, daß die prinzipientheoretische Interpretation und Verwertung der Hypothesen dieses Platonischen Meisterstücks der Dialektik bis in die Alte Akademie, nämlich bis Speusippos, zurückreicht und als Prinzipientheorie Platon's in neuem Gewande angesehen werden kann/muß.[8] Unabhängig davon, wie die doxischen Abhängigkeitsverhältnisse zu bestimmen sind, kann eine augenfällige Parallelität zwischen den platonistisch-pythagoreischen BewußtSeins-Prinzipien und den ersten drei Hypothesen des ›Parmenides‹ schon aufgrund der

6 Cf. E. R. Dodds, The *Parmenides* of Plato and the Origin of the Neoplatonic 'One', pp. 136-139; bestätigt durch J. M. Dillon, Introduction to: Proclus' Commentary on Plato's *Parmenides,* p. XXVI; C. Tornau, Die Prinzipienlehre von Moderatos von Gades, pp. 197, 205-206, 219.

7 Cf. J. Combès, Damascius: Commentaire du Parménide de Platon, 1.IX, introduction (mit ausführlicher Literaturliste zu dieser Thematik).

8 Cf. J. Halfwassen, Speusipp und die metaphysische Deutung von Platons "Parmenides", pp. 357-373; idem, Der Aufstieg zum Einen, pp. 272-275 (272-297), 426-429; J. M. Dillon, The Heirs of Plato, pp. 56-59.

jeweiligen Bestimmungsformeln nicht geleugnet werden:

1. Hypóthesis (137c4-142a8):
   wenn das Eine ist (*ei 'én estin*), dann hat es keine Charakteristika: negative Schlußfolgerungen, »weder–noch«.
2. Hypóthesis (142b1-155e3):
   wenn das Eine ist (*'én ei éstin*), dann hat es alle Charakteristika: positive Schlußfolgerungen, »sowohl–als-auch«.
3. Hypóthesis (155e4-156b5):
   wenn das Eine eins ist und vieles (*tò 'én ei éstin ... 'én te òn kaì pollá*) – wie auch weder eins noch vieles (*kaì mḗte 'èn mḗte pollà*) –, dann hat es sowohl alle als auch keine Charakteristika: zugleich positive und negative Schlußfolgerungen, »sowohl–als-auch und weder–noch«.[9]

Explizit berief sich darauf Plotinos zur Unterscheidung der Hypostasen, indem er diese im Anschluß an die Platonische Ideenzahlenlehre als Prinzipienverhältnisse zwischen Einem und Vielem expliziert.

---

[9] Die Zahlenangaben in runden Klammern beziehen sich auf die Stephanus-Zählung des Platonischen ›Parmenides‹. Zuordnung der Charakteristika und Plus-Minus-Bestimmungen zu den Hypothesen nach J. Combès, Études néoplatoniciennes, p. 87 (Damascius lecteur du *Parménide*); idem, Damascius: Commentaire du Parménide de Platon, 1.XXVII-XXVIII, introduction. Auf die Subtilitäten des Platonischen ›Parmenides‹ kann hier nicht näher eingegangen werden. Gewisse Aspekte werden in dem gewaltigen Gelehrtenwerk: R. S. Brumbaugh, Plato on the One. The Hypotheses in the *Parmenides,* diskutiert. Die äußerst interessante philosophie-vergleichende Forschung, die die Thesen des ›Parmenides‹ mit dem Aussagevierkant von Nāgārjuna in Verbindung bringt, wurde von D. A. Dilworth, Nāgārjuna's *catuṣkoṭikā* and Plato's *Parmenides,* zwar eröffnet, ihre eigentliche Durchführung steht jedoch noch aus.

1. Hypothese/Hypostase: das erste, gültigere Eine (*tò prõton 'én, 'ò kuriõteron 'én*);
2. Hypothese/Hypostase: das Zweite, Eines–Vieles genannte (*deúteron 'èn pollà légōn*);
3. Hypothese/Hypostase: das Dritte, Eine und Viele (*tríton 'èn kaì pollá*).[10]

Was ein Forscher zu Platon's Liniengleichnis geltend macht, paßte kaum irgendwo besser als an dieser Stelle, indem es sogar noch die Quasi-Hypostase am unteren Ende der Hierarchie zahlenspekulativ ergänzt. „...unterstellt man einmal für einen Moment, daß es die beiden Prinzipien Einheit (Platons ἕν) und Vielheit (die ἀόριστος δυάς) gibt – wofür ja immerhin spricht, daß die Einheit (von der das Denken auszugehen hat), als Einheit betrachtet, bereits eine Vielheit impliziert – so dürfen sich beide nicht starr gegenüberstehen, sondern müssen zugleich auch dynamisch als eine »gleichmachende« (ἰσάζειν) bzw. »zweimachende« (δυοποιός) Kraft betrachtet werden, der zufolge sie sich vermischen und die Wirklichkeit hervorbringen. Eine Prinzipienlehre an sich wäre eine schiere Abstraktion; wendet man aber die obersten Bestimmungen auf sich selbst an, so daß sie eben auch ein Fall dessen sind, was sie aussagen und was sie nicht aussagen, entsteht ein dialektisches Beziehungsgefüge, eine »doppelstufige Diairese«, in der Einheit und Vielheit in vier Schritten jeweils unter dem Gesichtspunkt der Einheit wie auch der Vielheit entfaltet werden: demnach bedeutet »Einheit« zunächst, die Einheit, als Einheit betrachtet, die »Zweiheit« ergibt sich aus der Einheit als Vielheit, die »Dreiheit« ist die Vielheit als Einheit und die »Vierheit« meint

---

10 Die Parallelanordnung der ersten drei Hypothesen des ›Parmenides‹ und der Hypostasen ist in Plotinos, Enneaden 5.1.8.23-26 § 49, vorfindlich; cf. H.-R. Schwyzer, Die zweifache Sicht in der Philosophie Plotins, pp. 87-89; J. Halfwassen, Der Aufstieg zum Einen, pp. 189-191.

die Vielheit als Vielheit. Es sind dies die logischen Grundoperationen, die unser Denken *»durch die Vermittlung der Zahl«* jederzeit vollzieht. Auf diese Weise wird zunächst eine Einheit manifestiert, dann differenziert, daraufhin synthetisiert und schließlich – 1,2,3/4 – konterkariert. Exemplarisch kommt diese Struktur im Liniengleichnis zum Ausdruck …"[11]

Damaskios, der letzte Scholarch der Athenischen Akademie, die im Jahre 529 von Kaiser Iustinian geschlossen wurde,[12] worauf jener vorübergehend nach Persien auswanderte, verstand die Hypothesen des ›Parmenides‹ als Beschreibungen der ersten Prinzipien und konstruierte daraus seine ›Prinzipienschrift‹ und einen ›Parmenidesdialog-Kommentar‹,[13] die im

---

[11] S. Volk, System und Kritik, pp. 160–162; wegen des nach re-flexionsstrukturellen Kriterien inkonsequenten Aufbaus der »Linie« folgt meine Skalierung einem anderen Schema, nicht dem üblichen und vordergründigen, das auch der zitierte Autor anlegt: 1 *eikasía* – 2 *pístis* – 3 *diánoia* – 4 *nóēsis/epistḗmē*. Zu beachten ist die selbstreferentielle Verfahrensweise der von zitiertem Forscher entwickelten und so genannten Tropologie, die in dieser Hinsicht der Strukturtheorie der Re-flexion ziemlich nahe kommt.

[12] Cf. H. J. Blumenthal, Soul and Intellect. Studies in Plotinus and Later Neoplatonism, XVIII: 529 and its Sequel: What Happened to the Academy?

[13] Cf. Damaskios, De principiis; idem, In Platonis Parmenidem; J. Combès, Damascius: Traité des Premiers Principes, Einleitungen in die einzelnen Bände (Diagramm der Gesamtkomposition, 1.LXXI); idem, Études néoplatoniciennes, pp. 63–221, 245–325 (Diagramme der Gesamtkomposition, pp. 87, 96–97, 129, 184); idem, Damascius: Commentaire du Parménide de Platon, Einleitungen in die einzelnen Bände (Diagramm der Gesamtkomposition, 1.XIX). Tabellarische Übersichten zum Aufbau einzelner Hypothesen in der Darstellung von Damaskios, die das Verständnis enorm erleichtern, gibt o.c., 1.XXXIII–XXXVII; 1.112; 2.XXXIV; 2.145; 2.150; 3.LXXVIII–LXXX; 3.212; 3.234–235; 3.240–241; 3.277–278; 3.293; 4.LVI–LVIII; 4.157; 4.195 = idem, Études néoplatoniciennes, pp. 158–159; idem, Damascius: Traité des Premiers Principes, 2.247 (der Vergleich der drei Primärprinzipien und der drei Ordnungen des Geeinten von Damaskios mit der ‚chaldäischen'

entsprechenden Forschungsgebiet des Neuplatonismus in ihrer Einheit der dreifachen Radikalität von Struktur, Genese und Kritik für bedenkenswert gehalten werden.[14] Vermutlich wirkte, wie ein Fachmann vor einiger Zeit herausfand, der Platonische ›Parmenides-Dialog‹ indirekt bis in die Gestaltung und Anordnung der ersten neun von zehn Briefen des Meisters christlicher Mystik, (Pseudo-)Dionysios Areopagita, hinein, insofern diese mit den Hypothesen der Quellenschrift, deren Anzahl nach neuplatonistischer Interpretation neun beträgt, korrespondieren.[15]

Die Synthese des pythagoreischen und des platonistischen Schichtungsmodells von Sein und Geist befruchtete also das Philosophieren durch das gesamte Altertum hindurch und führte zu immer neuen Spielarten. Der Neupythagoreer Theon Smyrnaios konstruiert eine Tabelle von elf analogen Vierheiten, die die Verschmelzung pythagoreischer, platonistischer und aristotelischer Viergliederung beispielhaft widerspiegelt.[16]

Triade erzeugt m.E. ohne genauere Erläuterung Mißverständnisse); 3.212.

[14] Cf. J. Combès, Études néoplatoniciennes, p. 187 (Damascius et les hypothèses négatives du *Parménide*).

[15] Cf. R. F. Hathaway, Hierarchy and the Definition of Order in the *Letters* of Pseudo-Dionysius, pp. 80-81.

[16] Cf. Theon Smyrnaios, Expositio rerum mathematicarum ad legendum Platonem utilium, Cap. 38, ⟨ed./tr.⟩ J. Dupuis, pp. 154/163; tabellarische, auf der nächsten Seite wiedergegebene Darstellung aus W. Schulze, Tetraktys – Ein vergessenes Wort der Philosophie, p. 129. Vom Ergebnis der Rekonstruktion der von verschiedenen Schulvertretern unterschiedlicher Perioden differierend entworfenen Tetraktystik hinge die Richtigkeit der Einschätzungen ab, die ich mit meinen provisorischen, skizzenhaften und summarischen Hinweisen zur Tetraktys und der Geiststrukturierung in H. P. Sturm, Weder Sein noch Nichtsein, pp. 173[77]; 423-424, gab.

TETRAKTYES BEI THEON SMYRNAIOS (nach W. Schulze)

Nr.	Gegenstand der Tetraktys	Glieder der Tetraktys			
1.	Proportionen der Konsonanzen (τῶν συμφωνιῶν λόγοι)	1 [(ϒ4)] (μονάς)	2 [(ϒ3)] (δυάς)	3 [(ϒ2)] (τριάς)	4 [(ϒ1)] (τετράς)
2.	Proportionen der Intervalle wie Dimensionen in der Natur	1 1 Punkt (σημεῖον)	2 3 Linie (πλευρά)	4 9 Fläche (ἐπίπεδον)	8 27 Körper (κύβος)
3.	Geometrische Figuren (μέγεθος)	Punkt (στιγμή)	Linie (γραμμή)	Fläche (ἐπιφάνεια)	Körper (στερέον)
4.	Elemente (στοιχεία)	Feuer (πῦρ)	Luft (ἀήρ)	Wasser (ὕδωρ)	Erde (γῆ)
5.	Geometrische Formen des Körperlichen	Pyramide (Tetraeder)	Oktaeder	Ikosaeder	Würfel
6.	Schema des Wachstums	Same (σπέρμα)	Längenwachstum (μῆκος)	Breitenwachstum (πλάτος)	Dickenwachstum (πάχος)
7.	Gemeinschaftsformen (κοινωνίαι)	Einzelperson (ἄνθρωπος)	Familie, Haus (οἶκος)	Dorf (κώμη)	Stadt (πόλις)
8.	Erkenntnisvermögen (κριτική, νοητή)	νοῦς (Geist)	ἐπιστήμη (Wissen)	δόξα (Meinung)	αἴσθησις (Wahrnehmung)
9.	Seelenteile, Begehrungsvermögen der in einem Körper befindlichen Seele	λογιστικόν (Verständiges)	θυμικόν (Willentliches)	ἐπιθυμητικόν (Lusthaftes)	σῶμα (Körperliches)
10.	Jahreszeiten	Frühling (ἔαρ)	Sommer (θέρος)	Herbst (μετόπωρον)	Winter (χειμών)
11.	Lebensalter	Kindheit (παιδίον)	Jugend (μειράκιον)	Mannesalter (ἀνήρ)	Greisenalter (γέρων)

Mit dem folgenden Beispiel möchte ich die zugegebenermaßen weit hergeholte, spekulativ-theoretische Möglichkeit also andeuten, daß der Neopythagoreismus griechische und indische Vorstellungen von den kosmologischen Prinzipien synthetisiert haben könnte. Möglicherweise liegt solches bei dem als Wundertäter berühmt gewordenen, der pythagoreischen Bewegung und Therapeutenkreisen im Orient zuzurechnenden und immer wieder mit der Weisheit Indiens in Verbindung gebrachten Apollonios von Tyana (ca. 3–97) vor.[17] Die von ihm vertretene Umwandlungs-Theorie des Seins an sich zu Seiendem und zurück liest sich wie eine Mischung der entsprechenden im Vedānta konkurrierenden Vorstellungen von Transformation/Verwandlung (*pariṇāma*) und Per-Version/Verkehrung (*vivarta*).

Es soll allerdings nicht unterlassen werden zu erwähnen, daß eine Herleitung dieses Argumentationsgangs bzw. einzelner seiner Schritte aus der griechischen Metaphysik-Tradition allein möglich ist, d.h. ohne auf orientalische Philosopheme im allgemeinen oder indische im speziellen zurückzugreifen. Die Grundlagen dazu wurden bereits in den ersten Faszikeln dieser geisttheoretischen Monographie hier gelegt, in dem früh-vedāntische und vorsokratische Weltmodelle aufgerissen wurden, darunter ein wahrscheinlich altpythagoreisches, in denen, wie im folgend paraphrasierten Briefabschnitt von Apollonios, mit den Differenzierungsprinzipien von Name/Begriff und Form/Gestalt operiert wird. Dieser führt aus, daß

(Υ4) das Eine (*'én*), der ewige Gott (*theòs aídios*), richtigerweise das erste Sein/Wesen genannt werde (*prṓtēn ousían*

[17] Hinsichtlich der Nähe von Apollonios zu Indischem cf. F. C. Baur, Apollonius von Tyana und Christus, pp. 201–216; G. R. S. Mead, Apollonius of Tyana, pp. 17–27, 76–77, 99–105, 120–121 (sehr unspezifisch); Verzeichnis von Passus dazu in ⟨ed./tr./adnot.⟩ V. Mumprecht, Philostratos: Das Leben des Apollonios von Tyana, Register, s.vv. Brahmanen, Indien.

orthō̃s àn onomáseien), daß es allein

(Υ3) tue und leide, indem es alles von allem durch alles sei (*'ḕ dḕ mónē poieĩ te kaì páschei, pā̃si ginoménē pánta dià pántōn*)

(Υ2) und durch Namen (*onómasi*)

(Υ1) und Gestaltungen/Charakteristika (*kaì prosṓpois*) mehr oder weniger gemindert und beeinträchtigt werde,

(Υ4) wobei nichts wahrhaft/wirklich entstehe oder vergehe (*aphairouménē tò ídion adikouménē te, kaì toũto mèn élatton,* ⟨*toũto dè meĩzon*⟩), sondern es nur so (er)scheine (*mónon empháseí*), da das Sein/Wesen beständig dasselbe sei,

(Υ3) nur im Bewegen und Stillstehen differiere (... *tē̃s ousías, oúsēs mèn aieì tē̃s autē̃s, kinḗsei dè diapheroúsēs kaì stásei*), Kennzeichen einer nicht von außen kommenden Umwandlung, sondern einer Umwandlung vom Ganzen zu den Teilen und von den Teilen zum Ganzen, einer Umwendung aufgrund der Einheit von allem (*tò ídion anágkēj tē̃s metabolē̃s ouk éxōthen ginoménēs pothén, allà toũ mèn 'ólou metabállontos eis tà mérē, tō̃n merō̃n dè eis tò 'ólon trepoménōn 'enótēti toũ pantós*).[18]

Wem könnte die funktionale Parallelität zu den upaniṣadischen Differenzierungskategorien von Name/Bezeichnung (*nāma*) und Form/Gestalt (*rūpa*) entgangen sein? Wem die Äquivalenz zur produktiven Vermittlungsinstanz des Wirkens (*karma*), (Sich-)Entwickelns (*vyākriyata*), Transformierens (*vikāra*), Vervielfältigens (*akṛtsno ... bhavati*) und Einswerdens (*sarva*

[18] Cf. Apollonios Tyanaios, Epistolae 58.1-3 (An Valerius), ⟨ed./tr.⟩ R. J. Penella, pp. 66.8/68.3. G. R. S. Mead, Apollonius of Tyana, pp. 149-152, übersetzt die Pronomina des Texts, wo möglich, maskulin, nicht neutral, und öffnet damit seine zusätzliche Sinndimension hinsichtlich des menschlichen Lebens und Todes.

ekam bhavanti) in den heiligen Schriften der Hindus? Wem die Ähnlichkeit mit dem (selbstbewußten) Geist und dem übergeistigen Letzt- oder Erstprinzip indischer Offenbarungsschriften?

Im synkretistischen Milieu des Post-Hellenismus ist auch die Spekulation um die geistgöttlichen Manifestationsgrade von Noumenios aus Apameia anzusiedeln. Er gilt als Vertreter der Neupythagorik ebenso wie der Mittelplatonik mit judaisierender Tendenz;[19] die exakte Schulzugehörigkeit konnte auf der Basis bisher bekannter Dokumente nicht bestimmt werden.[20] Noumenios entwickelte mit seiner Dreistufengott-Theorie eine Prothypostatik, die, weil seine Schriften im Seminar Plotins gelesen wurden,[21] letzterem bekannt gewesen sein mußte. Von diesen Schriften hieß es im Altertum wohl nicht ganz zu Unrecht, daß sie Plotin plagiiert habe.[22] Die Noumenianische trinitarische Götter-, oder besser, Gotthierarchie ist zugleich als eine trigrade Geisthierarchie aufzufassen: „Wir haben folglich gestuft drei Götter oder drei Νοῦς, die Numenius

(Υ4)	Vater –
(Υ3)	Schöpfer –
(Υ2/1)	Schöpfung
(Υ4)	(Πατήρ –

[19] Cf. R. U. Jeck, Platonica Orientalia, pp. 128–131.

[20] Cf. H.-C. Puech, Numénius d'Apamée et les théologies orientales au second siècle = idem, Numenios von Apameia und die orientalischen Theologien im 2. Jh. n. Chr; gnostische und ägyptische Einflüsse auf Noumenios nennt K. S. Guthrie, Numenius of Apamea. The Father of Neo-Platonism, pp. 148–162.

[21] Cf. Porphyrios, Vita Plotini 14.10–14 § 72.

[22] Cf. Porphyrios, Vita Plotini 17.1–6 § 82. Zum Einfluß der Lehre Noumenios' auf den Neuplatonismus cf. M. Frede, Numenius, pp. 1034–1037.

(Υ3) Ποιητής –
(Υ2/1) ποίημα oder κόσμος) oder auch:
(Υ4) Großvater –
(Υ3) Sohn –
(Υ2/1) Enkel
(Υ4) (πάππος –
(Υ3) ἔγγονος –
(Υ2/1) ἀπόγονος) nennt."[23]

Hierbei ist also geradezu von einer Inspir(itu)ation, einer Vergeist(ig)ung der (zu dieser Zeit noch nicht so genannten) Hypostasen zu reden, die einen göttlichen Intellect-Organismus bilden und in dieser Hinsicht der Nichts-als-Vorstellungs-Doktrin des Vijñānavāda offensichtlich noch näher stehen als Plotins radikal transzendenzorientierte Systematik. „Nun, diese Charakterisierung des Primärprinzips als Intellect [durch den heidnisch-neuplatonischen Origenes] fand sich bereits in ... einer xenokratischen Tradition im Kern der großen Geschichte des Platonismus, an der der Mittelplatonismus von Alkinoos, Attikos und Noumenios offensichtlich teilhat und der an der Stelle des »Besten«, d.h. des Göttlichen, eine höchst intellective Größe anerkannte."[24]

Auch wenn sich die Noumenianische Dreieinheit in ihrer expliziten Bestimmung von Plotins Hypostasendoktrin u.a. dadurch unterscheidet, daß sie, wie die Gottesahnenreihe des Mittelplatonikers Philon eben auch, das Allererste und Eine

[23] H.-C. Puech, Numénius d'Apamée et les théologies orientales au second siècle, p. 756 = idem, Numenios von Apameia und die orientalischen Theologien im 2. Jh. n. Chr., p. 459 (meine Übersetzung aus dem Französischen). Die verschiedenen Auslegungsmöglichkeiten der Numenianischen Trinitätstheologie diskutiert anschaulich M. Frede, Numenius, pp. 1054–1070.

[24] J.-M. Narbonne, Hénologie, ontologie, et *Ereignis*, p. 34.

nicht schroff jenseits des Geistes ansiedelt,[25] zumindest nicht ganz so schroff, wie man das von Plotin (nicht ganz berechtigt) behauptet, ist sie dieser wenigstens formal äquivalent,[26] indem Noumenios dem monadischen Selbstsein des Einen Seins mit Weder–Noch-Negationen huldigt, die der ersten Hypothese des Platonischen ›Parmenides‹ abgeschaut sein dürften und über seinen Eminenzcharakter, wenn auch nicht unbedingt über seinen Transzendenzcharakter, keinen Zweifel aufkommen lassen.[27] Es spricht zusätzlich für die Ab- und Heraushebung des Ersten, daß er die trinitarische Genealogie seines Geistgottes nicht mit dem Vater, sondern ähnlich den Valentinianern, die den Urgrund Stammvater, Urahn, Ahnherr oder Vorvater (*propátōr*) nennen, mit

---

[25] Cf. R. T. Wallis, Neoplatonism, pp. 33-34. J. M. Dillon, The Middle Platonists, p. 372.

[26] Die Interpretation der dreifachen Entfaltungslehre von Gott und Noũs bei Noumenios als Vorläuferin der Hypostasendoktrin von Plotin durch E. R. Dodds, Numenius and Ammonius, pp. 12-16 (und daran anschließend J. M. Dillon, The Middle Platonists, pp. 366-378; R. T. Wallis, Neoplatonism, pp. 33-36; J. P. Kenney, *Proschresis* Revisited: An Essay in Numenian Theology; idem, The Platonism of the *Tripartite Tractate* (NH I, 5), pp. 200-204), wurde durch H. J. Krämer, Der Ursprung der Geistmetaphysik, pp. 63-92, heftig kritisiert; diese Kritik wurde von ⟨ed./tr.⟩ É. des Places, Notice zu: Numénius: Fragments, pp. 10-17, in Teilen iteriert und von J.-H. Waszink, Porphyrios und Numenios, pp. 40-41, 73-74, wieder aufgegriffen und in eine neue Richtung gelenkt. Die Einwände gegen die eher formal argumentierende erste Gruppe von Forschern sind von der Strukturtheorie aus, die zugleich den reflektorischen Gesamtplan eines Lehrgebäudes aufreißt, zu beurteilen und überwiegend zurückzuweisen. Leider beachten jene Wissenschaftler der Gruppe eins, deren Detailanalysen durchaus einleuchtend sind, die transzendentalen Bedingungen, unter denen Reflexion zu vollziehen ist und die, will man nicht nur Geschichten erzählen, bei der philosophischen Gesamteinschätzung von Theoriengebilden berücksichtigt werden müssen, immer noch zu wenig.

[27] Cf. Noumenios 5; 6, ⟨ed./tr.⟩ É. des Places, pp. 48-49.

(Υ4) dem Großvater (*páppos*) beginnen läßt und mit
(Υ3) Nachkomme/Sohn [= Vater] (*éggonos*) und
(Υ2/1) Abkömmling/Enkel [= Sohn] (*apógonos*) beschließt.[28]

„Falls überdies Dodds' Interpretation von Numenius Test. 25 L. korrekt ist, dann ist Numenius' erster Gott in gewissem Sinne jenseits des νοῦς, zur selben Zeit aber zur νόησις fähig, in welchem Falle es möglich wäre, daß Numenius versucht, zwei sich widerstreitende Vorstellungen von der Gottheit zu versöhnen."[29] Eine solche ‚Versöhnung' finden wir strukturell betrachtet – dies zu erörtern ist ja eines der Hauptanliegen

[28] Cf. Noumenios 21.7, ⟨ed./tr.⟩ É. des Places, p. 60; meine Übersetzung der Verwandtschaftsgrade vor dem Schrägstrich ist wörtlich und entspricht der von J. M. Dillon, The Great Tradition, VIII: Logos and Trinity: Patterns of Platonist Influence on Early Christianity, p. 6; K. S. Guthrie, Numenius of Apamea. The Father of Neo-Platonism, p. 38; in eckigen Klammern gebe ich die kontinuierliche Genealogie: Großvater – Vater – Sohn; die Lesart der meisten Übersetzer und Interpreten lautet: Großvater – Sohn – Enkel; H.-C. Puech, Numénius d'Apamée et les théologies orientales au second siècle, pp. 756, 765 = idem, Numenios von Apameia und die orientalischen Theologien im 2. Jh. n. Chr., pp. 459, 466, übersetzt mit Großvater – Vater – Enkel. Die erste der beiden letztgenannten Darstellungen scheint eine Kluft zwischen dem Urprinzip und seinen Geschöpfen aufzureißen, während jenes herausgehoben wird, die zweite eine Kluft zwischen den beiden Manifestationsformen des zweiten Gottes, zwischen Schöpfer und Schöpfung (Kosmos), was ob deren (dessen) Nähe zur bei Noumenios dualistisch gedachten Materie die Betonung auf die Gegenseite legte, ob der Einheitsgestalt des zweiten Gottes aber wiederum unwahrscheinlich wäre. Obwohl beide Male dasselbe gesagt ist, bedeutete es Verschiedenes.

[29] J. Whittaker, Studies in Platonism and Patristic Thought, XIII: ΕΠΕΚΕΙΝΑ ΝΟΥ ΚΑΙ ΟΥΣΙΑΣ, p. 104; zum Transzendenzgedanken bei Noumenios cf. o.c., VII: Moses Atticizing; o.c., VIII: Numenius and Alcinous on the First Principle. A. J. Festugière, La Révélation d'Hermès Trismégiste, 4.123-132; zur platoni(sti)schen Transzendenzdoktrin im 2. Jh. allgemein siehe o.c., 4.92-140; eine Thematisierung der Transzendenz im Spannungsfeld zwischen Plotin, Numenius und der Gnosis liefert J. Halfwassen, Geist und Selbstbewußtsein, pp. 46-48.

meiner umfangreichen Studie – in den verschiedensten Mythologien und Metaphysiken der Stiftertraditionen von Philosophie und ihren Erben. „Das Ergebnis ist ein Theismus in Graden oder, wenn man so will, von Hypostasen. Ein solch modalistischer Theismus hat eine subtile Logik mit einer beachtlichen Betonung eines vorrangigen Primärprinzips, das gegenüber den niedereren göttlichen Hypostasen herausgehoben ist. Dieser Vorrang wird jedoch durch zwei dazugehörige Lehrgegenstände abgeschwächt, die dazu dienen, diesen Modalismus zu modifizieren und einzuschränken: das Entfalten und Ineinanderschieben der göttlichen Hypostasen und die Negative Theologie. Ersteres erzeugt ein entscheidendes Gegengewicht zum Subordinatianismus, das garantiert, daß alle Ebenen des Göttlichen in das vorrangige Primärprinzip zusammenfaltbar sind. Das hat den Effekt, uns daran zu erinnern, daß die Trennung, auf der der Vorrang der Primärgottheit ruht, und die Unterordnung ihrer Folgeerscheinungen nur ein Charakteristikum des Göttlichen sind, das entlang seiner fundamentaleren übrigbleibenden Einheit verstanden werden muß. Die Verwendung der Negativen Theologie erweitert den Punkt, indem sie wiederum den originären Vorrang des Primärprinzips durch ein Bestehen darauf, daß diese Beschreibung nicht als buchstäblich stehengelassen werden kann, abschwächt. Eine solche Sprache ist nur vektoriell, indem sie die Aufmerksamkeit der intellectiven Seele zur Gottheit hin lenkt. Das Ergebnis ist eine Theologie göttlicher hypostatischer Ebenen, die allesamt auf dem ursprünglichen göttlichen Fundament gründen.“[30]

Die beiden Extraversionsgrade des Göttlichen stellen für Noumenios nun zusammen mit der in sich bleibenden Gottheit selbst drei Phasen des Geistigen/Intellects (*noũs*) dar, von

[30] J. P. Kenney, *Proschresis* Revisited: An Essay in Numenian Theology, p. 224; cf. idem, Mystical Monotheism, p. 73.

welchen

(Υ4) die erste die Ruhe- oder (Still-)Stand(s)phase (*argós/ 'estṓs/tò ḗremon*) ist,[31] mit reiner Beschaulichkeit verbunden[32] und in einsamem, stillem, unaussprechlichem, unbeschreiblichem, göttlichem Zusammensein mit dem Agathón (Guten) zu gewahren;[33]

(Υ3) die zweite die Schaffensphase (*poiētḗs/dēmiourgós*) repräsentiert – die doppelt ist, wobei der zweite Geist in ihrem quasi praktischen Abschnitt als Demiurg seine eigene Idee und den Kosmos erzeugt, in ihrem theoretischen ferner[, indem sich der Demiurg zum ersten Noũs zurückwendet, aber] gänzlich kontemplativ/ schauend ist[34] –, der Erkenntnisart unmittelbaren geistigen Gewahrens, d.h. dem Intellecterkennen (*noeĩn*) im eigentlichen Sinne korrespondierend.[35]

(Υ2) Die dritte Phase, die der Manifestation, des Geschaffenen (*poíēma*) als Weltordnung (*kósmos*) wiederum, ist mit der Erkenntnisart des abstrakten Gedachten

---

[31] Cf. Noumenios 2, 12, 15, ⟨ed./tr.⟩ É. des Places, pp. 43–44, 54, 56.

[32] Ich schließe mich hier aus systematischen Gründen J. M. Dillon, The Middle Platonists, p. 369[1], nach R. E. Dodds, Numenius and Ammonius, mit einiger Zurückhaltung an, ohne die Kritik von R. T. Wallis, Soul and Nous in Plotinus, Numenius and Gnosticism, p. 468[+81], leicht zu nehmen.

[33] Cf. Noumenios 2, ⟨ed./tr.⟩ É. des Places, pp. 43–44; J. M. Dillon, The Middle Platonists, p. 372.

[34] Cf. Noumenios 16, ⟨ed./tr.⟩ É. des Places, p. 57: *'O gàr deúteros dittòs ṑn autopoieĩ tḗn te idéan 'eautoũ kaì tòn kósmon, dēmiourgòs ṓn, épeita theōrētikòs 'ólos.* Zu beachten dazu Note 4 des Herausgebers und Übersetzers, dessen Feststellung, daß *épeita,* dann, darauf, danach, ferner, weiter, in zweiter Linie, keine zeitliche Sukzession meint, ich mich aus strukturtheoretischen Erwägungen heraus anschließe.

[35] Cf. Noumenios 22, ⟨ed./tr.⟩ É. des Places, p. 61.

(*katà tòn dianooúmenon*) korreliert.[36]

(ϒ3/2½) Der zweite und dritte Geist sind, da sie eins sind, Vereinheitlicher

(ϒ1/0) der triebhaften und fließenden Materie (*'úlē*), die zugleich Dyade ist; indem sich der (dritte) Geist aber auf sie und somit das Sichtbare einläßt (*'áptetai toũ aisthētoũ kaì periépei*), und dieses überdies, während sein Sinn/Gemüt nach der Materie verlangt, bis zu seiner Eigentümlichkeit emporhebt, verliert er sich selbst aus dem Blick (*aperíoptos 'eautoũ gígnetai*) und spaltet sich (*schízetai*).[37]

„Bei sonst ähnlichem Schema [wie bei Philon, Ploutarchos und Attikos] vollzog den uns schon bekannten Schritt der Trennung von erstem Gott und Demiurg Numenios von Apamea besonders im Dialog über das Gute:

(ϒ1)	(ϒ2)	(ϒ3)	(ϒ4)
Zweiheit	Untere Seele	Demiurg	Einheit
Materie	Begierde	2. Geist	1. Geist (das Gute)".[38]

Über die Vierfächerung ist sich die Forschung offensichtlich einig. Wie man sie jedoch genau zu bestimmen hat, ist umstritten. „Somit ergeben sich für Numenios drei überweltliche Hypostasen:

---

[36] Cf. Noumenios 22, ⟨ed./tr.⟩ É. des Places, p. 61; cf. E. R. Dodds, Numenius and Ammonius, pp. 12–16; J. M. Dillon, The Middle Platonists, pp. 366–378; R. T. Wallis, Neoplatonism, pp. 33–36.

[37] Cf. Noumenios 11, ⟨ed./tr.⟩ É. des Places, p. 53.

[38] W. Theiler, Forschungen zum Neuplatonismus (Gott und Seele im kaiserzeitlichen Denken), p. 110; meine gemäß der Anordnung der Originaltabelle horizontal hinzugefügten Skalierungssymbole und Bezugspunke nennende Erläuterung in eckigen Klammern.

(ϒ4) ruhender Nous oder Ideenkosmos –
(ϒ3) intuitiver Nous –
(ϒ2½) diskursiver Nous oder auf sich selbst bezogener, weltüberlegener Demiurg;
die vierte Stufe ist die
(ϒ1/0) die Materie
(ϒ2) gestaltende und insofern mit dem geformten Kosmos zusammenfallende Weltseele.“[39]

Das Gesamtschema von Noumenios ist, wie das von Plotin, also quaternär und zudem dessen Lehre in weiterer Hinsicht nicht unähnlich. Hier sollen zwei Berührungspunkte genannt werden. „Wenn sich bei Numenios also νοῦς ἐν ἡσυχίᾳ [Geist in Ruhe] und νοῦς κινούμενος [bewegter Geist] als Objekt und Subjekt des göttlichen Denkens gegenüberstehen, in dessen Vollzug sie in eins fallen, dann fragt sich natürlich, was Plotin an dieser Konzeption, die seiner eigenen prima facie so ähnlich ist, eigentlich auszusetzen hat? Offenbar gerade die diskursive Zergliederung der einander in innigster Einheit durchdringenden Momente des Geistes und ihre substanzialisierende Verselbständigung zu getrennten Wesenheiten.“[40]

Strukturell-analytisch könnte man diesem Vorwurf derart begegnen, daß man dem ersten, dem ruhenden Geist, der dennoch mit einer Bewegung zusammengewachsen ist,[41] zubilligt, in seiner autistischen Versenkung nichts Seiendes im eigentlichen Sinne zu Betrachten, sondern in einem Bewegungs-Kurzschluß irrelativer Spontaneität als Urgrund von allem transzendent oder absolut zu bleiben, während der zweite,

---

[39] J. Halfwassen, Geist und Selbstbewußtsein, p. 42; meine Skalierung ist selbstverständlich konjektural.

[40] J. Halfwassen, Geist und Selbstbewußtsein, p. 44.

[41] Cf. Noumenios 15.5-10, ⟨ed./tr.⟩ É. des Places, p. 56.

bewegte Geist in kumulativer Weise sowohl der Selbst- als auch der Anderes-Kontemplation hingegeben ist, der dritte, der Demiurg, zusätzlich noch eine diskursiv-differenzierende kosmogonische Funktion innehat und sich, viertens, in und mit der dyadischen Materie spaltet. Zweitens der Sachverhalt, daß Plotinos, analog Noumenios im Bereich der Einwirkung der Ideen/Formen (*eĩdos/morphḗ*) auf die Materie (*'úlē*), im Bereich erscheinender Dinge,[42] die rationale Seele (nicht die Phantasie, die Einbildung und Vorstellung) mittels abstrakten, urteilenden Denkens (*diánoia/logismós*) die Vernunft- und Seinsgründe (*lógoi*) der kosmischen Ordnung aufdecken läßt.[43] Den unteren Abschluß der Systematik göttlicher ‚Manifestation' bildet für Noumenios die quasi eigenständige und dualistisch gesondert zu denkende Gegeninstanz zum Göttlichen, die Materie (*'úlē*).

---

[42] Zur diffizilen Verhältnisbestimmung zwischen Logoi, Morphe und Hyle cf. auch Plotinos, Enneaden 3.8.2 §§ 6–13. Die Unterscheidung zwischen Kosmos, Seele, Logos, Natur, Dinge, Wahrnehmung/Wahrnehmbarem, Sinnlichkeit/Sinnlichem, Materie etc. ist nicht allein wegen der häufig zu beachtenden Differenz zwischen einer allheitlichen und ichlichen Perspektive, sondern auch wegen gewisser Undeutlichkeiten und Uneindeutigkeiten der Bestimmungen und Beziehungen der Glieder und Niveaus untereinander manchmal nur schwer zu treffen. Deshalb treten bei ihrer Verortung in die quadrinome Ordinalskala meines Erklärungsrasters notwendig Schwankungen ihrer Bedeutung auf, was den Gesamtsinn der Darstellung allerdings kaum beeinträchtigen dürfte. In der Forschung führten die Oszillationen von Begriffen und deren Beziehungen untereinander und zu weiteren Systemelementen zu einem noch andauernden Interpretationsprozeß.

[43] Cf. Plotinos, Enneaden 6.3.8.1–9 §§ 61–62 & Diskussion in 3.6 (ganz); E. R. Dodds, Numenius and Ammonius, pp. 14–24. Prägnante Übersichten über die Logos-Lehre der griechischen Philosophie ganz allgemein und, wie folgend mit Stellenverweisen belegt, bei Plotin, geben H. Meyer, Geschichte der Lehre von den Keimkräften von der Stoa bis zum Ausgang der Patristik, pp. 55–67; A. Aall, Der Logos, 1.232–251; M. Heinze, Die Lehre vom Logos in der griechischen Philosophie, pp. 307–329; sowie die Essays in ⟨ed.⟩ M. Fattal, *Logos* et langage chez Plotin et avant Plotin, pp. 149–358.

Sie gehört nicht mehr eigentlich in deren hierarchischen Verband, dennoch ist sie aufgrund des Konzepts des Zu-Hilfe-Nehmens, Hinzuziehens oder zusätzlichen Gebrauchens (*prós-chrēsis*)[44] durch die höhere(n) Ordnungseinheit(en) in die Serie dieser integriert. Funktional erinnert dies, drittens, ebenso an die ambivalente Stellung der Materie bei Plotin, die er sozusagen von Platon ererbte: Einesteils wird die Hyle nicht mehr zu den Hypostasen gezählt, andernteils aber doch als Projektionsmatrix benötigt. Das bestätigt indirekt eine Forschermeinung zur uni-trinitarisch-dualistischen Doktrin des Noumenios: „Während sie eine Theologie ist, die wegen ihrer wiederholten Bekräftigung eines dem göttlichen entgegengesetzten Prinzips wesentlich dualistisch bleibt, legt ihr Verständnis des Göttlichen nicht nahe, daß die drei Gottheiten, die sie postuliert, wirklich unterschieden und verschieden voneinander sind. Wegen ihrer produktiven Verbindung mit der Materie nämlich findet die Brechung der Gottheit statt; dabei ändert sie die innere Selbstdarstellung des Primärprinzips und erzeugt Grade der Göttlichkeit. Auf diese Weise haben wir einen »begrenzten Theismus«, bei dem die Gottheit durch die Verknüpfung mit einem unabhängigen Gegenprinzip in einigen ihrer Aspekte limitiert und verändert ist."[45]

In der neueren Interpretationsliteratur wurde zu zeigen versucht, daß die trichotome Gottheit des Noumenios in wenigstens zweierlei Hinsicht massiv von Platon beeinflußt ist. Zum einen habe jener seine pythagoreisierenden Weltanschauungen mit Verweisen auf den ›Timaios‹ gespickt, um sie autoritativ zu untermauern, zählte Platon in bestimmten pythagoreischen Kreisen doch zu denen, die die Lehre des Meisters am reinsten

[44] Cf. Noumenios 22, ⟨ed./tr.⟩ É. des Places, p. 61.

[45] J. P. Kenney, *Proschresis* Revisited: An Essay in Numenian Theology, pp. 224-225, cf. idem, Mystical Monotheism, pp. 73-74.

vertraten;[46] zum andern stelle sie eine interpretative Übernahme einer (sehr dunklen) Stelle aus dem ›Zweiten Platonischen Brief‹ dar, dessen Authentie allerdings umstritten ist.[47] Dort spricht Platon unter dem ausdrücklichen Hinweis, in Rätseln (*di' einigmõn*) zu reden, von einer Dreiheit, deren Urprinzip der König von allem ist, um den alles (herum) und um dessentwillen alles ist, dem Urgrund (*aítion*) alles Schönen, während ein Zweites um das Zweite und ein Drittes um das Dritte ist.[48] Plotin griff diese Spekulation auf,[49] nachdem Klemens von Alexandrien (ca. 140/150–215/16) in den drei Prinzipien des ›Zweiten Platonischen Briefes‹ schon eine Kundgabe der Hl. Trinität vernommen hatte:

(ϒ2) „das dritte ist nämlich der Hl. Geist,
(ϒ31) der Sohn das zweite, ‚durch den
(ϒ1) alles gemacht wurde' [Joh 1.3]
(ϒ32) nach dem Willen
(ϒ4) des Vaters."[50]

---

[46] Übersichtlich dargestellt von M. Baltes, Numenios von Apamea und der Platonische Timaios, pp. 257–267.

[47] Cf. L. Brisson, The Platonic Background in the *Apocalypse of Zostrianos*, pp. 179–187; J.-H. Waszink, Porphyrios und Numenios, p. 40 (mit Verweisen auf Stellen in der Sekundärliteratur in den Noten 2 und 3):

[48] Cf. Platon, Epistula 2, 312e1–4: *Perì tòn pántõn basiléa pánt' estì kaì ekeínou 'éneka pánta, kaì ekeĩno aítion 'apántõn tõn kalõn· deúteron dè péri tà deútera, kaì tríton péri tà trita.*

[49] Cf. Plotinos, Enneaden 5.1.8.1–14 §§ 46–47.

[50] Cf. Clemens Alexandrinus, Stromata 5.14.103.1: *ouk állõs égõge exakoúõ ẽ tẽn 'agían triáda mẽnúesthai· tríton mèn gàr eĩnai tò 'ágion pneũma, tòn 'uiòn dè deúteron, di' 'oũ »pánta egéneto« katà boúlẽsin toũ patrós.* Weitere Ausdeutungen dieses Platonischen Philosophems in der christlichen Tradition, und zwar bei Iustinus dem Märtyrer und Eusebeios von Kaisareia, dokumentiert R. Arnou, Platonisme des pères, col. 2324; zu letzterem Kirchenlehrer folgende Textabschnitte: Eusebeios, Praeparatio

Zum Schluß dieses Abschnitts möchte ich noch darauf hinweisen, daß die orphisch-pythagoreische Tetraktys die Zeiten überdauern und in Form ihrer kreativen Umdeutung und phantastischen Ausdeutung im Kontext mehr oder weniger klassischer Kategorientafeln, dem hebräischen Tetragrammaton (יהוה *JHWH*), ägyptischen, chaldäischen, hermetischen und gnostischen Seins-, Götter- und Seelenvorstellungen, der christlichen Trinität, dem kabbalistischen Sefirot-Baum, symbolischen, ästhetischen, astrologischen, alchymischen, harmonikalen, graphischen und mathematischen Beziehungen und vielem mehr, im Deutschland des 18. Jahrhunderts wieder Konjunktur haben wird.[51] Im nächsten Jahrhundert sollte das Denkgenie Friedrich Wilhelm Joseph von Schelling (1775-1854) die Tetraktystik ausgiebig in seine Potenzenspekulation einarbeiten.[52]

---

evangelica 11.17.9-11 (21.536b-d); 11.20.1-2 (21.541b-d); 13.13.28-29 (21.675b-d). Zum selben Gegenstand bei Moderatos, Noumenios, Valentinos, Apuleius von Madaura (geb. um 125), Iustinus und Klemens cf. ⟨edd./trr.⟩ H. D. Saffrey / L. G. Westerink, Proclus. Théologie platonicienne, 2.XX-LIX (mit Diskussion früherer Studien).

[51] Viel Wissenswertes dazu trägt F. Mayr, Herders metakritische Hermetik. Eine Untersuchung zum Diskurs über die „Heilige Tetraktys" im Deutschland des 18. Jahrhunderts, zusammen.

[52] Cf. H. P. Sturm, Weder Sein noch Nichtsein, pp. 422-426; meine dortigen Ausführungen wären entlang der einschlägigen Schellingschen Schriften und der seither erarbeiteten Erkenntnisse der Strukturtheorie der Re-flexion nochmals zu überprüfen und gegebenenfalls zu präzisieren, wo nötig, zu korrigieren.

4 Geist-Triade und kosmische Vierheit im heidnischen Mittelplatonismus und in der mediterranen Esoterik

Ploutarchos von Chaironeia (ca. 50-125) kombinierte gewisse Akademische Spekulationselemente und verschmolz sie mit verschiedenen, auch orientalischen, Göttervorstellungen zu einer Seinsarchitektonik, die in der Rekonstruktion einigermaßen erkennbar der schulspezifisch-platonistischen 3/4-fach-Schichtung folgt. „Beim Zeitgenossen des Gaius, dem Platoniker Plutarch von Chäronea, ist die Viergliederung der Prinzipien, die wir für Philo aufzustellen versuchten, geradezu bezeugt unter starker Entgegensetzung der linken und der rechten Seite. ...

(ϒ1)	(ϒ2)	(ϒ3)	(ϒ4)
Zweiheit	Bewegung	Ordnung	Einheit
Materie	böse Weltseele	Geist	Gott
	Areimanios	Oromasdes	
	(Typhon	Osiris)“.[1]	

Nahe verwandt zur Noũs-Theologie von Noumenios ist das

[1] W. Theiler, Forschungen zum Neuplatonismus (Gott und Seele im kaiserzeitlichen Denken), p. 109, mit Bezug auf Ploutarchos, Moralia 1015E, 1024A-B (De animae procreatione in Timaeo); 1003A (Platonicae quaestiones); meine gemäß der Anordnung der Originaltabelle horizontal hinzugefügten Skalierungssymbole. Cf. C. J. de Vogel, On the Neoplatonic Character of Platonism and the Platonic Character of Neoplatonism, pp. 47-48; J. M. Dillon, The Middle Platonists, pp. 199-211.

auf Eudoros zurückweisende und zur Mittelplatonik zu rechnende Dreier-/Viererschema von Urgründen bei Albinus/Alkinoos: „... Albinus' ungefähre Ansicht der Seinshierarchie. Wenn wir sie in ein Schema kleiden, können vier Stadien unterschieden werden:

(Υ4) das erste, unaussprechliche Prinzip, Gott, Ursache von allem, erster Geist;
(Υ3) Seine Gedanken, die Ideen;
(Υ2) (Seele), die, obwohl nicht eigens als weiteres Prinzip erwähnt, von Albinus explizit unterhalb des Noũs eingestuft wird;
(Υ1) und Materie."[2]

Diese Rekonstruktion wird in der neueren Forschung bestätigt. „Albinus strukturiert die Realität auf folgende Weise:

	Gott (*oute apoios ... poios*); Idee	(Υ4)
Absolut:	Nous (*poiotês*)	(Υ3)
	Seele (*poiotês*)	(Υ2)
Relativ:	Körper (*poiotês*)	(Υ1)
	Materie (*apoios*)".[3]	(Υ0)

[2] C. J. de Vogel, On the Neoplatonic Character of Platonism and the Platonic Character of Neoplatonism, p. 52, cf. o.c., pp. 50-52; J. M. Dillon, Alcinous: The Handbook of Platonism, pp. 102-103, 106, Kommentar zu Kapitel 10. Annähernd analog sind auch die weisheitlichen Aufstiegsabschnitte, die Tugendstufen und die dabei relevanten Entitäten/Wesenheiten bei Alkinoos strukturiert, cf. dazu O. Schissel v. Fleschenberg, Marinos von Neapolis und die neuplatonischen Tugendgrade, pp. 36-44, mit Tabellen.

[3] R. M. Berchman, From Philo to Origen, p. 93; Unterstreichungen des Originals wurden durch Kursivierungen ersetzt; Anordnung (ohne skalierte Υ-Symbole) des Originals.

Solche Hierarchien liegen vielen gnostischen Weltgebäuden, wie durchdacht oder eingebildet sie auch sein mögen, zugrunde, weshalb ihr analoges Grundmuster in der einschlägigen Doxographie denn auch exemplarisch herausgestellt wurde. „Wir setzen das idealtypische Schema der Gnosis, besonders der valentinianischen, hin:

(ϒ1)	(ϒ2)	(ϒ3)	(ϒ4)
Materie	Psyche	Pneuma	Bythos
Teufel	Demiurg	Sophia	Guter Gott“.[4]

Einer derjenigen GeistWelt-Entwürfe, der ob seiner nihilistisch scheinenden Oberfläche vom Unverständnis und Zynismus seiner Widersacher am meisten betroffen gewesen sein dürfte, war der von Basileides, in dem zweimal fünf Hauptebenen nachweisbar sind, jeweils fünf reingeistige und fünf kosmische bzw. auf den Kosmos bezogene, die auf zweimal vier verdichtet werden können.[5] Seinen obersten Punkt bildet die

(ϒ4) nichtseiende Gottheit (*ouk ṑn theós*),
(Y5) die nicht einmal nichtseiend ist, da das Nichts nichts Seiendes ist (*oudè tò «oudèn» ē̃n ti tō̃n óntōn*),[6]

---

[4] W. Theiler, Forschungen zum Neuplatonismus (Gott und Seele im kaiserzeitlichen Denken), p. 111; meine gemäß der Anordnung der Originaltabelle horizontal hinzugefügten Skalierungssymbole.

[5] J. D. Turner, The Gnostic Threefold Path to Enlightenment, p. 333, reiht die Lehre von Basileides, wie in H. P. Sturm, Alt-Akademische Erledigung der okzidentalen Metaphysik, pp. 196-197, dokumentiert, in die Gruppe von Ontologien ein, die durch eine „Vier-Ebenen-Struktur“ à la Speusippos gekennzeichnet sind; vierschichtig interpretiert auch J. Kennedy, Buddhist Gnosticism, the System of Basilides, pp. 405-408, die von ihm so genannte „Theologie“ des Basileides.

[6] Vom nicht einmal unaussprechlich zu nennenden Gott im Anschluß an den sogenannten Gnostiker Basileides spricht kein Geringerer als A.

(Υ3) aber einen nichtseienden, allkeimhaften (*panspermía*) Weltsamen (*spérma toũ kósmou*) auslegt – gleich dem Wort, das mit »es werde Licht« ausgesprochen ist (*'o lógos 'o lechteìs «genēthḗtō phõs»*) –, ein (Welt-)Ei (*ōjón*) legt, das wie ein Ei eines schillernden bunten Vogels, etwa eines Pfaues (*katháper ōjòn órnithos ekpoikill⟨o-mén⟩ou tinòs kaì poluchrōmátou, 'oioneì toũ taõnos*), während es eins ist, die vielen Urbilder vielgestaltiger, vielfarbiger und viefältig zusammengesetzter Beschaffenheiten in sich trägt (*'én òn* [*'oútōs*] *échei en 'eautõj pollàs ousiõn polumórphōn kaì poluchrōmátōn kaì polusustátōn idéas*),[7] und eine [wie aus dem Genus des griechischen Worts zu schließen, weibliche] dreiteilige Sohnschaft enthält (*'uiótēs trimerḗs, katà pánta tõj ouk ónti the⟨õj⟩ 'omooúsios*), in allem dem nichtseienden Gott wesensgleich (*katà pánta tõj ouk ónti th⟨õj⟩ 'omooúsios*) [sc. nichtseiend],

(Υ33) deren eines Drittel fein ist (*leptomerés*), entsprechend dem göttlichen Geist, nach Zitat Homer, Oden 7.36: »wie ein Flügel oder Gedanke« (*'ōseì pteròn ēè nóēma*), durch Flügel (*pterón*) und Vogel (*órnithos*) symbolisiert wird und zum Bereich (Υ4) strebt;

(Υ32) deren zweites Drittel grob ist (*pachumerés*), der

Augustinus, De doctrina christiana 1.6.6, ⟨edd./trr.⟩ G. Combès / J. Farges, 11.186/189; ⟨ed.⟩ Patrologia Latina, 34.21; ⟨edd./trr.⟩ J. M. Péronne et al., 6.447; cf. W. R. Inge, Christian Mysticism, p. 111[1]: „Der Hl. Augustinus akzeptiert diese Feststellung, die er Wort für Wort wiederholt." Meine Übersetzung des Text samt diesem selbst soll in der Abteilung III der ›Widerspiegelung des Geistes‹ erscheinen; ob diese allerdings noch fertiggestellt werden kann, steht in den Sternen.

7 Gleichnis vom Pfauenei schon bei Apion, ⟨ed.⟩ O. Kern, Orphicorvm Fragmenta 56, pp. 133–135; es ist auch in der indischen Philosophie bekannt, cf. J. Singh, Pratyabhijñāhṛdayam, Introduction p. 7; T. M. P. Mahadevan, Śaiva-Siddhānta, p. 374.

Universalseele entsprechend, die mit dem heiligen Geist oder Pneuma (*tò Pneũma tò 'ágion*) verknüpft ist und im Bereich (Υ3) bleibt

(Υ3_1) und deren drittes Drittel reinigungsbedürftig (*apokathárseōs deómenon*) ist: die im Vergänglichen gefangenen Pneumatiker, Gottessöhne und Auserwählten bzw. der historische Jesus Christus, die durch den Retter in ihren Urzustand in der höheren Welt zurückversetzt werden und nach (Υ2/1) fällt.[8]

Aus dem Allkeim geht letztlich der nichtseiende Kosmos (Υ2/1) hervor, der nach einer, laut Überlieferer, Aristoteles abgeschauten fünfschichtigen Kosmo-Topologie aufgespreizt[9] und in zwei Sphären, den Kosmos selbst und den Überkosmos, mit einer dazwischenliegenden (*metaxù tetagménon*) Grenz- oder Trennschicht, unterteilt ist:

(Υ2½) Überkosmisches (*'uperkósmia*);

(Υ2_2) Firmament (*steréōma*), heiliger (*'ágion*) oder grenzebildender (*methórion*) Geist (*Pneũma*);

(Υ2_1) ätherische Himmelswelt (*epouránion ktísin, toutésti tēn aithérion*), Ogdoas (Achtheit) zwischen Firmament und Mond (*selḗnē*), großer Archon;

---

8 Zu den Drei Sohnschaften cf. M. Jufresa, Basilides, a Path to Plotinus, pp. 7-9; ob der Forscher o. c., p. 13[57], die von J. Kennedy, Buddhist Gnosticism, the System of Basilides, pp. 399-400, 406, aufgestellte These, daß die Basileideischen Sohnschaften der Sāṃkhya-Lehre von den drei qualitativen Grundbestandteilen (*tri-guṇa*) der Natur, die er letzterem irrtümlicherweise als „buddhistisch" unterstellt, obwohl davon bei Kennedy nirgends die Rede ist, nach der Lektüre meines Buches hier ebenso einfach nur als nicht plausibel abgetan hätte? Wie wäre es, darf ich weiter fragen, mit einem Vergleich zwischen den drei gnostischen Menschentypen und den *guṇa-s* oder den *varṇa-s*?

9 Cf. Hippolytos, Refutatio omnium haeresium 7.19.

(ϒ1½) Luft (*aḗr*), Hebdomas (Siebenheit) der Planetenwelt zwischen Mond und Erde, geringerer Archon;

(ϒ1/0) Körperliches/Stoffliches (*sōmatikón*) und Formlosigkeit (*amorphía*), d.h. das Irdische hier (*entháde*), die Erde (*gē̃*).[10]

Dazu kommen die drei analogen (von mir im folgenden Faszikel aufgezählten), nach Geistqualitäten bestimmten Menschenarten, die in diesem Kontext zusätzlich relevant sein dürften.[11] Man hat versucht, das Basileideische Spekulationskonstrukt, welches, wie viele vergleichbare, durch eine starke Dynamik des Auf- und Abstiegs gekennzeichnet ist, unmittelbar aus indisch-buddhistischen Einflüssen zu erklären; aufgrund der weitgehenden mediterrankulturellen Herleitungsmöglichkeiten ist das bisher allerdings nicht mit der erforderlichen Trennschärfe und Triftigkeit gelungen.[12] Damit möchte ich allerdings

---

[10] Cf. Diagramm bei G. Quispel, L'homme gnostique (*La doctrine de Basilide*), p. 101; Rekonstruktion der Basileideischen Kosmologie bei J. Kennedy, Buddhist Gnosticism, the System of Basilides, pp. 401-402, mit Dokumentation; der Autor behandelt sie nach den Vorlagen der Überlieferung bei Hippolyt unter der (aristotelischen) Rubrik „Metaphysik". Die „Psychologie" wird von ihm o.c., p. 396, ebenso fünfgliedrig rekonstruiert, indem er hier auf die fünf buddhistischen Persönlichkeitsfaktoren (*skandha*) als Äquivalent weist.

[11] Das Gedankengebäude von Basileides wurde in der Hauptsache bei Hippolytos, Refutatio omnium haeresium 7.20-27, überliefert; zwei leicht verfügbare der zahlreichen Übersetzungen der vorhandenen Texte seien hier genannt: H. Leisegang, Die Gnosis, pp. 196-256; W. Foerster et al., Die Gnosis, 1.80-110. Kritisch-Doxographisches zu Basileides und der Frage nach den authentischen Teilen der unter seinem Namen laufenden Lehre bei W. A. Löhr, Basilides und seine Schule.

[12] Nachweise in H. P. Sturm, Weder Sein noch Nichtsein, pp. 96[23]-97; zudem S. Radhakrishnan, Eastern Religions and Western Thought, pp. 203-205. Gegen indischen Einfluß argumentieren G. A. van den Bergh von Eysinga, Basileides und der Buddhismus; G. Quispel, L'homme

keineswegs gesagt haben, daß im Aufbau frühindischer und gnostischer Kosmogonien nicht auffällige Ähnlichkeiten oder gar Übereinstimmungen vorlägen. Um diesbezüglich metaphysisch brauchbare und wissenschaftlich haltbare Resultate zu erzielen, müßte der Vergleich auf dem höchsten Niveau der indologischen, philosophiewissenschaftlichen und mythologischen Forschung unter Einbeziehung des bisher diesbezüglich Erarbeiteten zum Alten Orient erst einmal durchgeführt werden. Meine Ausführungen könnten dazu strukturelle Markierungen liefern.

Die Anhänger des sogenannten Gnostikers Valentinos (gest. nach 165), der in Alexandrien und später in Rom lehrte, speziell sein Schüler Ptolemaios (gest. um 180), unterteilen ihren Weltaufbau in

($\Upsilon 4$) den Abgrund (*Buthós*), mit dem zusammen
($\Upsilon 4_2$) die Stille (*Sigḗ*) existiert, auch Einsicht (*Énnoia*) und Huld (*Cháris*) genannt, in die jener,
($\Upsilon 4_1$) zur [ersten/absoluten] Einsicht gekommen (*ennoēthē̃nai*), den Anfang des Alls (*Archḕn tō̃n pántōn*) aus sich hervorzubringen, die Hervorbringung, die er hervorzubringen die Einsicht hatte (*probalésthai enenoḗthē*), wie einen Samen (*katháper spérma*)
($\Upsilon 4_2$) in den Schoß (*en mḗtraj*) der mit ihm zusammen

---

gnostique (*La doctrine de Basilide*), p. 106. H. de Lubac, La rencontre du Bouddhisme et de l'Occident, p. 23, hält die negative Beschreibung des ersten Prinzips bei Basileides und im Buddhismus für eine Analogie, die nicht den mindesten buddhistischen Einfluß auf ersteren beweise, was durchaus zutreffen kann; dabei weist er in der Fußnote 75 auch auf Ähnlichkeiten zur Māṇḍūkya-Upaniṣad 4.83, und Nicolaus Cusanus, De deo abscondito; Vertreter und Bestreiter der These werden mit bibliographischem Nachweis genannt; man muß dem gerechtigkeitshalber jedoch entgegenhalten, daß die Ähnlichkeit zwischen indischer, speziell buddhistischer Spekulation und der von Basileides nicht nur auf der Basis dieses Lehrinhalts allein postuliert wurde.

existierenden Stille (*Sigễs*) legte, die jenen aufnahm, schwanger wurde und

(Υ3) den seinem Hervorbringer gleichen und ebenbürtigen Geist (*Noũn, 'ómoión te kaì íson*), den Einziggeborenen, Vater und Anfang des Alls (*toũton kaì Monogenễ kaloũsi kaì Patéra kaì Archền tỗn pántōn*), zusammen mit der Wahrheit (*Alḗtheia*) gebar; dieser brachte

(Υ2½) Lógos und Leben (*Lógos-Zōḗ*), den Allvater (*patéra pántōn*) alles nach ihm Seienden und die Ursache wie Gestaltung des Pleromas [Fülle, All, Gesamtheit] (*archền kaì mórphōsin pantòs toũ Plērṓmatos*), sowie

(Υ1/2) syzygisch/paarweise Mensch (*Ánthrōpos*)

(Υ2/1) und Gemeinde/Kirche (*Ekklēsía*) hervor.[13]

„Vornehmlich das durch Ableitung der Stufen aus dem Seinsgrund ausgezeichnete Systemgerüst des Valentinianismus (2. Hälfte 2. Jhdt.) zeigt in der Vierstufung:

(Υ4) Bythos [Abgrund] (Monas [Einheit])
(Υ3) Horos [Grenze/Bestimmung] (νοῦς [Geist] und νόες = αἰῶνες [Intelligenzen = Äonen])
(Υ2) Psyche
(Υ1) Hyle

sowie in der zahlenhaften Gliederung des Pleroma (Tetraktys, Dekas, Dyaden u. a.) deutliche Verwandtschaft mit Sextus oder Moderatos und stimmt andererseits – und hier auch in der Noologie der zweiten Stufe – mit Plotin überein."[14] Dies wird

---

[13] Überlieferung der gesamten Kosmogonie bei Eirenaios, Contra haereses 1.1.1, griechisches Fragment 1.74–105, ⟨edd.⟩ A. Rousseau / L. Doutreleau, 2.28–32 = Patrologia Graeca, 7.445A/449A.

[14] H. J. Krämer, Der Ursprung der Geistmetaphysik, pp. 323–324, Anordnung in Kolumnenform (ohne Skalierung) entspricht dem Original;

in der Forschung bestätigt: „Das Schema bietet eine bemerkenswerte Parallele zur Vierteilung von Plotinus.“[15] Auch schon mit geringer Übung in der Gestalt-Identifikation, läßt es sich aus einer kurzen Sequenz einer aus dem Umkreis des Valentinianismus stammenden homiletischen, zu den koptischen Nag-Hammadi-Texten gehörenden Schrift, dem ›Evangelium Veritatis‹ lesen.

(ϒ4) „In der Einheit wird
(ϒ3) sich jeder selbst wiederfinden; in der Gnosis wird er sich
(ϒ2) von der Vielheit zur
(ϒ4) Einheit läutern,
(ϒ1) indem er die Materie/Hyle in sich verschlingt wie Feuer, Licht die Finsternis, Leben den Tod.“[16]

Mehrere Phasen des Systems der Valentinianer sind anschließend aus der Forschungsliteratur in graphischer Nachgestaltung wiedergegeben. An vorderster Stelle ein Diagramm des vor-ursprünglichen kosmischen Zerozustands mit der ursprünglichen Wurzeltetraktys, durch die deutlich werden

meine Übersetzung der griechischen Begriffe in eckigen Klammern; weitere tabellarische Stufungen zum Valentinianismus finden sich o. c., pp. 239, 241, 253. Mit Sextus ist nicht dieser selbst, sondern, wie bereits im Teilband über die Alte Akademie anklang, ein Referat über die Pythagoreer bei Sextos Empeirikos, Adversus mathematicos 10.248-287, gemeint; zum Aufbau des valentinianischen Weltgebäudes, besonders den Prinzipien der überkosmischen Sphäre, cf. auch E. Thomassen, The Philosophical Dimension in Gnosticism: the Valentinian System.

[15] C. J. de Vogel, On the Neoplatonic Character of Platonism and the Platonic Character of Neoplatonism, pp. 48-49.

[16] Evangelium Veritatis (NH 1.3 & 12.2) 25.10-19, ⟨edd./trr.⟩ M. Malinine / H-C. Puech / G. Quispel / W. Till, p. 20/21 (kopt./frz.), p. 71 (dt.), p. 97 (engl.); J. M. Robinson, The Nag Hammadi Library in English, p. 44; meine Übertragung frei nach genannten Übersetzungen.

könnte, daß die paarige Gleich- oder Beiordnung der Prinzipien an oberster Stelle der Allwerdung vertikal, als Über-/Unterordnung, zu lesen ist. Danach steht über oder hinter dem Einheitsprinzip als Archē der GeistWelt-Manifestation, das (Stille-)Schweigen, Stille, Ruhe (*sigḗ*), Huld, Gnade, Gunst, Freude, Wohlwollen (*cháris*) und Sinn, Einsicht, Betrachtung, Idee, Gedanke (*énnoia*) genannt wird, in unsichtbaren und unnennbaren Höhen der unfaßbare, unnennbare, ewige und ungewordene, unendlich lange Zeiten in Ruhe und Stilleschweigen gewesene, vollkommene, vor(her)seiende Äon (*eĩnai en aorátois kaì akatonomástois 'upsṓmasi téleion Aiõna proónta … achṓrēton kaì aóraton, aïdión te kaì agénnēton, en 'ēsuchíaj kaì ēremíaj pollẽj gegonénai en apeírois aiõsi* [*chrónōn*]), der Abgrund bzw. die Tiefe (*Buthós*) als Voranfang (*Proarchḗ*) und Vorvater (*Propátōr*). Nach meiner Skalierung müßte er für sich genommen als Bedingung der Bedingungen eigentlich den Hyper-Grad (Y5) einnehmen, mit der femininen Stille, Huld und ‚Geistin' oder Geisteinsicht (*Énnoia*)[17] zusammen jedoch das syzygische Primärprinzip bilden (ϒ41/ϒ42). Wer darin die Urchaoszustände und Geistgötterhierarchien frühzeitlicher Kosmogonien nicht irgendwie wiederzuerkennen in der Lage

---

[17] W. Hörmann, Gnosis, p. 154, übersetzt, um die Paarbildung zu berücksichtigen, mit „die Gedankin" und das *ennoēthẽnai* von Eirenaios, Contra haereses 1.1.1, griechisches Fragment 1.81, ⟨edd.⟩ A. Rousseau / L. Doutreleau, 2.29, mit „»auf die Gedankin gekommen«". Ob er damit auf den eventuellen erotischen Neben- und Hintersinn der Wendung anspielt? Unter Berücksichtigung der durch die Hypostasenstruktur vorgegebenen Bedeutung von »Gedanke« und »denken«, wonach dieses als Seelenfunktion in der Hierarchie von Erkenntnisvermögen viel tiefer angesiedelt ist, lautet meine bereits gegebene Übersetzung: „zur [ersten/absoluten] Einsicht gekommen". W. Hörmann, Gnosis, pp. 341–361, bietet ein gezeichnetes System von Entwicklungszuständen der valentinianischen GeistWelt; die folgend wiedergegebenen drei Graphiken finden sich o.c., pp. 342–344; Schemata aus den verschiedenen Überlieferungssträngen gibt C. Markschies, Valentinus Gnosticus?, p. 368.

ist, kann diese überhaupt noch nicht kennengelernt haben. Und dazu kommt, daß alles auf einer vierheitlichen Ordnung beruht.

VOR DEM ANFANG – DER ABGRUND (βυθός) DER VALENTINIANER (nach W. Hörmann)

in unsichtbaren und unnennbaren Höhen

präexistenter
vollkommener
Äon

Voranfang
Vorvater
Ab-/Urgrund
(*Bythós*)

in großer Ruhe und Stille in unendlichen Äonen

Syzy gie

Énnoia (Einsicht)
Cháris (Huld)
(*Sigḗ/Stille*)

DER ANFANG –
URANFÄNGLICHE VIERHEIT DER VALENTINIANER
(nach W. Hörmann)

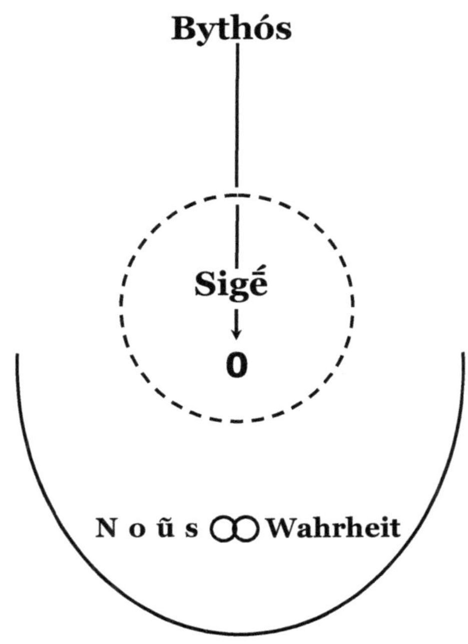

ZWEITER HERVORBRINGER (NOŨS) –
URANFÄNGLICHE ACHTHEIT DER VALENTINIANER
(nach W. Hörmann)

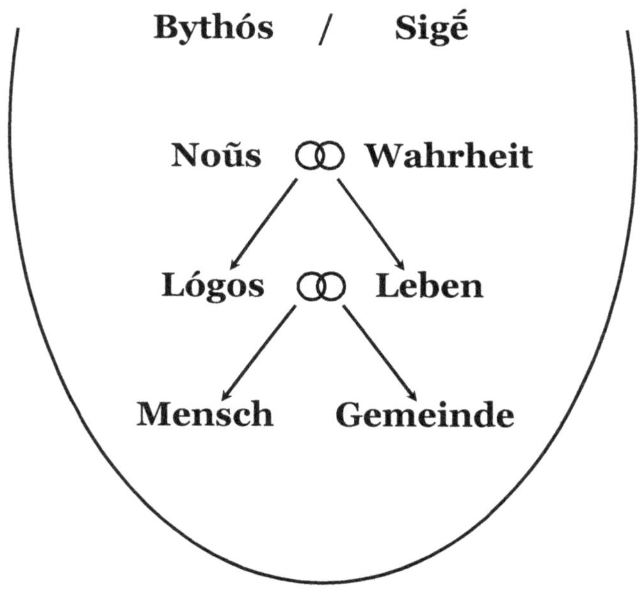

Wenn ich behaupte, daß solche Vierstadienkonstrukte den wilden Spekulationen vieler Gnostiker Statur und Verbindlichkeit geben, dann heißt das nicht, daß sie deshalb Philosophie sind, sondern daß sie – aus welch tiefen oder seichten Gründen auch immer – eine philosophische Dimension besitzen, indem sie nach dem reflektorisch erschlossenen Konstruktionsplan des Erkennens aufgebaut sind. Das gilt auch für die Spuren des Pythagoreismus und seiner Tetraktystik wie des Mesoplatonismus mit seiner Schichtenarchitektonik aufweisende ›Megale Apophasis/Großen Darlegung‹ (ca. 2. Jh.), die, man weiß nicht warum, dem schon in der ›Apostelgeschichte 1.9–11‹ erwähnten Magier und Wundertäter Simon Magos von Gittai/Samaria zugeschrieben wird.[18] Dieser Traktat stellt eines von sechs bei den antignostischen Kirchenlehrern überlieferten Systemen dar, die aus jeweils drei Prinzipien bestehen, welche einzelnen Hypostasen des Neuplatonismus entsprechen – wobei ein viertes mehr oder minder im Hintergrund verbleibt – die in der Forschung zu einer eigenen Klasse gnostischer Schriften zusammengezogenen „Drei-Prinzipien-Systeme“: 1. Monoimos, 2. Megale Apophasis, 3. Naassener, 4. Peraten, 5. Sethianer und Archontiker, 6. Doketen.[19] Der Schluß der erstgenannten, des ›Monoimos‹, einer mythologisierenden, pythagoreisierenden und den Platonischen ›Timaios‹ heranziehenden, nach einem gleichnamigen arabischen Spiritualen benannten gnostischen Schrift (2. Jh.), könnte betreffs der in ihr ganz

[18] Überliefert bei Hippolytos, Refutatio omnium haeresium 6.9.4–6.18.7; B. Aland, Gnosis und Philosophie, pp. 41–52, interpretiert die ›Megale Apophasis‹ gemäß den Vierstufungen von Moderatos und Noumenios, die sie o.c., pp. 46[45], 47[46], sozusagen als Exegeseraster in Diagrammform wiedergibt; zur Vierschichtigkeit der ›Megale Apophasis‹ auch J. D. Turner, The Gnostic Threefold Path to Enlightenment, p. 333; Übersetzung mit Einleitung von W. Foerster et al., Die Gnosis, 1.324–335.

[19] Übersetzung mit Einführungen bei W. Foerster et al., Die Gnosis, 1.315–399.

nebenbei zur Darstellung gebrachten Hierarchie von Prinzipien als von Platon selbst stammend ausgegeben werden, wäre da nicht die an hinduistische Weisheitslehren erinnernde, bei jenem erheblich abgeschwächte, Radikalität und Unmißverständlichkeit der Forderung nach Erkenntnis des selbst unsichtbaren Sehers des Sehens, selbst undenkbaren Denkers des Denkens und selbst unerkennbaren Erkenners des Erkennens, des Selbst/Ātman selbst = Brahman (*ātma-vidyā*/*ātmānam viddhi*/*brahma-vidyā*), das insofern eines nur ohne zweites (*ekam-eva advitīyam*), d.h. ohne Gegensätze (*nir-dvandva*), weder so noch so (*neti-neti*) und zugleich alles (*sarvam*), d.h. mit Gegensätzen (*sa-dvandva*), sowohl so als auch so (*iti-iti*) ist: „»Wenn du das All durchschauen willst, davon ablassend, Gott (Υ4) durch die Schöpfung oder dergleichen hindurch zu suchen, suche dich/Ihn (selbst) durch dich selbst und erkenne, wer es ist, der ohne Ausnahme alles in dir sich ganz zu eigen macht, indem er sagt:

(Υ4)	Mein Gott (*'o theós mou*),
(Υ3)	mein Geist (*'o noũs mou*),
⟨Υ2½⟩	mein (abstraktes) Denken [meine (reine) Vernunft] (*'ē diánoiá mou*),
(Υ2)	meine Seele (*'ē psuchḗ mou*),
(Υ1)	mein Körper (*tò sõmá mou*).

Und erkenne, woher Trauern und Sichfreuen, Lieben und Hassen, das unfreiwillige Wachen und unfreiwillige Schlafen wie das unfreiwillige Zürnen und unfreiwillige Gernhaben sind/kommen. Und wenn du all das«, sagt er, »sorgfältig untersuchst, wirst du dich/Ihn (selbst) in dir selbst finden, Eines (Υ4), Seiendes (Υ3) und Vieles (Υ2/1), gemäß jenem einen

(Iota-)Strich, indem du aus dir selbst den Ausweg findest.«“[20]

Die Dreigottlehre der ›Chaldäischen Orakel‹, einer okkult-religiösen Abhandlung, die auf das Ende des 2. Jahrhunderts zu datieren ist, ruft unvermittelt Assoziationen an die beiden zeitlich etwas früheren Konzeptionen von Noumenios und Alkinoos/Albinus wach:

(ϒ4) „Denn der Vater vollbrachte alles und übergab es
(ϒ3) dem zweiten Geist, den du, gesamtes Menschengeschlecht, den ersten nennst. …
(ϒ4) Bei Ihm weilt
(ϒ3/1) die Dyade, sie enthält nämlich beides:
(ϒ3) und zwar mit dem Geist das Intelligible zu erfassen,
(ϒ1) aber auch das Wahrnehmen
(ϒ2) in den Weltordnungen zu veranlassen.“[21]

---

[20] Hippolytos, Refutatio omnium haeresium 8.15.1.2–8.15.2.11: «⟨*Ei théleis epignō̃nai tò pã̄n,*⟩ *katalipṑn zēteĩn theòn katà ktísin kaì tà toútois paraplḗsia, zḗtēson autòn apò* ⟨*s*⟩*eautoũ, kaì máthe tís estin ʻo pánta ʻapaxaplō̃s en soì exidiopoioúmenos kaì légōn·* [*ʻo theós mou,*] *ʻo noũs mou, ʻē diánoiá mou, ʻē psuchḗ mou, tò sō̃má mou· kaì máthe póthen estì tò lupeĩsthaí* ⟨*se*⟩ *kaì tò chaírein, kaì tò agapãn kaì tò miseĩn· kaì tò grēgoreĩn* ⟨*se*⟩ *mḕ thélonta kaì tò nustázein mḕ thélonta, kaì tò orgízesthai mḕ thélonta kaì tò phileĩn mḕ thélonta. kaì àn* ⟨*pánta*⟩ *taũta*», *phēsín*, «*epizētḗsējs akribō̃s, ʻeurḗseis autòn en* ⟨*s*⟩*eautō̃j, ʻèn* ⟨*ónta*⟩ *kaì pollà, katà tḕn keraían ekeínēn* ⟨*tḕn mían*⟩, *aph' ʻeautoũ tḕn diéxodon ʻeurṓn*». Meine Skalierungen mit und ohne Paragraphierung, wobei man mit den Emendationen, Konjekturen, Addenda (in spitzen Klammern) und Delenda (in eckigen Klammern) des Editors hier und sonst nicht immer einverstanden sein muß/kann; der zweimal auftretende Akkusativ *autón* ist jeweils auf das Selbst, auf Gott oder beides bezogen, wobei ich annehme, daß die Doppeldeutigkeit letzterer Möglichkeit beabsichtigt ist; der Iota-Strich symbolisiert im Griechischen die Zehn, die von den Pythagoreern in Tetraktys-Form dargestellt wird und das eine (Zahlen-)All meint.

[21] Oracula Chaldaica 7–8, ⟨ed./tr.⟩ É. des Places, p. 68, ⟨ed./tr.⟩ R. Majercik, p. 50: *Pánta gàr exetélesse patḕr kaì nō̃j parédōke deutérōj ʻòn prō̃ton klēḯzete pãn génos andrō̃n. … duàs parà tō̃jde káthētai· amphóteron gàr échei, nō̃j mèn katéchein tà noētá, aísthēsin d' epágein kósmois.* Cf. E. R.

Im Menschen und als Mensch manifestiert sich die Dreistufengottheit in typisch vierfältiger Hypostasen-Ordnung.

(ϒ4) „(Denn Er versetzte)
(ϒ3) den Geist
(ϒ2) in die Seele, ⟨…⟩
(ϒ1) in den plumpen/faulen Körper
(ϒ4) legte Er, der Vater
(ϒ'1-3) der Menschen
(ϒ2½) wie Götter,
(ϒ'1-3) uns selbst hinein."[22]

Ähnlich die ›Hermetica‹, eine antike Sammlung esoterischer, hermetischer Schriften, welche um das 3. nachchristliche Jh. entstand und dem sagenhaften ägyptischen Weisen Hermes Trismegistos zugeschrieben wird. Sie gliedern das Universum in

(ϒ4₂) Geist (*noũs*), Gott und Vater,
(ϒ4₁) die archetypische Idee im Geist (*eĩdes en nõj tò archétupon eĩdos*), einen unumgrenzten Kosmos (*kósmos aperióristos*) von unzähligen Kräften (*dunámeis anaríthmētoi*),

---

Dodds, Numenius and Ammonius, pp. 11-12 (mit Verweis auf A.-J. Festugière, La révélation d'Hermès Trismégiste, 3.53-57). Die Komponenten (ϒ2) und (ϒ1) bilden eigentlich eine Komponente, die in der Auslegung aspektuell unterschieden werden müssen: Ordnung als solche, griechisch Kosmos, und das Geordnete samt Sinnlichem und Stofflichem. Das Problem der zwei Intellecte wird diskutiert in J. M. Dillon, The Golden Chain, XVI: The concept of two intellects: A Footnote to the History of Platonism.

[22] Oracula Chaldaica 94, ⟨ed./tr.⟩ É. des Places, p. 89 (Zufügung in runden Klammern und Tilgung in spitzen Klammern durch den Herausgeber), ⟨ed./tr.⟩ R. Majercik, p. 84: (*kathéteto gàr*) *noũn mèn psuchẽj*, ⟨*psuchèn d'*⟩ *enì sṓmati argõj 'ēméas egkatéthēke patèr andrõn te theõn te.*

(Υ3) den vom ersten Geist erzeugten zweiten/anderen Geist (*'éteros noũs*) und Schöpfer (*dēmiourgós*)
(Υ2) des Alls des Lebendigen, der zuerst
(Υ22) die beseelten Wesen, d.h. die Himmelskörper, die die sichtbare Welt umkreisen, und dann
(Υ1) zusammen mit dem Lógos, der hier die niederen Elemente (Wasser und Erde) darstellt,
(Υ21) die unvernünftigen Lebewesen schafft.[23]

Gleichlaufend dazu die Schrittfolge der Wesen und ihrer Fähigkeiten. Sie geht aus von

(Υ4) Gott, dem Schöpfer all dessen, was auch immer ist, in dem alles ist und von dem alles abhängig ist,
(Υ21) und verläuft vom mittels Körper Aktiven
(Υ22) über sich mit Hilfe eines Seelenwesens Bewegendes
(Υ3) bis zum sich durch Geist(hauch)/Pneuma Verlebendigenden.
(Υ1) Ferner ist das die Entschlafenen Aufnehmende zu berücksichtigen.[24]

---

[23] Cf. C. J. de Vogel, On the Neoplatonic Character of Platonism and the Platonic Character of Neoplatonism, pp. 49–50 (bei der Feingliederung bin ich mir nicht ganz sicher). Cf. Poimandres, ⟨ed.⟩ A. D. Nock, ⟨tr.⟩ A.-J. Festugière, Hermes Trismegistos, Corpus Hermeticum 1, 1.1–28, Übersichtsplan der Herausgeber zum Aufbau o.c., 1–6. Einen im Kontext der GeistWelt-Stufung beachtenswerten ‚Kosmythos' liefert auch das Heilige Wort 1–4, ⟨ed.⟩ A. D. Nock, ⟨tr.⟩ A.-J. Festugière, Hermes Trismegistos, Corpus Hermeticum 3.1–4, 1.44–46, Übersichtsplan der Herausgeber zum Aufbau o.c., 1.42–43.

[24] Cf. Über Geisteinsicht und Wahrnehmung 9, ⟨ed.⟩ A. D. Nock, ⟨tr.⟩ A.-J. Festugière, Hermes Trismegistos, Corpus Hermeticum 9.9, 1. 100.5–8: *pánta gàr 'ósa éstin, ō̃ Asklēpié, taũta en tõj theõj esti kaì 'upò toũ theoũ ginómena kaì ekeĩthen ērtēména, tà mèn diá sōmátōn energoũnta, tà dè diá ousías psuchikẽs kinoũnta, tà dè diá pneúmatos zōopoioũnta, tà dè tà kekmēkóta 'upodechómene, ...* J. M. Dillon, The Golden Chain, XX: The

Die 3/4-Stöckigkeit von religiösen und philosophischen Gedankengebäuden war ab der Zeitenwende wohl eine Selbstverständlichkeit. In Anbetracht dessen stellt sich die Frage nach der Wirkungsgeschichte dieser Lehren. Nur eine gewisse Animosität gegenüber der Kryptik und Phantastik der Gnosis dürfte verhindert haben, daß der heute als Hauptstifter des Neuplatonismus und der Hypostasenlehre als solcher geltende Plotinos ihre Vorläuferschaft und womöglich seine Übernahmen aus derselben und verwandten Spiritualbewegungen auch eingestand, was mit Blick auf seine Konstruktionsprinzipien in besonderem Maße angezeigt gewesen wäre: „Die begrifflichen und »denkschematischen« Übereinstimmungen in der Kosmologie (vier Ebenen:

(Υ4) oberstes Wesen,
(Υ3) Geist,
(Υ2) Seele,
(Υ1) Materie)

lassen auf gemeinsame philosophische Traditionen schließen, die sicherlich im ‚Mittelplatonismus' liegen … wir treffen immer wieder auf einen parallelen ‚Weltaufbau', der dem philosophischen ‚Seinsaufbau' entspricht:

Theory of Three Classes of Men in Plotinus and in Philo, p. 76[8]. Bei der Übersetzung und dem Verständnis von Pneuma folge ich J. M. Dillon am genannten Ort, nicht der Übertragung der kritischen Ausgabe, der ich den Text entnahm, und stütze mich auf Dillons Querverweise in den ›Hermetica‹, die bestätigen, daß Pneuma hier Noũs bedeutet. F.-M. Braun, Hermétisme et Johannisme, pp. 259–279, sammelt und kommentiert Textstellen des Evangelisten Johannes und des legendären Dreifachgroßen Hermes, um einen Einfluß des ›Neuen Testaments‹ auf die Hermetik plausibel zu machen.

(Υ4) die transzendente Gottheit (*Monas*),
(Υ3) die intelligible Welt der Ideen oder Formen (gnostisch: Pleroma oder Äonen),
(Υ2½) die ‚Urseele' (Logos, Demiurg),
(Υ2/1) die sichtbare bzw. materielle Welt.

In den NHC-Texten, die eine kosmologische Schilderung besitzen, finden wir eine ähnliche Struktur (...). Auch von den sog. »Drei-Prinzipiensystemen« der Gnosis (...) begegnen unter den NHC-Texten Vertreter: die ‚Paraphrase des Seem' (VII,1) und die »Drei Stelen des Seth« (VII,5). Letztere gehört nun auch zu einer Gruppe von Schriften des Fundes, die offenbar in Verbindung mit den von Plotin bekämpften Gnostikern in und neben seiner Schule in Rom standen."[25]

Auch „Die Theologie des ›Tractatus tripartitus‹ ist in seiner Gestalt der Art von Mittelplatonismus am nächsten, die von Albinus (Alkinoos) oder Numenius vertreten wird."[26] Daß die Doktrinen von den heidnischen und christlichen Hypostasen aus der Prinzipienlehre der hier thematisierten Gattung mittelplatonischer und neupythagoreischer Spekulationen stammt, ist heute einigermaßen anerkannt, daß der Gnostizismus und die orientalisierende Esoterik bei dieser Entwicklung ab einer gewissen Zeit aber in erheblichem Umfang als verstärkende Schaltstationen mitwirkte, das zu akzeptieren fällt westlichen Gelehrten aus ideologischen Gründen immer noch schwer. Somit auch die Billigung des folgenden Forschungsresultats:

[25] K. Rudolph, Vorbemerkungen des Herausgebers zu H. Jonas, Gnosis und spätantiker Geist, 2.239-240, 6. Kapitel: Fragmente zu Plotin; meine stillschweigenden Druckfehlerkorrekturen; NHC steht für Nag Hammadi Codex. An meiner Skalierung wird sichtbar, daß Vierebenen-Schema nicht gleich Vierebenen-Schema ist und die Forschung diesbezüglich noch verfeinert werden könnte.

[26] J. P. Kenney, The Platonism of the *Tripartite Tractate* (NH I, 5), p. 200.

„Eine gewisse Bestätigung dieser christlichen und insbesondere valentinianischen Verwendung des Begriffs von den drei göttlichen Hypostasen stammt von zwei Quellen, die beide mit Origenes in Verbindung gebracht werden können und auf diese Weise Witt's Vermutung stützen, daß die Verwendung des Begriffs Hypostase durch die Gnostiker half, ihm im Zusammenhang orthodox katholischer versus sabellianistischer und monarchianistischer Häresien des 3. Jahrhunderts Wichtigkeit zu verleihen, genau dem Kontext, so werde ich beweisen, der Lehre von den drei Hypostasen des Origenes. Die erste von ihnen ist das Fragment ›Über die Kirche‹, die Anthimos zugeschrieben wird, aber, von M. Richard überzeugend gezeigt, von Markellos aus Ankyra stammt, in der der Autor die arianische Lehre dreier Hypostasen auf Valentinus zurückführt, der, so sagt er, der erste war, der drei Hypostasen und drei Prosopa [Personen], Vater, Sohn und Heiligen Geist, in seinem Buch ›Über die drei Naturen‹ annehmen sollte. Er erhielt die Idee, sagt Markellos, von Hermes Trismegistos und Platon ... Die andere Quelle ist der ›Tractatus tripartitus‹ aus Nag Hammadi, der eine höchste Triade des wirklich existierenden Vaters (*kyriōs hyphistatai*?), des wirklich existierenden Sohnes und der Kirche, die mit der Plotinschen Weltseele verglichen werden kann, und die wie der Sohn von Anfang an existiert, i.e. die zwei Zentralbegriffe von Origenes' trinitarischer Theologie, darzustellen scheint: drei Hypostasen und ewige Schöpfung. ... Wie auch immer, legt die Augenscheinlichkeit nahe, daß die Valentinianer, weit davon entfernt, eine Lehre von göttlichen Hypostasen zurückzuweisen, wie Dörrie und andere geltend machten, einer solchen auf der Grundlage ihrer Platon-Interpretation den Weg bahnten, indem sie dabei vielleicht sogar beide, Plotinos und Origenes, beeinflußten.“[27]

---

[27] A. H. B. Logan, Origen and the Development of the Trinitarian Theology, pp. 425–426, unter Berufung auf R. E. Witt, 'ΥΠΟΣΤΑΣΙΣ,

Die barbelo-gnostischen Abhandlungen aus dem Fund von Nag Hammadi sind geradezu komponiert nach einer drei/viergliedrigen Hierarchie, die sich sowohl ontologisch als auch epistemologisch bzw. revelatorisch manifestiert. Wenigstens fünf von ihnen, ›Das Apokryphon des Johannes‹, ›Die dreigestaltige Protennoia‹, ›Allogenes‹, ›Zostrianos‹ und ›Die drei Stelen des Seth‹, „scheinen wenigstens eine dreischichtige Ontologie zu entfalten:

(ϒ4) eine Ebene jenseits des Seins, das vom Unbekannten Gott oder dem Unsichtbaren Geist eingenommen wird;

(ϒ3) eine Ebene reinen Seins, das vom Ersten Gedanken des Unbekannten Gottes, Barbelo und ihrem Äon eingenommen wird,

(ϒ1) und eine sichtbare Ebene, die aus der sichtbaren Welt besteht.

(ϒ2) Eine vierte, psychische Ebene im Zwischenbereich zwischen den Äonen und der materiellen Welt ist möglich, aber nicht durchweg dargestellt."[28]

p. 335 und M. Richard, Un opuscule méconnu de Marcel évêque d'Ancyre, pp. 7-8, 14-22; das Fragezeichen hinter *kyriōs hyphistatai* bezieht sich auf eine unsichere Lesart des verderbten koptischen Manuskripttexts. H. Dörrie, Platonica minora, pp. 286-296 (Zum Ursprung der neuplatonischen Hypostasenlehre), versuchte in der Tat, das erste historische Auftreten der Hypostasen doxographisch exakt zu bestimmen; zur hier vorgetragenen direkten Widerlegung mit Gegenthese muß ein indirektes Argument angefügt werden, nämlich daß Dörrie die Äquivalente, die inhaltlich zwar anders bestimmt, in ihrem Stellenwert jedoch Entsprechungen darstellen, außer acht läßt, was in meiner Studie hingegen ausführlich geschieht. Eine Herleitung des *'omooúsios*-Begriffs aus der Gnosis gibt P. Gerlitz, Ausserchristliche Einflüsse auf die Entwicklung des christlichen Trinitätsdogmas, pp. 193-195.

[28] J. D. Turner, The Gnostic Threefold Path to Enlightenment, p. 332. M. Jufresa, Basilides, a Path to Plotinus, p. 14[59], weist auf die Trimorphie der männlich-jungfräulichen Barbelo in den ›Drei Stelen des Seth‹ (und wie nach den einführenden Worten von J. A. Goehring zur

Der Aufstieg auf den Erleuchtungsstufen oder Ekstasesprossen und der Abstieg der Gottheit auf den Verdunklungssprossen in die Ernüchterung der Agnosie finden in einer Dreistufung statt, die in nicht wenigen Fällen um eine vierte Stufe ergänzt werden kann bzw. muß. „Ein fixer Prototyp dieses dreifachen Aufstiegs kann sicherlich in Platon's ›Symposion‹ (210A-212A) gefunden werden, in der Rede, in der Sokrates den Weg zur Schau der absoluten Schönheit erzählt, in die er von der weisen Diotima eingeweiht worden war.“[29]

Tendenziöse Darstellungen und Verzeichnungen von verschiedenen Richtungen des Gnostizismus sind sehr zahlreich. Deshalb brauchen sie hier nicht einzeln angeführt zu werden und können es nicht. Der Grund dafür liegt in den Machtverhältnissen, die die Ideengeschichte der mittelmeerischen Kulturwelten von der Zeitenwende an einige Jahrhunderte lang

Übersetzung des Traktats in J. M. Robinson, The Nag Hammadi Library in English, p. 397, ergänzt werden muß, drei weiteren verwandten Sethianischen Gnosis-Texten), und ihre Vergleichbarkeit mit Plotins hypostatischen Prinzipien unterhalb des Einen wie Basileides' Sohnschaften; mir drängt sich hier als Vergleichswert noch mehr die Dreigliederung von Porphyrios auf (Sein, Leben, Wissen), die bei Plotin die Binnengliederung des Noũs als solchem darstellt und von seinem Schüler auf den gesamten überseelisch-überkosmischen Bereich der (Plotinschen) Hen-Noũs-Hypostasen ausgedehnt wurde (dazu in den nächsten Kapiteln Exaktes). Erwähnenswert im Zusammenhang drei-/vierstufiger Welt-Genealogien ist die Nähe einiger Traktate aus dem Fund von Nag Hammadi zum ›Johannes-Prolog‹, cf. Y. Janssens, The Trimorphic Protennoia and the Fourth Gospel, pp. 242-243. Besonders herauszuhebende Passus sind Trimorphe Protennoia (NH XIII.1), J. M. Robinson, The Nag Hammadi Library in English, pp. 511-522; Das Apocryphon des Johannes (NH II.1, III.1, IV.1; BG 8502.2), J. M. Robinson, The Nag Hammadi Library in English, pp. 104-123. Nicht zu vergessen die Weltschöpfungsmythe des Valentinschülers Markos des Magiers, die G. Scholem, Von der mystischen Gestalt der Gottheit, pp. 18-21, aus semitischen Quellen geschöpft annimmt und im Kontext seiner Interpretation der Kabbala vorstellt.

[29] J. D. Turner, The Gnostic Threefold Path to Enlightenment, p. 343.

prägten. Die überdrehte Ausdrucksweise, mit der die kirchenväterlichen Kämpfer wider die vermeintlichen Häresien die verwirrend vielschichtigen und unter Nicht-Bemerkung strukturierender Gestaltungsprinzipien auf sie wirr wirkenden Anschauungen ihrer Widersacher wiedergaben, zeigt, daß es sich bei deren Reproduktion nicht nur um Information, sondern auch um Propaganda, um Dokumente eines (Meinungs-)Krieges handelt, in welchem die Berichterstatter ihr Unverständnis noch tolldreister zur Schau stellten als das Berichtete jemals erscheinen konnte, sich hiermit aber auch das Verdienst erwarben, die Konturen der gegnerischen Weltbilder um so schärfer umrissen und dadurch deren theoretische Kontrastierung und praktische Kompromißlosigkeit sichtbar gemacht und diese nicht nur, wie in Kreisen der Verfolger üblicherweise praktiziert, getilgt zu haben.

Aus den christlichen Ressentiments gegenüber der Gnosis läßt sich bis zu einem gewissen Grade auch die bis heute in Theologie, Religions- und Philosophiewissenschaft nachweisliche Fehleinschätzung indischer Geistigkeit ableiten, ist doch „die starke Ähnlichkeit zwischen der Lehre der Upaniṣads und des frühen Buddhismus und gnostischen Theorien … offensichtlich."[30] Aber nicht nur zwischen dem Vedānta und der Gnosis stellte die Forschung eine Ähnlichkeit fest, sondern auch zwischen ihr und dem Sāṃkhya. „Jedoch analysiert ein indisches Gedankensystem die Natur des menschlichen Seins in einer Weise, die an den gnostischen Kontrast zwischen Psyche und Pneuma erinnert. Das ist Sankhya, eines der sechs philosophischen Hauptsysteme, das ebenso als theologischer Unterbau für die praktische Yogadisziplin dient."[31] Insofern ist

30 S. Radhakrishnan, Eastern Religions and Western Thought, p. 207; von direkten Einflüssen indischen Gedankenguts auf die Gnosis spricht N. Kazanas, Advaita and Gnosticism.

31 J. W. Sedlar, India and the Greek World, p. 129.

die zu Beginn akademisch veranstalteter Indologie getroffene Feststellung: „Plotin, Porphyr, die Schule der Neuplatoniker spiegeln die Metaphysik von Kapila und Patanjali wider; Mani und die Gnostiker führen in das Christentum den Geist des Brahmanismus und Buddhismus ein, während eine Kolonie der Nestorianer das Evangelium nach Indien bringt."[32] nicht so abwegig, wie in der neueren Forschung abfällig behauptet.[33]

Bei der Ausweitung der Gültigkeit von Feststellungen zur doxischen Ähnlichkeit, mitunter Gleichheit, auf Abstammungsverhältnisse ist aufgrund der derzeitigen Dokumentenlage allerdings Zurückhaltung geboten. „In der Geschichte der Kirche ist es höchst gewiß, daß fast jede Vorstellung, die später als *häretisch* angeprangert wurde, zur indischen spekulativen Philosophie als ihrem wahren Urquell hinauf verfolgt werden kann: wieviel wirklich derselben Quelle entsprungen war, was allgemein gültig als *orthodox* anerkannt wurde, das ist weder nützlich noch schicklich, gegenwärtig zu untersuchen."[34]

Hat man die Texte der Unterlegenen und Untergegangenen erst einmal zur Kenntnis genommen und miteinander verglichen, so ist kaum mehr abzustreiten, daß die geisttheoretische Grundgliederung nicht nur die Philosophie an sich, sondern auch die Religionen und Heilslehren der späteren Antike mehr oder weniger durchdringt und bestimmt, indem sie ihnen bei aller rituellen und dogmatischen Eigenheit und Sonderlichkeit feste und (wieder-)erkennbare Umrisse verleiht, die ihre Statur als Gottes-, Geist-, Welt- und Menschenlehre allgemein ausweisen. Da der Kampf um Geltung jedoch meist nicht mit den

---

[32] S. Lévi, Abel Bergaigne et l'Indianisme (1). Leçon d'ouverture, p. 266s.

[33] So bei T. McEvilley, The Shape of Ancient Thought, p. XXX.

[34] C. W. King, The Gnostics and their Remains, Ancient and Mediæval, p. XV; cf. S. Radhakrishnan, Eastern Religions and Western Thought, p. 207.

Mitteln der Argumentation, sondern mit denen von Macht und Gewalt ausgetragen wird – Glaubenssysteme müssen sich darüber auch nicht beklagen – wird solchen Einsichten aber keine Beachtung geschenkt. Solange sich diese nicht verbreitet haben und die innere Gemeinsamkeit solcher Lehren somit noch nicht erkannt ist, wird der Streit, geschürt von ihren dogmatischen Verfechtern und ausgeführt von verblendeten Zeloten, und damit auch der von den Religionen ausgehende Unfrieden auf der Welt, fortbestehen.

5 Der christliche Mittelplatoniker Klemens von Alexandrien und die Quaternität

Als höchst Gebildete in den Wissenschaften, versiert in den Künsten ihrer Zeit und vertraut mit der Kultur ihrer Lebenswelt, war den ersten Kirchentheoretikern selbstverständlich auch die metaphysische Schichten-Architektonik ihres heidnischen geistigen Umfelds nicht unbekannt. Klemens, einer der ersten, der die Christenlehre griechisch philosophierend explizierte und diese als vorbereitendes pädagogisches Hilfsmittel zur Erlangung des Heilsziels von Apathie und Theognosie verstand, lehrte wie Philon in Alexandreia und war Leiter der dortigen Katechetenschule. Wie aufgrund meiner gerade angestellten Ausführungen nicht anders zu erwarten ist, sind bei ihm nun theologisch-noologisch-kosmologische Konstrukte nachzuweisen, deren Konstituenzien direkt aus dem alten und mittleren Platonismus samt begleitenden (und konkurrierenden) Lehren entnommen sind. „Clemens' Lehre vom Logos wurde viel studiert und ihre Abhängigkeit von Philo wurde allgemein anerkannt. Daß Clemens' Logos als metaphysisches Prinzip jedoch drei verschiedene Stadien der Existenz durchläuft und daß keines dieser Stadien voll verstanden werden kann, ohne die jüdisch-alexandrinische Philosophie, den Mittelplatonismus und den Neuplatonismus angemessen zu berücksichtigen, ist der Mehrheit der modernen Gelehrten entgangen. …

(ϒ4/3) Obschon der Logos (ϒ3) im ersten Stadium mit dem Geist Gottes (ϒ4) und auch mit den Ideen, die seine Gedanken (ϒ3) und ihm (ϒ4) noch immanent sind,

identisch ist ...,
(Υ2½) ‚tritt er' im zweiten Stadium seiner Existenz aus dem göttlichen Geist ‚heraus' und wird ein eigenständiges Wesen, das der Urheber
(Υ1) der Schöpfung der wahrnehmbaren Welt ist. ...
(Υ3) Der Logos ist nicht nur der transzendente νοητὸς κόσμος, der das Vorbild für
(Υ2/1) die wahrnehmbare Welt ist.
(Υ2) Im dritten Stadium seiner Existenz ist er dem Kosmos immanent: er stellt dann die höchste *Weltvernunft,* die *anima mundi,* oder mit anderen Worten, das Gesetz und die Harmonie des Kosmos dar, die Kraft, die ihn zusammenhält, verwaltet und von einem Ende zum anderen durchdringt."[1]

Oder unter einem anderen Aspekt: „Die Seinsstruktur nach Klemens ist folgende:

(Υ4) Gott (*hen*)
(Υ3$_2$) Logos-Monas (*kosmos noêtos*)
(Υ3$_1$) Ideen (*ideai-genê*)
(Υ2$_2$) Logos-Monas (*kosmos aisthêtos*)
(Υ2$_1$) Ideen (*logoi-species*)

(Υ1/0) Dyas-Hexas (*hylê*)".[2]

---

[1] S. R. C. Lilla, Clement of Alexandria, pp. 199-200 ... 203-204 ... 209; cf. o.c., pp. 199-212; A. Méhat, Étude sur les 'Stromates' de Clément d'Alexandrie, pp. 434-437, mit tabellarischer Darstellung des in göttliche und menschliche Angelegenheiten aufgeteilten Programms der Philosophie bei Klemens, o.c., p. 437.

[2] R. M. Berchman, From Philo to Origen, pp. 65-66; Unterstreichungen des Originals wurden durch Kursivierungen ersetzt; Anordnung (ohne Saklierungssymbole) des Originals.

„Der Aufriß des Gebäudes [von Klemens] stimmt demnach in der Abfolge

(Υ4) ἕν (Über-ἕν) [Eines (Über-Eines)] –
(Υ3) Monas [Einheit] = Logos –
(Υ2-0) Dyas (Hexas) [Zweizahl (Sechszahl)] = Kosmos (Hyle) [(Materie)]

mit demjenigen Philons ziemlich genau überein.“[3] An den wiedergegebenen Skalen wird deutlich, daß auch Spezialisten hinsichtlich der Feinstrukturierung nicht gänzlich übereinstimmen. Die ‚hypostatische' Skala wird bei Klemens mit der Einteilung der philosophischen Teildisziplinen im Altertum in Zusammenhang gebracht, darüber hinaus mit der Seeleneinteilung Platon's und nicht zuletzt mit der ‚Binitäts'-Diskussion, den ersten Ansätzen der Trinitätsdiskussion also, die zu seiner Zeit, da das Pneuma im Sinne des Hl. Geistes und sowohl das innertrinitarische Verhältnis der drei Personen zueinander als auch ihre Heilsökonomie, d.h. die Aufgaben gemäß ihrer Manifestationsformen in der Schöpfung, als solche noch nicht eigentliches Thema der christlichen Theologie waren. „Die von Moses stammende Philosophie ist nun ganz gewiß viergeteilt:

(Υ1) [1.] in das Geschichtserzählerische und
(Υ2) [2.] das eigentlich so genannte Gesetzgeberische, welche dem ethischen Wissenszweig zugehören;
(Υ3) in das dritte [3.], das Gottes-/Opferdienstliche, das bereits der Naturlehre (Theorie des Physischen) zugehört;
(Υ4) und in das vierte [4.] über allem, die theologische Disziplin, die Über-Schau/Epoptik, von der Platon sagt, daß

[3] H. J. Krämer, Der Ursprung der Geistmetaphysik, p. 283, meine erläuternde Ergänzung und Übersetzung der griechischen Termini in eckigen Klammern; die Aussage ist m.E. nicht ganz klar und deutlich.

sie zu den wahrhaft großen Mysterien gehöre, wohingegen Aristoteles diese Disziplin Metaphysik nennt.“[4]

(ϒ4) „Gott aber ist ohne Anfang/Prinzip, der/das vollkommene Anfang/Prinzip des Ganzen, der Schöpfer des Anfangs/Prinzips.

(ϒ2) Insofern Er nun Sein ist, ist Er Anfang/Prinzip des physikalischen/natürlichen Wissenschaftszweiges;

(ϒ1) soweit Er das Gute ist, des ethischen/sittlichen;

(ϒ3) sofern Er hingegen Geist ist, des vernunft- und urteilsspezifischen Wissenschaftszweiges,

weshalb

(ϒ3) der Logos auch der einzige Lehrer ist, der Sohn
(ϒ4) des Geistes des Vaters, der
(ϒ2/1) den Menschen
(ϒ3) Erziehende.“[5]

Hier haben wir im Kern also schon die vier Abschnitte des Heilsweges vorgebildet, wie sie Euagrios Pontikos (345–399) durch Mischung ihm vorliegender Modelle differenziert

[4] Clemens Alexandrinus, Stromata 1.28.176.1–2 (Zählung nach den Originalbestandteilen in eckigen Klammern): *‘Ē mèn oũn katà Mōuséa philosophía tetrachẽj témnetai, eís te tò ‘istorikòn kaì tò kuríōs legómenon nomothetikón, ‘áper àn eíē tẽs ēthikẽs pragmateias ídia, tò tríton dè eis tò ‘ierourgikón, ‘ó estin ḗdē tẽs phsikẽs theōrías· kaì tétarton epì pãsi tò theologikòn eĩdos, ‘ē epopteía, ‘ḗn phēsin ‘o Plátōn tõn megálōn óntōs eĩnai mustēríōn, Aristotélēs dè tò eĩdos toũto metà tà phusikà kaleĩ*. Cf. A. Méhat, Clément d’Alexandrie et les sens de l’écriture, insbesondere pp. 358, 364; der Autor zeigt anschaulich die Abhängigkeit von Philon.

[5] Clemens Alexandrinus, Stromata 4.25.162.5: *‘o theòs dè ánarchos, archè tõn ‘ólōn pantelḗs, archẽs poiētikós. ‘ẽj mèn oũn estin ousía, archè toũ phusikoũ tópou· kath’ ‘óson estìn tagathón, toũ ēthikoũ· ‘ẽj d’ aũ esti noũs, toũ logikoũ kaì kritikoũ tópou· ‘óthen kaì didáskalos mónos ‘o lógos, ‘uiòs toũ noũ patrós, ‘o paideúōn tòn ánthrōpon.*

ausarbeiten wird (Darstellung unten). Was auffallen muß, ist der Tatbestand, daß die Über-/Unterordnungsverhältnisse zwischen den ersten beiden philosophischen Disziplinen, der Ethik und Physik, gegenüber älteren antiken heidnischen Vorlagen vertauscht sind und sich dies von nun an durch die christliche Philosophie der Antike zieht. Dem Heilsweg konform ist der vierfältige geistliche Unterricht, der sein Vorbild im Landbau hat, welcher im Rhythmus von jeweils vier aufeinanderfolgenden Jahren betrieben wird und

(ϒ1) vom Abschlagen der Seitentriebe der Sünden im ersten Jahr

(ϒ2) über die Ausrottung des unnützen/nichtigen Unkrauts der Gedanken im zweiten

(ϒ3) hin zum Fest- und Reifwerden des Sprößlings des Glaubens im dritten reicht.

(ϒ4) Erst im vierten Jahr wird, nachdem eine feste Unterweisung auch Zeit braucht, Gott die Vierzahl der Tugenden geopfert, während die dritte Phase in die vierte, die Hypostase/den Grundzustand des Herrn, übergeht.[6]

Dem entsprechen wiederum die auserlesenen Ränge innerhalb der Kirche:

(ϒ1) Diakon,
(ϒ2) Ältester/Presbyter und
(ϒ3) Bischof,

---

[6] Cf. Clemens Alexandrinus, Stromata 2.18.96.1–2: *eíē d' àn 'oũtos 'o tẽs geōrgías túpos didaskalías trópos, didáskōn deĩn tàs paraphúseis tõn 'amartiõn epikóptein kaì tàs sunanathalloúsas tõj gonímōj karpõj mataías tẽs ennoías póas, ést' àn teleiōthẽj kaì bébaion génētai tò érnos tẽs písteōs. tõ* [*te*] *gàr tetártōj étei, epeì kaì chrónou chreía tõj katēchouménōj bebaíōs, 'ē tetràs tõn aretõn kathieroũtai tõj theõj, tẽs trítēs édē monẽs sunaptoúsēs epì tẽn toũ kuríou tetártēn 'upóstasin.*

sowie die gemäß der Engelshierarchie gestufte dreigeschossige Hierarchie der den Wolken angefügten/angepaßten (»*en nephélais*« *toútous arthéntas*) Auserwählteren als die Auserwählten (*tõn eklektõn .. eklektóteroi*), entsprechend ihrer vollkommenen Gnosis auch aus der Kirche selbst wie Blüten Gepflückten (*katà tèn teleían gnõsin kaì tẽs ekklēsías autẽs apēnthisménoi*), die

(Υ1) zunächst Diakone sind,
(Υ2) dann gemäß ihrem Fortschritt in der Würde den Ältesten/Presbytern beigesellt werden, bis sie zum
(Υ3) vollkommenen Mann herangewachsen sind (»*eis téleion ándra*« *auxẽsōsin*),
(Υ4) wobei als abschließender vierter, oder besser, erster Rang, „der Superlativ gedacht werden muß, an dem der Herr ist" (*ennoeĩn kaì tò 'uperthetikón, éntha 'o kúriós estin*).[7]

Daß es sich hier um mehr oder minder explizit viersprossige Leitern des Seins und Bewußtseins handelt, wird auch noch in anderen Passagen der ›Teppiche‹ sichtbar. Setzt man im folgenden Zitat für Christus Lógos und weiß man, daß er hier dem Noũs des Neuplatonismus in gewisser Weise entspricht,[8] dann wird man den Sachverhalt, daß Klemens die gesamte Hypostasenstruktur, wenn auch nicht unter diesem Namen, in rudimentärer Form kennt, kaum leugnen können:

---

7 Cf. Clemens Alexandrinus, Stromata 6.13.106.1–6.13.107.3; 6.14. 114.1–4. Zur Vierfachschichtung der kirchlichen und himmlischen Hierarchie cf. A. Le Boulluec, Clément d'Alexandrie: Stromate VII, p. 144[2], zu Stromata 7.7.40.4.

8 Cf. Clemens Alexandrinus, Stromata 4.25.155.2–4.25.157.3; K. Ceming, Einheit im Nichts, pp. 77–80.

(Υ1) „Wenn wir uns nun aber, alles, was dem Körperlichen und
(Υ2) dem sogenannten Unkörperlichen anhaftet, beseitigt habend, in die
(Υ3) Größe Christi hineinstürzen und von dort in die gähnende Weite/Unendlichkeit mit Heiligkeit fortschreiten, nähern wir uns irgendwie sicherlich irgendwo dem Wahrnehmen
(Υ4) des Allmächtigen,
(Υ'3) indem wir erkennen, nicht was Er ist, sondern was Er nicht ist."[9]

Daß er damit auch die Bestimmung bzw. Nicht-Bestimmung des Urgrundes und Gipfelpunkts allen Weltwerdens kannte, ergibt sich von selbst. „Denn wir sind Zeuge davon, wie er die Negative Theologie in das christliche Denken einführt ..."[10]

Letztlich darf ich noch einen Passus erwähnen, in dem der Vierschritt-Aufstieg zum Göttlichen mit einigen Termini beschrieben ist, die später in Plotins Hypostatik Verwendung finden sollten, grundsätzlich aber, wie oben dokumentiert, von Platon's Denken ausgehen. Im Kontext der vorgestellten Gedankengänge bedürfen die aufeinanderfolgenden Etappen der gnostischen Himmelsreise keiner weiteren Erläuterung. Ausgehend von Gen. 22.3-4 legt Klemens die dreitägige Reise Abrahams zum von Gott gewiesenen Ort der Opferung Isaaks,

---

[9] Clemens Alexandrinus, Stromata 5.11.71.3: *ei toínun, aphelóntes pánta 'ósa prósesti toĩs sṓmasin kaì toĩs legoménois asōmátois, epirrípsaimen 'eautoùs eis tò mégethos toũ Christoũ kakeĩthen eis tò achanès 'agiótēti proḯoimen, tẽj noḗsei toũ pantokrátoros 'amẽj gé pẽj proságoimen* ⟨*án*⟩, *ouch 'ó estin, 'ò dè mḗ esti gnōrísantes*· Cf. o.c. 5.11.73.1-4.

[10] Cf. J. Wytzes, The Twofold Way II. Platonic Influences in the Work of Clement of Alexandria, pp. 144-145, hier zitiert p. 144. Zur negativen Theologie und Mystik bei Klemens cf. K. Ceming, Einheit im Nichts, pp. 69-87; Clemens Alexandrinus, Stromata 5.11.34.7.

welchen Ort jener am dritten Tag von ferne sieht, allegorisch nicht ohne Anleihen beim Platonischen ›Trinkgelage‹ zu nehmen, als dreistufigen Aufstieg zum Wohnort Gottes aus:

(Υ1) „Denn der erste ist der Tag der Gesichtswahrnehmung des Schönen,
(Υ2) der zweite aber der des Verlangens der Seele nach dem Besten,
(Υ3) am dritten jedoch durchschaut der Geist das Geistige, indem die Augen des Geistes/Denkens vom am dritten Tage auferstandenen Lehrmeister geöffnet wurden. … Entsprechend sah er den Ort, den Platon »Raum der Ideen« nannte, also von ferne, denn schwer zu erreichen ist
(Υ4) die Stätte Gottes, nachdem er [Platon] von Moses übernommen hatte, daß Dieser Raum ist, da er jedes und das Ganze umfaßt.“[11]

Angesichts dessen ist es nur folgerichtig, daß auch die christlich umgedeutete platoni(sti)sche Dialektik bzw. Philosophie, die anschließend an die bereits zitierte Textstelle zur Einteilung der ‚Mosaischen Philosophie‘ ausgeführt ist, vier Schritte umfaßt und ausgehend von der empirischen Betrachtung der

[11] Clemens Alexandrinus, Stromata 5.11.73.2–3: *prṓtē mèn gàr ‘ē di’ ópseōs tõn kalõn ‘ēméra, deutéra dè ‘ē psuchẽs ⟨tõn⟩ arístōn epithumía, tẽj trítēj dè ‘o noũs tà pneumatikà diorãj, dioichthéntōn tõn tẽs dianoías ommátōn pròs toũ tẽj trítēj ‘ēméraj dianastántos didaskálou. … dusálōtos gàr ‘ē chṓra toũ theoũ, ‘òn chṓran ideõn ‘o Plátōn kéklēken, parà Mōuséōs labṑn tópon eĩnai autón, ‘ōs tõn ‘apántōn kaì tõn ‘ólōn periektikón.* Cf. o.c. 4.25.155.2, wo vom Geist als Raum/Ort der Ideen und von jenem (Geist) als Gott die Rede ist (*noũs dè chṓra ideõn, noũs dè ‘o theós*). Zum Raum siehe Wort- und Sachregister ⟨ed.⟩ O. Stählin, Clemens Alexandrinus 4.817, s.v. χώρα, 2. Diese Idee ist laut einer editorischen Anmerkung von o.c., 2.375, schon bei Philon nachweisbar und wurde von mir im Kapitel zu dessen Spekulation bereits entfaltet.

Dinge (ϒ1) über die Prüfung der Kräfte und Mächte (des Denkbaren), d.h. in diesem Falle, der Engel (ϒ2), zur allmächtigen Wesenheit, dem Gottessohn (Lógos) führt (ϒ3) und schließlich beim Gott des Alls jenseits davon endet (ϒ4). „Da aber die wahre Dialektik mit der wahren Philosophie vermengt ist, steigt sie,

(ϒ1) indem sie die Dinge/Sachverhalte untersucht/in Augenschein nimmt
(ϒ2) und sowohl die Kräfte wie Mächte prüft,
(ϒ3) bis zur allmächtigen Wesenheit empor
(ϒ4) und wagt sich darüber hinaus bis zum Gott des Alls vor ...“[12]

„Das ist die christianisierte Fassung der platonischen Dialektik in ihrer schönsten Formulierung. Klemens behält darin den Schwung des Aufstiegs und die stockwerkartige Struktur bei; er bewahrt darin den Ausgangs- und Endpunkt ohne große Veränderung; aber die platonischen Zwischenglieder ersetzt er durch zwei eigentlich christliche Abschnitte, die Engelwelt und den Gottessohn.“[13] Diese Beurteilung klingt sehr wohlwollend.

---

[12] Clemens Alexandrinus, Stromata 1.28.177.1: *miktḕ dè philosophíaj oũsa tẽj alētheĩ ‘ē alēthḕs dialektikḕ episkopoũsa tà prágmata kaì tàs dunámeis kaì tàs exousías dokimázousa ‘upexanabaínei epì tḕn pántōn kratístēn ousían tolmãj te epékeina epì tòn tõn ‘ólōn theón, ...*

[13] J. Pépin, De la philosophie ancienne à la théologie patristique, XI: La vraie dialectique selon Clément d’Alexandrie, p. 381; cf. o.c., pp. 381-382 (mit Verweis auf Stromata 4.25.155.2-4; 5.3.16.3; 5.11.73.3); o.c., p. 381[41], wird mit Berufung auf P. Nautin, Notes sur le Stromate I de Clément d’Alexandrie, pp. 630-631, wo die Dialektik dieser Klemens-Stelle bereits für vierstufig erklärt wurde, erläutert, daß es sich bei den »Kräften und Mächten« (*dunámeis kaì exousías*) von Punkt (ϒ2) nach 1. Kor 15.24; Eph 1.21, 3.10; Kol 1.16; 1. Petr 3.22 um die Engelwelt, beim »Prüfen« (*dokimázousa*) um die Scheidung der Geister (*dokimázete tà pneúmata*) von 1. Joh 4.1 und bei der »allmächtigen Wesenheit«

Kritiker der sogenannten christlichen Philosophie, sogenannt, weil Philosophie grundsätzlich kein Beiwort benötigt und mit einem solchen, wie ich vor Jahren schon argumentierte, überhaupt nicht vereinbar ist,[14] Kritiker der sogenannten christlichen Philosophie könnten das nun ganz anders bewerten, als Imitat nämlich mit sachfremder Ausschmückung und dadurch bedingter Klitterung. Eine Entscheidung darüber mögen diejenigen treffen, die in der Lage sind, die Gedanken der Urheber dieser Gedanken zu lesen und zu verstehen.

(*pántōn kratistēn ousian*) von Punkt (Υ3) um den Gottessohn handelt, der in Offb 1.8 und der christlichen Tradition „der Allmächtige/Allherrscher" (*'o pantokrátōr*) genannt wird. Es ist jedoch festzuhalten, daß der Gebrauch des Terminus »Allmächtiger/Allherrscher« (*pantokrátōr*) bei Klemens schwankt; einmal ist damit eher der Sohn, andermal eher der Vater gemeint, letzteres insbesondere dann, wenn erläuternd oder rechtfertigend auf alttestamentliche oder heidnische Sachverhalte Bezug genommen wird; Stellen dazu im Wort- und Sachregister: ⟨ed.⟩ O. Stählin, Clemens Alexandrinus, 4.620, s.v. *pantokrátōr*.

[14] Cf. H. P. Sturm, Einleitung in die Strukturphilosophie der Re-flexion in transkulturaler Anwendung (Transkultural-Philosophie), p. 135.

6 Neuplatonische Präzisierungen

6.1 Plotins Hypostatik. Eine Skizze

In die mittelplatonischen, esoterischen und gnostischen Ordnungsgefüge reiht sich fast bruchlos das sogenannte Ausstrahlungssystem Plotins ein. Warum ich von einem „sogenannten Ausstrahlungssystem“ spreche, wird noch deutlich werden. Dieses manifestiert sich in einem ununterbrochen zusammenhängenden Dichtegefälle des lebendigen BewußtSeins mit zwei hervortretenden, oder besser, hervor-ragenden Übergangszonen, wobei diese in einer Hinsicht das Jenseitige, Göttliche, d.h. das Eine *(tò 'én)*, die eine und einzige, ungeteilte Wirklichkeit sind und in anderer nicht, was von allergrößter Bedeutung ist: „... jeder einzelne der darauffolgenden Ränge ist ein anderer, das Ganze aber ist ein in sich Kontinuierliches/Zusammenhängendes ...“[1]

Dementsprechend symbolisiert Plotin das Eine als Sonne und das aus ihm Werdende als ihre Ausstrahlung und den Lichtglanz *(perílampsis)*, der sie umkreist,[2] als eine gewaltige Pflanze mit dem Obersten als Wurzel, Grund und Fundament.[3] Dieses Oberste lebt, ohne selbst Lógos zu sein, sondern

---

[1] Plotinos, Enneaden 5.2.2.24-31 § 12: ...*'éteron 'ékaston tõn moríōn tõn ephexẽs, sunechès dè pãn 'autõj* ...; cf. É. Bréhier, La philosophie de Plotin, p. 43.

[2] Cf. Plotinos, Enneaden 5.1.6.28-30 § 34; 5.3.15.6 § 134. Bildliche Entsprechungen bei Plotin, Origenes und anderen sind vermerkt in P. Nemeshegyi, La paternité de Dieu chez Origène, pp. 64-66.

[3] Cf. A. K. Coomaraswamy, Selected Papers, 1.376-404 (The Inverted Tree), ohne Erwähnung der von mir in der nächsten Fußnote belegten Stelle.

schöner, in dem, das durch Aufnahme von Lógos Sein verliehen bekommt, lógos-gemäß (*katà lógon*), während Es selbst bei sich verbleibt, was heißen soll, daß Es in sich potentiell und in seinen Konkretisierungen aktuell nach Maßgabe begründeter, begründender und sprachlich artikulierbarer Vernunft und Proportion (*lógos*) präsent ist. In Ihm, dem Höchsten, kommt alles zur Ruhe. Der Pflanze aber verleiht Es Sein nach dem von ihr angenommenen Lógos, soll sagen, entsprechend der ‚Logik' und begrifflich-rationalen Ordnung sich entwickelnder Glieder und Teile, die sich von der Wurzel aus über eine vielfältige Fülle erstrecken.[4] Schematische Varianten dieser Sinnfigur scheinen in pythagoreischen Vorstellungen von der Tetraktys-Einteilung des Pflanzenwachstums und anderer Dimensionen der Natur wie geometrischer Figuren vorzuliegen. So ist bei Theon aus Smyrna, einem Zeitgenossen Plotins, u. a. ein Syntagma überliefert, welches auch die Wachstumsdimensionen der Pflanzen thematisiert, die sich von der

(Υ1) Dicke (*páchos*) – Kubus/Festkörper (*kúbos/stereón*) über die
(Υ2) Breite (*plátos*) – Fläche/Oberfläche (*epípedon/epipháneia*) und die
(Υ3) Länge (*mẽkos*) – Seite/Linie (*pleurá/grammḗ*) bis zum
(Υ4) Samen (*spérma*) – Punkt (*sēmeĩon/stigmḗ*)

---

4 Cf. Plotinos, Enneaden 6.8.15.33-36 § 142; 3.8.10.10-14 § 71. Cf. J. Trouillard, La médiation du verbe selon Plotin, pp. 65, 70-73, hier p. 65: „Plotin spricht niemals vom λόγος im herausragenden Sinne, der dem des Johannesprologs oder sogar Philon's eignet. In den ›Enneaden‹ hat dieses Wort meistens eine relative Bedeutung und bezeichnet eine Funktion: jedes Ordnungsniveau ist λόγος oder Ausdruck seines Schöpfers (V, 1, 3[8]; 1, 2, 3[27])." Zu den verschiedenen Bedeutungen von Logismós und Lógos cf. J. H. Sleeman / G. Pollet, Lexicon Plotinianum, s. vv. λογισμός, λόγος, coll. 599-614.

reduzieren.[5] Es ist leicht verändert in die tetraktysche Spekulation Nikolaus' von Kues aufgenommen und hat auf diese Weise die Launen der Zeit überdauert. „Geprägt wird das cusanische Weltbild durch folgende gutteils dem Platonismus zugehörende Vierheiten: Schau (ϒ4) // Intellekt (ϒ3) / Verstand (ϒ2) / Sinnlichkeit (ϒ1); göttliche Weisheit (ϒ4) // Vernunft (ϒ3) / Seele (ϒ2) / Körper (ϒ1); Universum (ϒ4) // Gattung (ϒ3) / Art (ϒ2) / Individuum (ϒ1); Punkt (simplicissimum) (ϒ4) // Gerade (radicabile) (ϒ3) / Fläche (quadratum) (ϒ2) / Körper (solidum) (ϒ1); Same (ϒ4) // Blatt (ϒ3) / Zweig (ϒ2) / Baum (ϒ1).“[6]

Geometrisch läßt sich das Plotinsche Kontinuum der

---

[5] Cf. Theon Smyrnaios, Expositio rerum mathematicarum ad legendum Platonem utilium, ⟨ed./tr.⟩ J. Dupuis, Kap. 37, pp. 158.25/160.2, und das vorliegende Werk, p. 73; W. Schulze, Tetraktys – Ein vergessenes Wort der Philosophie, p. 129. Entsprechend bei Clemens Alexandrinus, Stromata 5.11.71.2–3; Alkinoos [Albinus], Didaskalikos 10, ⟨ed.⟩ J. Whittaker, ⟨tr.⟩ P. Louis, p. 24.16–19/H165. In beiden fällen wird damit die Abstraktionsmethode der Erkenntnis (*aphairesis*) beschrieben, cf. J. Whittaker, Studies in Platonism and Patristic Thought, IX: Neopythagoreism and Negative Theology.

[6] W. Schulze, Tetraktys – Ein vergessenes Wort der Philosophie, p. 145 (meine Einfügung von Ordinalen); cf. N. Cusanus, De coniecturis, Tl. 1, Kap. 6, Philosophisch-theologische Schriften, 2.14/15; H. P. Sturm, Tetralogos – Ein erster Versuch. Die vier Positionen der Aussage und die vier Glieder des Geistes in der Māṇḍūkya-Upaniṣad und der ars coniecturalis des Nicolaus Cusanus, pp. 90–93; idem, Weder Sein noch Nichtsein, pp. 389–407; erhellende tabellarische Übersicht bei J. Koch, Die Ars coniecturalis des Nikolaus von Kues, p. 42. In meinen genannten Studien findet sich auch ein Strukturvergleich zwischen der vedāntischen Vierfachschichtung des Geistes und der Lehre von den vier Einheiten (*quattuor unitates*) im christlichen Neuplatonismus von Nicolaus Cusanus, der gekoppelt ist an die Frage nach der Aussageformel im Vierkantstil. Darin nicht genannte, doch wichtige Literatur zur tetrameren Struktur beim Kusaner: W. Schulze, Harmonik und Theologie bei Nikolaus Cusanus, pp. 9–19, 84–85; idem, Zahl Proportion Analogie, pp. 11, 32, 54, 84–87, 142–144, 153 (jeweils mit Übersichtsgraphiken).

Ausstrahlung – der Sonnenlicht-Metaphorik[7] gemäß – am einfachsten als ein Konus vorstellen.[8] Die Spitze bildet das Eine (*tò 'én*), das, wäre den Griechen und den unter ihrem Einfluß stehenden Völkern die Null schon allgemein bekannt gewesen, auch so bezeichnet werden müßte.[9] „Wenn die Griechen ein Symbol für die Null gehabt hätten, und wenn dieses Symbol insbesondere der mystische Kreis gewesen wäre, hätte es sehr wohl sein können, daß die Pythagoreer und Plotinos Johannes Scotus Eriugena, der das Absolute *nihil* nannte, vorweggenommen hätten. Plotinos nennt ‚das Eine' Negation aller Zahl."[10] Nach unten verbreitert sich der Lichtkegel. Dabei wird er von zwei waagrechten Schnitten unterteilt. Der obere repräsentiert den Geist (*noũs*), das erste Stadium der Manifestation.

Betrachtet man seinen Funktionskreis als in sich geschlossenen, so zeichnen sich in ihm und als er drei sich gegenseitig bedingende Phasen ab: das Sein (*ón*) oder sein Erkanntes, das

---

7 Cf. W. Beierwaltes, Plotins Metaphysik des Lichtes; mit der Bitte um Beachtung des Nachworts, o.c., pp. 116–117.

8 Cf. die senk- und waagrechte Erzeugung bei Damaskios, die J. Combès, Damascius: Traité des Premiers Principes, 2.184, notes complémentaires, zu p. 31[1], mit einem kegelförmigen Diagramm verdeutlicht.

9 L. Tarán, Speusippus of Athens, p. 19[94], datiert das erste Auftauchen der Null in einem griechischen Text auf ca. 150 v. Chr. und verweist zum Verständnis der Null als mathematische Zahl auf Iamblichos. Zur Null allgemein H. P. Sturm, Einleitung in die Strukturphilosophie der Re-flexion in transkulturaler Anwendung (Transkultural-Philosophie), p. 174.

10 W. R. Inge, The Philosophy of Plotinus, 2.107–108, mit Paraphrase von und Verweis auf Plotinos, Enneaden 5.5.6. Es ist zwar zutreffend, daß Eriugena Gott „Nichts" nennt, cf. G. H. Allard, Johannis Scoti Eriugenae Periphyseon indices generales, p. 345, s. v. *nihil* (*Deus*), doch findet sich diese Charakterisierung des Höchsten schon bei Plotinos selbst, wenn auch nicht in der (absurden) substantivischen Form „das Nichts", sondern in Form der Negation des Seins oder Seienden: als „nichts" oder „nichtseiend", cf. Plotinos, Enneaden 6.8.21.24 § 186; 6.9.5.30 § 35; 6.9.3.38 § 21.

Leben (*zōḗ*) oder seine Bewegung und er selbst als das Erkennende (*noũs/nooũn*).[11] Die nachfolgenden Platoniker stellen, wie noch gezeigt werden wird, der horizontalen Phasenfolge die drei Stadien der Geistentfaltung gegenüber, dem Sein das Bleiben (*mónē*), dem Leben (oder der Kraft) das Heraustreten (*próodos*) und dem Geist die Rückwendung (*epistrophḗ*). Dadurch werden zugleich die vertikalen Emanationsphasen angedeutet, die als unentfaltete der Geisthypostase implizit sind. Zurück zum Hypostasenkonus von Plotin. Der untere Kegelschnitt versinnbildlicht die Seele (*psuchḗ*), zweiter Halt beim Heraustreten des Einen aus sich, wobei eine jede der Einheiten während dieses triadischen Her-Vor-Gangs gleichwohl in sich verweilend bestehenbleibt, für welchen Prozeß der (Selbst-) Determination der Terminus technicus (*aut-*)*'uphístamai,* verwandt wurde,[12] dessen End- und Vollendungszustand Hypostase heißt. Unter diesem Namen hat der genannte Ternar innerhalb des Neuplatonismus, und nicht nur des heidnischen,

---

[11] Zur sehr schwer bestimmbaren internen Gliederung der funktionalen Momente der Geisthypostase bei Plotin (im Gegensatz zu den Phasen der Geistgenese) cf. P. Hadot, Être, vie, pensée chez Plotin et avant Plotin, insbesondere pp. 130–140. Überlegungen zu dieser Thematik stellt auch P. Manchester, The Noetic Triad in Plotinus, Marius Victorinus, and Augustine, pp. 211–216, an, ohne jedoch die erstgenannte Studie zu berücksichtigen. Das dürfte wohl auch der Grund für die darin geäußerten problematischen Einschätzungen sein, die entlang der Forschungsresultate von Hadot zu prüfen sind. Siehe auch T. A. Szlezák, Platon und Aristoteles in der Nuslehre Plotins, pp. 120–135. Im Kontext der Spekulation von Damaskios cf. J. Combès, Damascius: Traité des Premiers Principes, 2.264, notes complémentaires, zu p. 108[1].

[12] Die unterschiedlichen und dadurch nur schwer rekonstruierbaren Lehrmeinungen zum Authypóstaton, zum Selbst-Konstituierten oder Selbst-Determinierten und zur Selbsthervorbringung, auch im christlichen Kontext, analysiert J. Whittaker, Studies in Platonism and Patristic Thought, XVI: The Historical Background of Proclus' Doctrine of the ΑΥΘΥΠΟΣΤΑΤΑ. Die Positionen von Plotinos und Proklos stellt W. Beierwaltes, Das wahre Selbst, pp. 123–181, dar und gegenüber.

Geschichte gemacht.

Verwegene Stimmen glauben, die philosophisch relevante Bedeutung des Begriffs bis in die Stoa zurückverfolgen zu können. „Die οὐσία [Sein/Wesen] soll von vornherein existiert haben, die zugrundeliegende Existenz (ὑφεστάναι) gewesen sein; und so war das Nomen ὑπόστασις ein mögliches Äquivalent für οὐσία, das das grundlegende *substratum*, das 'Fundament' einer Sache, den Träger aller Eigenschaften ausdrückt. Die frühesten Beispiele seines Gebrauchs findet man bei stoischen Schriftstellern und von da an waren beide Wörter, οὐσία und ὑπόστασις gebräuchlich, ohne daß irgendein klarer Unterschied zwischen ihnen gemacht wurde."[13] Ist dem wirklich so? „Es kann kaum Zweifel geben, daß es unter den Stoikern war, wo dieser Gebrauch aufkam; doch fehlen tatsächliche Beispiele seiner Verwendung durch Schriftsteller dieser Schule."[14] Angesichts solch ‚exakter' Auskünfte darf man die zwei zitierten theologiewissenschaftlichen Autoren fragen, ob es sich dabei um Theologie oder um Wissenschaft handelt.

῾Υπόστασις heißt wörtlich Unterlage, Darunterstehendes, Grundlage, Sediment, Substrat, Subsistenz, also Sub-stanz in buchstäblicher Bedeutung. Im hier betrachteten metaphysischen Falle sagt der Terminus: Aus-sich-Bestehen, Bestand, Zustand, Stadium, Station, wobei insbesondere bei den untergeordneten Hypostasen der Vorgang des Zu-Stande-Kommens mitzudenken ist, der zu einem derartigen Bestand/Bestehen, Darunterstehen oder Subsistieren führte: Verwirklichung, Manifestation, Konstitution.[15] Ich sage mit Absicht „insbesondere

[13] J. F. Bethune-Baker, An Introduction to the Early History of Christian Doctrine, p. 236.

[14] C. C. J. Webb, God and Personality, p. 37.

[15] Philologisch prägnant: V. H. Drecoll, Der Begriff Hypostasis bei Origenes, pp. 479-480. Doxographisch fundiert: J. Hammerstaedt, Hypostasis (ὑπόστασις); enthält eine umfangreiche Bibliographie; da

bei den untergeordneten Hypostasen", denn es wird sich noch herausstellen, daß sogar das Eine als Eines für seine Eigenschaft, „Hypostase" zu sein, eines Manifestationsmediums bedarf, der ein-teilenden Ordnung begrifflichen Denkens, des Lógos der Seele,[16] der das in ihm Erkannte in einem Entweder-Oder-Verhältnis auslegt (Υ2). Gleichermaßen ist die lógosbegabte Seele selbst (Υ2) Lógos und gewissermaßen Wirken des Geistes. Das in ihm und durch ihn zu Erkennende wird in der Sowohl-entweder–Als-auch-oder-Form aussagt (Υ3). Der Geist wiederum ist Lógos und Wirken Jenes (sc. des Einen), wobei sich dieser Lógos vornehmlich in Weder-entweder–Noch-oder-Formeln ausspricht (Υ4).[17]

Es entsteht zunächst also der Eindruck, als handle es sich um ein Dreierschema, eine Dreifachheit, eine Dreieinigkeit. Der Ausdruck „Dreieinigkeit" ist mit Bedacht gewählt, weil das Hypostasenmodell des (Mittel- und) Neuplatonismus sowohl in seiner vertikalen (konstitutionsstrukturellen) als auch in

---

diese Studie ausschließlich begriffsgeschichtlich ausgerichtet ist, gehen ihre kritischen Korrekturen an der modernen Forschung zu diesem Gegenstand (o.c., col. 995, z.B. auch an F. Picavet) in struktureller Hinsicht häufig ins Leere, was auch für die meisten der folgend genannten Monographien gilt; H. Köster, ὑπόστασις, pp. 571-572. F. Erdin, Das Wort Hypostasis; H. Dörrie, Platonica minora, pp. 12-69 (Ὑπόστασις. Wort- und Bedeutungsgeschichte); B. Studer, Hypostase. Eine Verwendungsgeschichte des Begriffs „Hypostase" bis einschließlich Plotinos mit ausführlicher Analyse seines Gebrauchs bei diesem legt R. E. Witt, ̔ΥΠΟΣΤΑΣΙΣ, vor. Im Sammelband: F. Romano / D. P. Taormina, Hyparxis e Hypostasis nel Neoplatonismo, wird die Thematik hinsichtlich des Anfangs des philosophischen Begriffsgebrauchs erforscht, bei Plotinos, Porphyrios, Marius Victorinus, den Kappadokiern, Proklos, in den spätantiken De-anima-Kommentaren, bei Damaskios, in arabischen Versionen griechischer Philosophietexte und bei Iohannes Scottus Eriugena.

[16] Cf. Plotinos, Enneaden 4.8.5.24-4.8.6.28.

[17] Zu den unterschiedlichen Lógoi und den ihnen zugehörigen Systemeinheiten cf. Plotinos, Enneaden 5.1.6.45-46 § 36.

seiner geistimmanenten, quasi horizontalen (die Funktionsmomente des Noũs betreffenden) Ausprägung in erheblichem Maße Vorbild wie Negativfolie für die Ausgestaltung und Fortentwicklung der christlichen Trinitätslehre war. Plotinos widmet den Hypostasen eine eigene Abhandlung. Sie trägt den Titel ›Über die drei Urzustände/Primärhypostasen‹.[18] „Plotin selbst nimmt in Anspruch, das sollte zur Kenntnis genommen werden, seine Drei-Hypostasen-Lehre (der Reihenfolge nach) auf den Zweiten Platonischen Brief (312e), den Sechsten Brief (323d), den Timaios (34b ff; 41d), die Politeia (VI 509b) und den Parmenides (137c–142a; 144e; 155e) zurückführen zu können."[19] In Wahrheit ist das Geflecht von Übernahmen und Abhängigkeiten wesentlich komplexer. Um davon einen Eindruck zu vermitteln, darf ich mit einem Zitat aus der Forschungsliteratur resümieren: „Die drei göttlichen Hypostasen, das Eine oder Gute, der Intellect und die Weltseele sind die Synthese platonischer, peripatetischer und stoischer, wie auch neopythagoreischer und judeo-orientalischer Lehren, die durch ein Band von Religion und Mystik vereint sind."[20]

---

[18] Plotinos, Enneaden 5.1: *Perì tõn triõn archikõn ʻupostáseōn*. Die Kapitelüberschrift zu dieser ›Enneade‹ stammt von Porphyrios. Exakt nach der Hypostasenstruktur aufgebaute Darstellungen liefern A. H. Armstrong, The Architecture of the Intelligible Universe in the Philosophy of Plotinus; E. Zeller, Die Philosophie der Griechen in ihrer geschichtlichen Entwicklung, 3.2.529–619; D. J. O'Meara, Structures hiérarchiques dans la pensée de Plotin, pp. 96–108. Eine konzise, auf eine gute Druckseite zusammengedrängte Zusammenfassung der Hypostasenlehre gibt K. Vorländer, Geschichte der Philosophie, 1.257–258. Eine nach Manifestationsphasen (Hypostasen) gegliederte Zusammenstellung von Textstellen aus den ›Enneaden‹ in deutscher Übersetzung legt R. Harder, Plotin, vor.

[19] A. H. B. Logan, Origen and the Development of the Trinitarian Theology, p. 425.

[20] F. Picavet, Essais sur l'histoire générale et comparée des théologies et des philosophies médiévales, p. 193.

Wenn man zu den drei ausdrücklich als Hypostasen bezeichneten Einheiten noch die Grundfläche des Kegels, den Tiefpunkt, sozusagen, des sich zerstreuenden und zersplitternden und dabei doch ewig eins bleibenden Einen, eigentlich Einzigen und damit ‚Keinen', hinzunimmt, so gewinnen wir entgegen dem oberflächlichen Anschein eine tetradische Schichtung. „Die bisherige Forschung hat mit Recht vermerkt, daß von der Abfolge der plotinischen Hypostasen:

(Υ4) ἕν [Eines]
(Υ3) νοῦς [Geist]
(Υ2) ψυχή [Seele]
(Υ1) ὕλη [Materie]

die Vierzahl der Stufen bei Philon, Moderatos und nicht zuletzt im Valentinianismus vorbereitet war."[21] Die Vierfachheit der Systemkomponenten wird im Denken Plotins wie auch späterer Neuplatoniker aber nicht nur, wie bereits anklang, implizit vorausgesetzt, sondern auch explizit gesetzt.

(Υ4) „Da Er-Selbst [sc. Es, das Eine] noch höher
(Υ2) als Begriff/Lógos,
(Υ3) Geist/Noũs

[21] H. J. Krämer, Der Ursprung der Geistmetaphysik, pp. 295–296, unter Berufung auf C. J. de Vogel, On the Neoplatonic Character of Platonism and the Platonic Character of Neoplatonism, pp. 43 ff.; W. Theiler, Forschungen zum Neuplatonismus (Gott und Seele im kaiserzeitlichen Denken), pp. 107–120 (Stellenangabe von mir an die neuere Ausgabe im genannten Aufsatzband angeglichen), beiden entsprechend seiner nicht unproblematischen Deutung, eine „Verzeichnung des mittleren Platonismus" vorwerfend. Anordnung in Kolumnenform (ohne Skalierung) entspricht dem Original; meine Übersetzung der griechischen Begriffe in eckigen Klammern.

(ϒ1) und Sinneswahrnehmung/Aísthēsis ist …"[22]

Das Unterste hat, wie das Reich der Psyche, zwei Aspekte, nur ist die Richtung der Zerteilung bei beiden gegenläufig. Während die immaterielle Seele beim zweiten Schritt des Abstiegs von der kosmischen Einheitsform in die individuelle Vielfalt übergeht, gleitet sie beim dritten Schritt, ihrer Inkarnation (Verkörperung), indem sie damit zusammen die physische Mannigfaltigkeit hervorbringt, in das ungestaltete und somit anumerische, infranumerische Stoffliche ab. Auf der Oberseite dieser Schicht befindet sich also das von den hinter und in der Seele, ihrer Einbildungskraft, ihrem Vorstellungsvermögen wie ihrer Unterscheidungsfähigkeit wirkenden Ideenkräften hervorgebrachte Reich des Sinnlichen, Körperlichen, Dinglichen, das den nach der inneren Kohäsion bewertet größten Dispersionsgrad des BewußtSeins aufweist, den Grenzbereich zur Bewußt- und Seinslosigkeit, hat an seiner Unterseite, als sein Substrat (*'upokeímenon*) aber die nur durch (eine uneigentliche) gedankliche Abstraktion erschlossene Materie (*'úlē*), das Gegen-Eine, wenn ich so sagen darf, unterer und das ganze zu einer einheitlichen Gestalt fügender Abschluß der Figur, der im Schema die Funktion innehat, Simplizität in der Komplexität des Sensuellen zu gewährleisten.

„Durch einen außerlogischen Begriff also, durch den Begriff der Richtung, ist das Nicht-sein des Ersten vom Nicht-sein der Materie unterschieden: sie sind unterschieden wie unser Empfinden von Fülle und Reichtum von unserem Empfinden von Leere und Mangel unterschieden ist, obgleich sich das eine wie

---

[22] Plotinos, Enneaden 5.3.14.18-19 § 132: *'óti kaì autòs kreittōn lógou kaì noũ kaì aisthḗseōs* … Cf. o.c. 4.8.5.24 § 29-4.8.7.31 § 39; 6.7.42.15-24 §§ 326-327 (nicht eindeutig). Porphyrios, Ad Marcellam 13-14; idem, Sententiae ad intelligibilia ducentes 30-31. Stellen im Werk von Proklos im geeigneten Kontext des anschließenden (Unter-)Kapitels.

das andere nicht mehr an dieses oder jenes partikulare Seiende anlehnt."[23] Die Bezeichnung „außerlogisch" in dem Zitat halte ich zwar für unglücklich, da die reflektorische Erschließung der Struktur selbstverständlich »Logik« im transzendental gewendeten Sinne erfordert. Dennoch ist darin klar formuliert, daß Plotinos einen Unterschied macht zwischen der Vereinheitlichungsinstanz der Sinnenwelt, der widerständigen Massivität der Materie und der Vereinheitlichungsinstanz der Geistsphäre, der widerstandslosen Porosität des Einen. Erstere stiftet unter Abstraktion des Reflektierens und ihrer Differenzen erzeugenden Funktion Einheit »vor« oder »unter« der Reflexion, zweitere unter dem Postulat ihres Überschreitens »nach« oder »über« der Reflexion.

Beide Begriffe, sowohl der der Materie als auch der des Einen, sind hypostatisch betrachtet diametral gegenüberliegende Grenzbegriffe der Reflexion und als solche an diese gebunden und deren Konstrukte. Dies wird im Anschluß an eine Bemerkung von Plotinos[24] im späteren Neuplatonismus in der Weise berücksichtigt, daß der aus Lykien stammende Spätneuplatoniker Proklos unter den Komponenten des Werdebereichs nur die Materie (aufgrund ihrer Einfachheit) vom Einen allein (der Einfachheit per se) verursacht sein läßt,[25] eine Lehre, die in

23 É. Bréhier, L'idée du néant et le problème de l'origine radicale dans le Néoplatonisme Grec, p. 461.

24 Cf. Plotinos, Enneaden 6.7.13.1-4 § 105.

25 Cf. Proklos, Elementa Theologiae §§ 57-59, ⟨ed./tr.⟩ E. R. Dodds, mit Note des Herausgebers und Übersetzers, o.c., pp. 232-233. Man beachte die davon abweichende Vorstellung bei Iamblichos, dargestellt in: J. M. Dillon, Iamblichi Chalcidensis In Platonis dialogos commentariorum fragmenta, pp. 236-238, Kommentar und Diagramm zu Iamblichos, In Platonis Alcibiadem, Fragmentum 8; Dillon schließt aus dem genannten Fragment 8 zwar, daß Iamblichos eine ähnliche Schichtung der Prinzipien wie Proklos vertreten habe, aber andere Verursachungsverhältnisse zwischen diesen, da er jede Ursache bis zum letzten Glied

ähnlicher Form schon bei Origenes von Alexandrien, dem christlichen Kollegen Plotins, nachzuweisen ist.[26] Indem die Materie auf das Infrakognitive, das Eine auf das Suprakognitive weist, dürfen beide streng gedacht nicht als Bestimmungen, auch nicht als die Betimmung »Einheit«, sondern müssen als Anzeige der Unbestimmbarkeit und Forderung ihrer Aufhebung in die Bestimmungslosigkeit verstanden werden, was bedeutet, daß beide zwar dieselbe Extension, die Extension der Extensionslosigkeit, nicht aber dieselbe Intension besitzen.

---

der Kette fortwirken ließ; die Wirkung der jeweils höheren Hypostase wurde dabei als durchdringender (wirkkräftiger) angenommen, während ihre Kraft durch den zurückgelegten Abstand abnahm und so kein Ungleichgewicht zwischen den und Übergewicht der höheren Ursachen entstand, das die unteren Hypostasen erdrücken würde. Für Proklos gilt, wie aus der Tabelle Proklos' Prinzipien in Tafel-Darstellung im Faszikel II/6, Kapitel 7, ersichtlich sein wird, daß die Reichweite der Wirkung mit Abnahme der Prinzipstufe ebenso abnimmt.

[26] J. M. Dillon, The Golden Chain, XXI: Origen's Doctrine of the Trinity and Some Later Neoplatonic Theories, weist Gemeinsamkeiten zwischen der Verursachungslehre der Prinzipien von Proklos und Origenes auf und diskutiert das mittelplatonische Milieu, in dem die beiden Ausdrucksformen dieser Doktrin entstanden sein könnten. J. Edwards, Origen against Plato, pp. 74–76, weist diesen Ansatz zurück und kehrt die Beeinflussungsrichtung um, was durchaus erwägenswert ist, zumal Dillon sein Forschungsresultat nur in Form einer These vorlegt und sich nicht endgültig auf die Filiationsverhältnisse festlegt. Leider bleiben Edwards' Ausführungen unbelegt und sind von einer Voreingenommenheit durch den christlichen Glauben derart beeinträchtigt (cf. o.c., p. 76: „... es ist klar, daß er [Origenes] sich nichts aneignete, was nicht auch in den heiligen Quellen zu finden war, denn er zitiert, so wie er schreibt, die Schrift."), daß sie als Ausgangspunkt für weitere Forschung im besonderen und für die Philosophie im allgemeinen untauglich sind. J. Hammerstaedt, Hypostasis (ὑπόστασις), coll. 1007, 1029, schmettert die Annahme neuplatonistischen (und ganz allgemein platonistischen) Einflusses auf die Ausbildung der Hypostasen- und Verursachungslehre von Origenes mit dem Hinweis ab, daß eine christliche Auseinandersetzung mit der neuplatonischen Hypostasenlehre erst ein Jahrhundert später erfolgte; die Frage nach dem Einfluß mittelplatonistischen Gedankenguts wird gar nicht erst gestellt.

Schon Aristoteles nennt die Grundlage (*'upokeímenon*) in Form der Materie (*'úlē*) das, was an sich (*'ḕ kath' 'autḕn*) weder etwas (*mḗte tì*) noch Quantiatives (*mḗte posòn*) ist, noch irgend anderes Ausgesagtes, durch das das Seiende bestimmt wird (*mḗte állo mēdèn légetai 'oĩs 'ṓristai tò ón*). „Insofern ist das Letzte/Äußerste an sich weder ein Was noch Quantiatives, noch sonst irgend etwas; noch auch vollends die Verneinungen, denn auch diese gehören ihm nur akzidentell zu.“[27] Weder–noch.

Man mag das Aristotelische Letzte an sich (*tò éschaton kath' 'autò*) mit dem Untersten, der allem sinnlichen zugrundeliegenden Materie (*'úlē*) zusammendenken, mit dem Äußersten, der Ersten Sub-stanz (*'upokeímenon prõton, prõton òn, prṓtē ousía*),[28] oder mit dem Meister fragen, „ob da gewisse Wesen/Substanzen neben den sinnlichen sind oder nicht, und wie sie sind, und ob es irgendein absolutes/absonderbares Wesen gibt und warum und wie, oder keines, das ist zu erforschen ...“[29] und das Substante so in die Nähe des Einen (*tò 'én*) und Ersten (*tò prõton*) im übertragenen Sinne der Hypostatik Plotin's rücken. Wenn nun gilt: „Das Grundlegende ist das, über das (von dem) alles andere ausgesagt wird, jenes selbst aber wird nicht wieder über anderes (von anderem) ausgesagt.“[30], dann muß

---

[27] Cf. Aristoteles, Metaphysica 1028^{b}33-1029^{a}33, Zitat o.c. 1029^{a}24-26: *'ṓste tò éschaton kath' 'autò oúte tì oúte posòn oúte állo oudén estin· oudè dḕ 'ai apopháseis· kaì gàr 'aũtai 'upárxousi katà sumbebēkós.*

[28] Cf. Aristoteles, Metaphysica 1028^{a}1-1028^{b}7.

[29] Cf. Aristoteles, Metaphysica 1028^{b}28-31: *kaì tínes eisìn ousíai, kaì póteron eisí tines parà tàs aisthētàs ḕ ouk eisí, kaì 'aũtai põs eisí, kaí póteron ésti tis chōristḕ ousía, kaì dià tí kaì põs, ḕ oudemía parà tàs aisthētás, skeptéon, ...* Zur Doppeltheit der Ersten Substanz cf. J. Halfwassen, Substanz; Substanz/Akzidens, I. Antike, coll. 497-500.

[30] Aristoteles, Metaphysica 1028^{b}36-37: *tò d' 'upokeímenón esti kath' 'oũ tà álla légestai, ekeĩno d' autò mēkéti kat' állou.*

natürlich weiter gefragt werden, was letztlich in Wahrheit über es ausgesagt wird, wie das auf die Metaphysik des Peripatos, die im Kapitel 2.2 des Faszikels II/4 diskutiert wurde,[31] zurückwirkt und ob die Neuplatoniker hier nicht eine zutreffende Antwort parat hatten.

[31] Cf. H. P. Sturm, Alt-Akademische Erledigung der okzidentalen Metaphysik, pp. 198–234.

6.2 Hypostasen-Rekonstruktion in Paraphrasen und Allegationen aus den ›Enneaden‹ mit Hinweis auf Proklos

Die Darlegung der vier GeistWirklichkeits-Prinzipen von Plotinos soll mit einer quellentext-nahen Deskription der Einzelkomponenten abgeschlossen werden, die zwar anstrebt, einen idealtypischen Querschnitt der diesbezüglichen Lehrgehalte zu liefern, dennoch aber unter der Einschränkung betrachtet werden muß, diesen nur aus einer Auswahl gewonnen zu haben, nur schematisch zu verfahren und somit die Zwischenbereiche und Feinstufungen nicht in der Weise abbilden zu können, die diesem Kunststück der Denkgeschichte eigentlich gebührt.

(Υ4) Erste und im strengen Sinne einzige Hypostase ist das Eine, denn Es allein ist sich selbst Hypostase (authypostasiert). Dieses ist, modern gesprochen, Bedingung der Möglichkeit allen Wirklichseins. Als solche ist Es kein Gegenstand, kein Ding, kein Seiendes, nicht(s) Geistiges oder Materielles. Es ist eigentlich nicht denkbar, nicht wißbar, nicht aussprechbar, da Bedingung allen Denkens, Wissens und Sprechens. Insofern trifft für Es nur in übertragener Bedeutung zu, daß Es Grund oder Prinzip (*archḗ*)[32] ist. In anderem Sinne ist Es gleichwohl Nicht-Grund/Nicht-Prinzip (*kaítoi állon trópon ouk archḗ*)[33]. Beim Einen (*‘én*)[34] handelt es sich um das einfache Erste (*tò dè*

[32] Plotinos, Enneaden 6.8.8.9 § 68.

[33] Plotinos, Enneaden 6.8.8.9 § 68.

[34] Stellenverzeichnis bei J. H. Sleeman / G. Pollet, Lexicon Plotinianum, s.v. εἷς a), coll. 322-328.

prõton 'aploũn)[35], ja Nicht-Viele (*A–póllōn*)[36], das Gestalt-/Eigenschaftslose (*aneídeon*)[37], Formlose/Amorphe (*ámorphon*)[38], (intensiv-qualitative) Unendliche/ Unbegrenzte (*ápeiron*)[39], Unsagbare (*ou 'rētón*)[40], Absolute (*chōristòn*)[41], das Jenseits (*tò epékeina*)[42], das „Keinerart" (*tò ouch 'oĩon*)[43] und „»Irgend-etwas« auch nicht" (*mēdè tò »tì«*)[44], von welchem auch das »Ist« beseitigt wird (*tò »éstin« aphairoũmen*)[45]. Es ist das, was unseiend (*'ò mḕ ón estin*)[46] oder vielmehr

---

35 Plotinos, Enneaden 6.7.37.18-19 § 287.

36 Cf. Plotinos, Enneaden 5.5.6 § 44. 3.8.10.15-17 § 72: Nicht-Vielheit (*ou plē̃thos, mḕ plē̃thos*). 6.9.5.21 § 33-6.9.6.16 § 40.

37 Plotinos, Enneaden 6.7.33.13, 21 § 253, § 254.

38 Plotinos, Enneaden 6.9.3.39 § 21; 6.7.33.30 § 257.

39 Plotinos, Enneaden 5.5.10.20-5.5.11.1 §§ 70-71; 6.9.6.10 § 40; 6.7.32.15 § 246; zur näheren ‚Bestimmung' des Plotinschen Ápeiron cf. J. Halfwassen, Speusipp und die Unendlichkeit des Einen, pp. 49-51, 53-56.

40 Plotinos, Enneaden 5.5.6.24 § 43. 5.3.13.1 § 118: in Wahrheit unsagbar (*árrēton tē̃j alētheiaj*). 6.9.5.30-42 §§ 35-37; 6.8.8.ca.1-25 §§ 67-71. 3.8.10.29-30 § 75: während nichts von ihm [dem Einen] ausgesagt werden kann, weder Sein, noch Wesen, noch Leben (*mēdenòs autoũ katēgoreĩsthai dunaménou, mḕ óntos, mḕ ousías, mḕ zōē̃s*).

41 Plotinos, Enneaden 5.1.9.2 § 50.

42 Plotinos, Enneaden 3.8.9.2 § 59; 5.3.11.1 § 98.

43 Plotinos, Enneaden 5.5.6.22 § 43.

44 Plotinos, Enneaden 5.5.6.23 § 43. Cf. 6.9.3.51-52 § 23: ferner darf es genau gesagt weder »jenes« noch seiend genannt werden (*deĩ dè mēdè tò »ekeĩno« mēdè óntōs légein akribō̃s légonta*).

45 Plotinos, Enneaden 6.8.8.14 § 69.

46 Plotinos, Enneaden 6.9.5.30 § 35; cf. 6.9.3.38 § 21.

nichts (*mãllon dè oudèn*)[47] ist. Folglich verfängt sich der Lógos, das Urteilen oder die Vernunft hinsichtlich seiner in Aporien.[48] Angesichts der Frage nach seinem Was (Wesen), Wiebeschaffen (Qualität), Warum (Grund) und Sein gilt: „Im übrigen ist schweigend abzulassen/abzugehen und – der Aporie im Urteil eingedenk – nichts weiter zu fragen."[49] Das besagt, daß die Ratio nicht bis zu Ihm, dem Einen, vordringen kann, sondern Es denkend in eine Unwegsamkeit, in unauflösliche logische Schwierigkeiten gerät. „Wie können wir nun über Es aussagen, wenn wir Es (Selbst) nicht haben? Nun, wenn wir Es durch Erkenntnis nicht haben, haben wir es nicht gänzlich nicht; wir haben es vielmehr auf die Weise, daß wir wohl über Es aussagen, nicht aber Es (Selbst) aussagen. Denn wir sagen ja aus, was Es nicht ist; und was Es ist, das sagen wir nicht aus; insofern ist das, was wir über Es aussagen, aus dem Nachherkommenden. Es zu haben aber ist uns nicht verwehrt, obgleich wir Es nicht aussagen können."[50] Ist das

47 Plotinos, Enneaden 6.8.21.24 § 186.

48 Cf. Plotinos, Enneaden 6.9.3.52-55 § 23 (*... taĩs perì autò aporíais*).

49 Plotinos, Enneaden 6.8.11.1-3 § 94: *ẽ siõpẽsantas deĩ apeltheĩn, kaì en apórõj tẽj gnõmẽj theménous mẽdèn éti zẽteĩn.* An einem anschaulichen Beispiel wird anschließend daran die Ursache dieser Aporie verständlich gemacht, damit sie in Zukunft vermieden werden kann.

50 Plotinos, Enneaden 5.3.14.1-8 § 129: *Põs oũn 'ẽmeĩs légomen perì autoũ; ẽ légomen mén ti perì autoũ, ou mẽn autò légomen oudè gnõsin oudè nóẽsin échomen autoũ. põs oũn légomen perì autoũ, ei mẽ autò échomen; ẽ́, ei mẽ échomen tẽj gnõsei, ou pantelõs ouk échomen; all' 'oútõs échomen, 'õste perì autoũ mèn légein, autò dè mẽ légein. kaì gàr légomen, 'ò mẽ éstin· 'ò dé estin, ou légomen· 'õste ek tõn 'ústeron perì autoũ légomen. échein dè ou kõluómetha, kàn mẽ légõmen.* Daß am Letzten nicht das erkannt wird, was es ist, sondern das, was es nicht ist, sagt schon Clemens Alexandrinus,

Eine nicht eher eins als andres (*tí gàr mãllon ʻopoteraoũn*)? Es ist das Weder–Noch von Opposita (*mēdetéra autõn*).[51] Über Es kann der Meister nur sagen, daß er nichts darüber sagen kann, weder bejahend noch verneinend. Auf eine Minimalformel gebracht: „Es ist jedoch dem Wissenden weder möglich, das So, noch hinwiederum das Nicht-So auszusagen."[52]

(Υ3) Zweites Konstituens, „die zentrale Hypostase der Metaphysik von Plotin: der Geist."[53] Er ist die Schaltstelle, die es dem Einen ermöglicht, sich dennoch zu äußern, obwohl seine Genese dadurch geschieht, daß Dieses als das geistig Erkennbare/Erkannte (*noētón*) in seiner reinen Selbsterkenntnis und seinem Mitgewahren in andauerndem Stillstand, und in seinem eigenen Standort/Charakter verharrt, und so das Entstehende als Geistaktivität entsteht und aus der vollendeten und mit-seienden Energeia/Aktualität in Ihm die gewordene Hypostase annimmt, d.h. Eigenständigkeit gewinnt.[54] Indem sich das Eine selbst liebt,

---

Stromata 5.11.71.3.

[51] Cf. Plotinos, Enneaden 5.5.4.25-26 § 30.

[52] Plotinos, Enneaden 6.8.9.39-40 § 83: *all' ésti tõj idónti oudè tò ʻoútōs eipeĩn dúnasthai oud' aũ tò mẽ ʻoútōs*. Cf. 6.9.3.36-54 §§ 21-23; 6.7.34.5-8 § 260 (weder Böses noch Gutes); 5.5.6.13 § 40.

[53] É. Bréhier, La philosophie de Plotin, p. 37; cf. N. Hartmann, Kleinere Schriften (Die Anfänge des Schichtungsgedankens in der Alten Philosophie), 2.166.

[54] Cf. Plotinos, Enneaden 5.4.2.12-42 §§ 11-16; zur Entstehung der Noũs-Hypostase cf. T. A. Szlezák, Platon und Aristoteles in der Nuslehre Plotins, pp. 52-119; zur Selbstdetermination des Einen durch das „Leben" im Unterschied zum „Leben" als Binnenfunktion des Noũs cf. P. Hadot, Être, vie, pensée chez Plotin et avant Plotin, insbesondere pp.

sich anschaut, liebt und schaut Es sich gewissermaßen als Geist. Da dieser jedoch der Bewirkte ist, ist Es Bewirktes seiner Selbst. Das Eine ist somit Geisterzeugendes und durch Geist Erzeugtes:[55] Ein-Geist oder GeistEines. „Das Sein also, das es eben ist, ist das auf sich selbst gerichtete Wirken. Dies ist eins und es selbst. Folglich hat es sich selbst hypostasiert [zur Hypostase gemacht oder verwirklicht = authypostasiert], indem mit ihm zusammen das Wirken heraustrat."[56] Anläßlich der Authypostasierung des Einen wird in strenger und konsequenter Argumentation sogar gesagt, daß Es weder fremd- noch selbst-hypostasiert ist, da Es überhaupt nicht zur Hypostase wurde (d.h. Sein und Dasein erlangte), weil das weder durch anderes noch durch Es/sich selbst möglich gewesen wäre.[57]

(Υ4) Ist das Eine ein Wirken über dem Geist, der Weisheit und dem Leben, „ein immerwährendes Erwachen und Über-Gewahren (*'upernóēsis*)"[58],

---

131-139. Eine Darstellung unter genauer Herausarbeitung der aus dieser Problematik resultierenden Differenzen kann im Rahmen meiner strukturellen Betrachtung nicht geleistet werden.

55 Cf. Plotinos, Enneaden 6.8.16.12-21 §§ 146-148.

56 Plotinos, Enneaden 6.8.16.27-30 § 150: *tò ára eĩnai 'óper estìn 'ē enérgeia 'ē pròs 'autón· toũto dè 'èn kaì autós. autòs ára 'upéstēsen 'autòn sunexenechtheisēs tẽs energeías met' autoũ.* Er (Gott) als das Eine wurde der Deutlichkeit halber mit Es übersetzt. Zur Authypostasierung des Einen cf. auch 6.8.13.53-59 §§ 123-124; 6.8.15.8-10 § 136; 6.8.16.37 § 152; 6.8.17.24-27 § 157; 6.8.11.32-33 § 100. F. Picavet, Hypostases Plotiniennes et trinité chrétienne, p. 25: „... sich selbst setzend, wie Plotin vor Fichte sagte, ὑπόστασας ἑαυτόν."

57 Plotinos, Enneaden 6.8.10.36-6.8.11.37 §§ 92-101.

58 Cf. Plotinos, Enneaden 6.8.16.30-39 § 151-152: *egrẽgórsis kaì 'upernóēsis aeì oũsa.*

(Υ3) so ist der Geist als solcher „primäres Leben, Aktualisierung des Gesamten durch Auseinandertreten; Auseinandertreten aber nicht im Auseinandertreten, sondern im Auseinandergetretensein“[59], das aktualewig Bewußte und der Urheber des Alls, der die Urbilder des Kosmos, d.h. das wahrhaft Seiende in sich trägt,[60] nicht aber wie an einem Ort, sondern dadurch, daß er es als sich selbst und in sich selbst er-denkt (i.e. durch schiere Geistaktivität erschafft), sich selbst besitzend und mit dem Seienden eins seiend.[61] Er intuiert oder er-denkt das Eine, während er sich nicht von sich her intuiert, und er intuiert sich, während er sich selbst aktualisiert; und Aktualität wiederum ist auf das Eine gerichtet.[62] „Wenn der Noũs also Wirken und sein Sein/Wesen Wirken ist, so muß er ein und dasselbe wie das Wirken sein; ein und dasselbe wie das Wirken ist aber auch das [ideenhaft] Seiende und geistig Eingesehene. Eins wird also allesamt sein: Einsehender/Geist, Geisteinsicht, geistig Eingesehenes. Wenn nun das Geist-Einsehen desselben das geistig Eingesehene, das geistig Eingesehene aber er selbst ist, so wird er selbst folglich sich selbst geistig einsehen. Denn er sieht durch Geisteinsicht ein, die er ja selbst ist; und er sieht geistig das geistig Eingesehene ein, das er ja selbst ist. Gemäß

---

59 Plotinos, Enneaden 3.8.9.32-35 § 65: *zōè prṓtē, enérgeia oũsa en diexódōj tõn pántōn · diexódōj dè ou tẽj diexioúsēj, allà tẽj diexelthoúsēj.*

60 Cf. Plotinos, Enneaden 5.9.5.1-34 §§ 17-23; 5.2.1.13-14 § 3; 5.4.2.43-48 § 16.

61 Cf. Plotinos, Enneaden 5.9.5.15-16 § 19; 5.9.6.1-2 § 26.

62 Cf. Plotinos, Enneaden 5.5.8.22-23 § 56; 5.6.5.15-19 § 21. 5.1.10.10-18 § 56 (hinsichtlich der Seele im Verhältnis zum Geist).

beidem sieht er also sich selbst geistig ein, insofern er selbst sowohl das geistige Einsehen ist als auch das Eingesehene, gerade das, was er durch das geistige Einsehen geistig einsieht, das er selber ist."[63] Der Geist ist folglich ein unterschiedenes Ungeschiedenes oder ungeschiedenes Unterschiedenes, in dem die Intentionalstruktur des Bewußtseins durch Di-allele – wörtlich: Durch-einander = wechselseitigen Schluß, Zirkel(kurz)schluß – kurzgeschlossen ist. Er ist einfach, insofern er vielfältig ist, bewegt im Stillstand, als einer alles, identisch und different, er ist Wandel im Verharren, Sein und Intelligieren in einem, ein Leben, das alles Leben und Lebende durchgeht.[64] Der Geist hat ihn, den Geist, in sich selbst als sein Eigen; er ist nicht nur Licht, sondern das, was in seinem Sein/Wesen Erleuchtetes ist; das, was ihm aber Licht schenkt,
(Υ4) ist nichts anderes als absolutes/unbedingtes (*'aploũn*) Licht; es verleiht

---

[63] Plotinos, Enneaden 5.3.5.41-48 §§ 42–43: *ei oũn enérgeia kaì 'ē ousía autoũ enérgeia, 'èn kaì tautòn tē̃j energeíaj àn eíē· 'èn dè tē̃j energeíaj tò òn kaì tò noētón. 'èn ⟨ára⟩ 'áma pánta éstai, noũs, nóēsis, tò noētón. ei oũn 'ē nóēsis autoũ tò noētón, tò dè noētòn autós, autòs ára 'eautòn noḗsei· noḗsei gàr tē̃j noḗsei, 'óper ē̃n autós, kaì noḗsei tò noētón, 'óper ē̃n autós. kath' 'ekáteron ára 'eautòn noḗsei, kathóti kaì 'ē nóēsis autòs ē̃n, kaì kathóti tò noētòn autós, 'óper enóei tē̃j noḗsei, 'ò ē̃n autós.* Cf. 2.9.1.26-57 §§ 7–15. 3.8.9.5 § 60: Geist ist zweierlei zusammen, Geist und geistig Erkennbares; exakte Beschreibung der „Struktur der noetischen Selbstanschauung" bei J. Halfwassen, Geist und Selbstbewußtsein, pp. 24–30; für die Paronyme von *noeĩn* jedoch, wie vom genannten Gelehrten durchweg praktiziert, in der deutschen Übersetzung und Interpretation die Paronyme von Denken zu verwenden, stellt jedoch eine sträfliche Irreführung dar. Cf. Damaskios, De principiis 1.19.14-15 = ⟨ed.⟩ C. E. Ruelle, 1.14.

[64] Cf. Plotinos, Enneaden 6.7.13.1-57 §§ 105–118; 1.8.2.1-32 §§ 5–12.

(ϒ3) ihm die Potenz zu sein, was er ist.[65] Der Noũs, Vater der Psyche, der eine stillstehende und regungslose Bewegung (*noũn ʻēsuchon kaì atremẽ kínēsin*), eine unscheidbare/ungeschiedene, andererseits aber unterschiedene Vielheit (*plẽthos adiákriton kaì aũ diakekriménon*) ist, eine einheitliche Vielheit (*tò ʻomoũ plẽthos*), ist zwar nahe dem Ersten (*ésti mèn* [*o*] *pròs tõj prṓtōj*), ist aber nicht das Eine, sondern ist nur einsartig (*ouk óntos dè ʻén, ʻenoeidoũs dè*), weil ihm die Einsicht nicht, wie der Psyche, zersplittert, sondern er wahrhaft bei sich selbst ist, sich nicht zertrennend (*ʻóti autõj mēdè eskédastai ʻo noũs, allà súnestin ʻeautõj óntōs ou diartẽsas ʻeautòn*).[66] Der Geist als Zweiheit (*duás*) und Zweites (*deúteron*) entspricht nach gut pythagoreischer und Speusippscher Manier, wenigstens in seinem hylisch-wesenhaften Aspekt in etwa der unbestimmten Zweiheit (*aóristos duás*)[67] oder wieder in unserer Kurzformel: er ist das Sowohl–Als-auch von Gegensätzlichem (nicht nur von Unterschiedlichem).

(ϒ4) Ist die erste Hypostase also das prinzipielle bzw. vollgültigere/mächtigere Eine (*tò prõton ʻén, ʻò kuriṓteron ʻén*),

(ϒ3) so die zweite das Eine–Viele (*deúteron ʻén pollà*),

(ϒ2) die dritte aber eins und vieles (*tríton ʻén kaì pollá*).[68]

---

[65] Plotinos, Enneaden 5.6.4.17-20 § 17; cf. 5.5.7.31-35 § 52.

[66] Cf. Plotinos, Enneaden 6.9.5.12-28 §§ 32-34. 4.8.3.10 § 18: der Geist ist eins und vieles.

[67] Cf. Plotinos, Enneaden 5.1.5.7-8 § 28; 5.1.5.14 § 29; 5.4.2.8 § 9; J. M. Dillon, Plotinus, Speusippus and the Platonic *Parmenides,* p. 65: „Hinter dem Konzept des Intellects versteckt sich in Wirklichkeit die indefinite Dyade als ʻintelligible Materieʼ (ὕλη νοητή)."

[68] Cf. Plotinos, Enneaden 5.1.8.23-26 § 49; o.c. 4.8.3.10 § 18, werden sowohl Noũs wie Psyche als „eins und vieles" charakterisiert, beide

Hiermit sind wir mit der Psyche in den Kosmos der Unter-Scheidung eingetreten, wobei nicht nur die Dinge untereinander, sondern die Seele auch von diesen unterschieden wird. Kurzcharakteristik dieses Bereichs nach re-flexionstheoretischer Formel: »entweder–oder«.

(Υ2_2) Indem sich die Einzelseelen vom Zusammenhalt der Ganzheit und Gesamtheit des Geistes weiter ab- und dem Einzelsein zuwenden,

(Υ2½) was für die kosmische Seele, die Allseele (den oberen Seelenbereich) und

(Υ2¼) die Physis/Natur (den unteren Seelenbereich), aus denen diese hervorgehen, noch nicht in dem Maße gilt,[69]

(Υ2_1) fallen sie in Unterschiedenheit, Vielgeschäftigkeit, Mühsal und Leiden, werden selbst zum Teil, kommen in Berührung mit dem Äußeren, verkörpern sich schließlich und leben fortan wie eine Amphibie als Mittelwesen am unteren Rand der oberen, geistigen Welt und an der Grenze

(Υ1) zum Unteren, Sinnlichen, von dem sie abgelenkt und verwirrt werden, wenn sie nach ihm begehren und so durch die Lust betört werden.[70]

---

allerdings unter ihrer jeweils näheren Bestimmung.

[69] Cf. Plotinos, Enneaden 3.8.4.15-19 § 21; 3.8.8.1-8 §§ 54-55; 4.4.13.1-8 §§ 59-60; K. Vorländer, Geschichte der Philosophie, 1.258: „Ja, Plotin spricht auch wohl von zwei Seelen, einer höheren, rein geistigen und einer zweiten niederen, die das Körperliche gestaltet. Und zwar betrifft das sowohl die Welt- wie die Einzelseele. Auch die immaterielle Weltseele strahlt eine zweite, die gestaltende Naturkraft (φύσις) aus, die aus feinstem Äther besteht und mit dem Weltkörper verbunden ist, wie unsere Seele mit unserem Körper." E. Zeller, Die Philosophie der Griechen in ihrer geschichtlichen Entwicklung, 3.2.595-598.

[70] Cf. Plotinos, Enneaden 4.8 (ganz).

(Υ21) Die Seele, das „Bild“ (*eikṓn tís esti noũ*) und der „Lógos/Wort des Geistes“ (*lógos noũ*)[71], bzw. ihr Vermögen der Ratio, das selbst etwas Geteiltes ist und zu seiner Forschung die körperliche Natur heranzieht, zerteilt nun, da es den Anstoß zu eben dieser Forschung nicht aus den angemessenen Prinzipien zu bewirken sucht, das Sein und seine Einheit.[72] „Denn der Lógos [das formgebende begriffliche Reflektieren/Urteilen] erzeugt auseinandersetzend die Abfolge [den Verlauf, Vorgang, das Nacheinander] ...“[73] Wahrnehmen und Denken, das unterscheidende, (ein-)teilende und ur-teilende Erkennen (*logismós/epinoeĩn*), das in der binären Struktur des sondernden Geistes (*merízōn noũs*) vorgebildet ist,[74] beruhen auf Zahl (*arithmós*), Unterschied (*'eterótēs*), Vielheit (*pólla/plẽthos*), Mehrheit (*pléon*), Teilung (*méros*), Zwei(heit) (*dúo*), Mannigfaltigkeit (*poikilía*) und Trennung (*dicházein*).[75] Die Funktionsweise der Psyche besteht in Unterscheidung, formal-diskursivem und reflektierendem Denken (*diánoia*), da sie in der geteilten Physis nur geteilte Wirksamkeit besitzt.[76] Das unterscheidende Denken ist

(Υ0) ohne die Materie jedoch bodenlos, ohne Grund, d.h.

---

[71] Cf. Plotinos, Enneaden 5.1.3.8 § 15.

[72] Cf. Plotinos, Enneaden 6.5.2.1-6 § 7.

[73] Plotinos, Enneaden 6.7.35.28-29 § 274: *'o gàr lógos didáskōn ginómena poieĩ* ... Meine Erläuterung innerhalb eckiger Klammern; cf. o.c. 5.3.13.9-12 §§ 120-121; 5.3.13.32-36 §§ 127-128; 5.9.8.19-22 § 34; 4.8.4.38-43.

[74] Cf. Plotinos, Enneaden 5.3.10.7-52 §§ 87-97; 5.6.1-6.

[75] Cf. Plotinos, Enneaden 6.9.4.1-16 §§ 24-26; 5.9.8.15-22 § 34.

[76] Cf. Plotinos, Enneaden 3.9.1.35-37 § 6.

ohne Substrat (*'upokeimenon*).

(Υ1) Alle Qualität und Quantität, alles Körperhafte, wäre für sich genommen nichts.[77]

(Υ0) Ohne sie als die unterste Stufe des Abfallens des Einen von Sich gäbe es

(Υ1) die Vielheit des Seienden hinieden nicht und es wäre alles verborgen geblieben,

(Υ0) und erhielte sie nicht Teilhabe am

(Υ4) Oberen und Guten, so müßte dessen Macht als beschränkt angesehen werden,[78] was gemäß Einheitslehre natürlich weder sein kann noch sein darf.

(Υ0) Jedoch kommt der Materie nicht der Status einer Hypostase zu.[79] Sie ist nur durch gedankliche Abstraktion, einen grundlosen und unechten Schluß gewonnen, sie wird gedacht und doch nicht, ist unbestimmt, abgeschieden von allem und leer. Sie ist ein letztes Eidos und Trachten nach Hypostase, nach Verwirklichung und Bestehen also.[80] Materie ist aktueller Trug und aktuelles Nichtsein.[81]

(Υ2$_{1}$) Zusammen mit den Ideen, Bildern und Formen bildet sie

(Υ1) den Seinsbereich des Sinnlichen und Körperlichen: Steine, Erde und Wasser, Pflanzen und Tiere usw.[82] Dieser wird beherrscht vom eisernen Gesetz der

---

77 Cf. Plotinos, Enneaden 2.4.12.20-26 § 45.

78 Cf. Plotinos, Enneaden 4.8.6 §§ 31-35.

79 Cf. Plotinos, Enneaden 2.9.2.1-2 § 16.

80 Cf. Plotinos, Enneaden 2.4.10.1 § 30-2.4.16.27 § 66; 3.6 (ganz); 5.8.7.22-23 § 45.

81 Cf. Plotinos, Enneaden 2.5.5.23-25 § 33.

82 Cf. Plotinos, Enneaden 6.3.8.1-9 §§ 61-62 & Diskussion in 3.6 (ganz).

Göttinnen Dike (Gerechtigkeit) und Adrasteia (Unentrinnbarkeit),[83] der Kausalität, dem Zwang von Ursache und Wirkung und der Relativität.[84] Was sollten die ihm angehörigen flüchtigen und sich selbst fliehenden Dinge demnach anderes sein, denn 'Schatten, Schilder und Schein auf einem Schatten'[85], „Nachahmungen des Seienden und Phantome
(ϒ0) auf einem gestaltlosen Phantom, die durch die Gestaltlosigkeit von ihr [der Materie] sichtbar werden“[86]?

Materie, zu symbolisieren mit (ϒ0) oder (ϒ10), und die Dinge, (ϒ1) oder (ϒ11), bilden zusammengenommen also die ‚Non-Hypostase' (ϒ1). Dies gilt für die entsprechenden Kategorien aller von mir dargestellten Lehren. Zum Schluß stelle ich in einer Tabelle noch die wichtigsten, von Plotin gegebenen Hypostasen-Quadrupel zusammen, um zu zeigen, daß er, wie die Tradition, auf die er sich beruft, der pythagoreischen Tetraktystik huldigt und diesbezüglich kaum Neuigkeiten verkündet.[87]

---

[83] Cf. Plotinos, Enneaden 3.2.13.16-17 § 105; 4.3.13.1 § 73; cf. Platon, Phaidros 248c3: „*Adrásteia*“.

[84] Cf. Plotinos, Enneaden 4.3.13.1 § 73; 4.3.13.11 § 75; 4.4.44.1-37 §§ 233-238; 4.3.16.15-24 §§ 86-87; 6.9.6.21-23 § 42; 4.3.16.2-3 § 84; 3.2.13.1 § 102-3.2.15.62 § 129.

[85] Cf. Plotinos, Enneaden 6.3.8.36-37 § 69: *skía dè kaì epì skiãj autẽj oúsēj zōgraphía kaì tò phaínesthai.*

[86] Cf. Plotinos, Enneaden 3.6.7.27-29 § 54: *tõn óntōn mimḗmata kaì eídōla eis eídōlon ámorphon kaì dià tò ámorphon autẽs enorṓmena.* Meine Erläuterung in eckigen Klammern.

[87] Die Hypostasenordnung, korreliert mit der Kreismetaphorik, den Menschenklassen und Herrschaftsformen, ist zu finden in Plotinos, Enneaden 4.4.16.23-4.4.17.38 §§ 72-79; alles sonst in der Tabelle Aufgeführte wurde bereits vorgestellt.

HYPOSTATIK VON PLOTINOS

	HYPO-STASE	ERKENNTNIS-VERMÖGEN	›PARMENIDES‹ HYPO-THESIS	URZAHLEN-PRINZIP	KREIS-METAPHER	MENSCHEN-KLASSE	HERR-SCHAFT
(ϒ4)	Eines/ Gutes ἕν/ἀγαθόν	Er-Selbst αὐτός	wenn das *Eine* ist εἰ ἕν ἐστιν	mächtigeres Eines κυριώτερον ἕν	Mittelpunkt κέντρον	Bester/Sich-Absondernder ἄριστον/χωρίζων	des Einen ἓν τὸ ἄρχον
(ϒ3)	Geist νοῦς	Geist νοῦς	wenn das Eine *ist* ἕν εἰ ἔστιν	Eines-Vieles ἓν πολλά	unbewegter Kreis κύκλος ἀκίνητος	Besserer βελτίων	Aristokratie ἀριστοκρατικὸν τὸ τῆς ζωῆς
(ϒ2)	Seele ψυχή Kosmos κόσμος	(begriffliche) Vernunft λόγος	wenn das Eine eins ist und vieles ἕν εἰ ἔστιν ... ἕν τε ὂν καὶ πολλά	Eines und Vieles ἓν καὶ πολλά	bewegter Kreis κύκλος κινούμενος	Mittlerer μέσος	kontrollierte Demokratie δημοτικὴ πολιτεία οὐκ ἀκρατής
(ϒ1) (ϒ0)	Einzelnes/ Ding/Materie ἕκαστον/ πρᾶγμα/ὕλη	Sinne αἴσθησις		[Vieles πολλά]	Nach-/Hintereinander τόδε μετὰ τόδε/ ὕστερον	Schlechterer/ Schlechtester χείρων/ φαυλότατος	Volks-herrschaft κοινόν

Die platoni(sti)schen Vorlagen zur menschlichen Erkenntnisstufung aufgreifend, legt Proklos fünf exakt definierte Kognitionsarten fest und deutet dadurch an, in welcher Hinsicht die platonische Gnoseologie und ihre Kategorien für präzisierungsbedürftig erachtet wurden. Seine Leistung besteht darin, eine klare reflektorische Differenzierung zwischen Arten der Denkerkenntnis, die im Bereich des, wenn auch noch so abstrakten, Diskursiv-Begrifflichen vollzogen werden und der nicht minder deutlichen Unterscheidung dieser von unvermittelten oder unmittelbaren, trans-diskursiven Erkenntnisarten, deren oberste nur noch uneigentlich Erkenntnis genannt werden kann, weil darin die drei Strukturmomente des Erkennens: Erkennender – Erkenntnis – Erkennbares aufgehoben sind, durchgeführt zu haben. Die Ein-Bildung als passiver wie aktiver Wahr-nehmungs-Vorgang (*aísthēsis/eikasía*) von Vor-Gestelltem bzw. Gegenständlichem ($\Upsilon 1$), ist darin vermutlich aus Gründen ihrer Selbstverständlichkeit gar nicht eigens aufgenommen:

[($\Upsilon 1_1$) *Wahrnehmung und*
($\Upsilon 1_2$) [$\Upsilon 2_4$] *Einbildung/Phantasie*]
($\Upsilon 2_1$) Doxa/Meinung;
($\Upsilon 2_2$) aus den Prinzipien als ungeprüften Hypothesen, die Gründe/Ursachen erkennende, alle Voraussetzungen einschließende syllogistisch verfahrende Erkenntnis wie Geometrie und Arithmetik, d.h. abstrakte Einzelerkenntnisse;
($\Upsilon 2_{1/2}$) Prinzipienwissen (Dialektik), das von der Erschließung der Archaí der Einzelwissenschaften bis zum höchsten Wissen reicht, das über das Prinzip alles Seienden, das Prinzip schlechthin, d.h. die Ur-Archḗ, Auskunft gibt;
($\Upsilon 3$) intellectuale, unmittelbare Anschauung/Intuition des Seienden in der simultanen Fremd-Selbst-Erkenntnis, der Koinzidenz von Erkennendem,

Erkennen und Erkennbarem/Erkanntem über allem mittelbaren Wissen;

(ϒ4) quintessentielle überintellectuale Eins-Werdung im Nicht-Erkennen.[88]

In der Zusammenfassung am Schluß seiner Ausführungen bindet er diese Hierarchie wieder in die elementare, vierstufige zurück, was nicht ohne (tiefere) Bedeutung ist. „Alles wird nämlich durch Ähnliches erkannt:

(ϒ1) das sinnlich Wahrnehmbare durch die Sinneswahrnehmung,
(ϒ2) das Wißbare durch das Wissen,
(ϒ3) das Intelligible/Geistige durch den Intellect/Geist,
(ϒ4) das Eine durch Einung.“[89]

---

[88] Cf. Proklos, De providentia 2.8.27-2.8.32, ⟨ed.⟩ H. Boese, Tria opuscula, pp. 136.27.1-140.32.13.

[89] Proklos, De providentia 2.8.31.7-9, ⟨ed.⟩ H. Boese, Tria opuscula, p. 140.7-9 (lat.) = p. 141.7-9 (gr.): *Omnia enim simili cognoscuntur: sensibile sensu, scibile scientia, intelligibile intellectu, unum uniali.* = *pánta gàr tō̃j ʻomoíō̃j ginṓsketai, aisthḗsei tò aisthētón, epistḗmēj tò epistētón, nō̃j tò noētón, ʻenṓsei tò ʻén* – – –. Beachtenswert ist die Phasenverschiebung, die das Wissen (*scientia/epistḗmē*) gegenüber der Platonischen Anordnung und anderen Aufstiegsschemata im Werk Proklos' erfährt. Cf. Proklos, Elementa Theologiae § 20, ⟨ed./tr.⟩ E. R. Dodds, pp. 22/23; J. M. Dillon, Introduction to: Proclus' Commentary on Plato's *Parmenides,* pp. XXI-XXXIV. Weitere Stellen zum vierstufigen Aufstieg des Erkennens bei Proklos, De providentia 2.VIII.31.7-9, ⟨ed.⟩ H. Boese, Tria opuscula, p. 140.7-9 (lat.); p. 141.7-9 (gr.); 2.XIII.51.15-52.15, ⟨ed.⟩ H. Boese, Tria opuscula, pp. 160-163; idem, In Platonis Alcibiadem 245.6-248.4, ⟨ed./tr.⟩ A. Ph. Segonds, 2.293.6-295.4; idem, In Platonis Theologiam libri VI 1.3, 1.13.8-15.21; idem, Commentarius in Parmenidem, ⟨ed.⟩ C. Steel, 2.506.5-11 = ⟨edd.⟩ C. Steel et al, 3.304.2-8 = ⟨edd./trr.⟩ R. Klibansky / C. Labowsky, Parmenides usque ad finem primae hypothesis nec non Procli commentarium in Parmenidem, p. 48.14-19.

Die gleiche Steigung des Erkenntniskosmos wird bei ihm und im späteren (christlichen) Neuplatonismus auch als sich vervollkommnendes Kontinuum in Richtung Einung durch drei ineinander übergehende Formen geistiger Bewegung ausgedrückt, die im Stillstand, versinnbildlicht durch den unbeweglichen Zentralpunkt, ihr Ende findet:

(ϒ1) die lineare, eindeutig gerichtete,
(ϒ2) die wendelförmige als Mitten- und Vermittlungsform zwischen (ϒ1) und (ϒ3),
(ϒ3) die zirkuläre, geisthaft-selbstbewußt rückbezügliche und
(ϒ4) Bewegungslosigkeit/Stillstand/Ruhe, feststehender Kreismittelpunkt (des Einen).[90]

Sie sind zudem bei Hermeias (5. Jh.), Dionysios Areopagita, Thomas Aquinas (1225/7 - 1274) etc. nachweisbar, die Grundidee ist jedoch auf Platon's ›Timaios‹ zurückzuführen: „Überdies wird die

(ϒ3) Kreisbewegung mit der wissenschaftlichen Erkenntnis in Verbindung gebracht,
(ϒ2) die helixartige Bewegung mit der Meinung,
(ϒ1) die anderen Bewegungen mit der Wahrnehmung.“[91]

---

[90] Nachweise siehe nächste Fußnote.

[91] E. Hugueny, Circulaire, rectiligne, hélicoïdal, p. 329; cf. W. Beierwaltes, Proklos, pp. 207[&95]-211; ⟨tr.⟩ B. R. Suchla, Pseudo-Dionysius Areopagita: Die Namen Gottes, pp. 115[92-93]; 121[152], Anmerkungen zu den Passus: Pseudo-Dionysios Areopagita, De divinis nominibus 4.8-9; 9.9, ⟨ed.⟩ B. R. Suchla, (1.)153.4-16 (3.704D-705A); (1.)213.7-20 (3.916C-D), mit Stellenangaben zur Tradition des Bildes bei Platon, Aristoteles, Plotinos (Kreis und Gerade) und Proklos. Die Übersetzung »Spirale« für *'élix* bei den meisten Exegeten ist in diesem Zusammenhang inkorrekt, da es sich bei einer Spirale um eine ebene Kurve handelt, die sich in immer weiteren Windungen um einen Punkt zieht; da die Texte

Wer die transzendentale Phänomenologie der Kognition, die ich Strukturtheorie der Re-flexion nenne und im Grundlegungsband dieses Werks entwickelte, damit vergleicht, weiß nun endgültig, daß deren Resultat keine Erfindung meinerseits, sondern eine Entdeckung apriorisch-zeitüberschreitender Qualität darstellt, die von jedem einzelnen je auf 's Neue zu machen ist. Die Reflexionsphase oder -ebene, der sie bei Proklos zugeordnet werden muß, ist die Dialektik (Υ23), die im Wissen um die vier Grundprinzipien, mit dem Urgrundprinzip an der Spitze, gipfelt.

eine ‚Mischung' von Kreis und Gerade meinen, ist der richtige Begriff »Wendel«, Schraubengewinde oder eben, wie der griechische Terminus und die gegenwärtige wissenschaftliche Terminologie sagt, »Helix«. Bevorzugten wir die Bezeichnung Schraubengewinde, so müßten wir zudem eine Entscheidung darüber treffen, ob wir eine zylindrische oder eine konische Schraube meinen; Ausgangsstelle ist Platon, Timaios 38b6-40d5; 47b6-e2.

6.3 Trinität und Vierstufenordnung bei Origenes: Alt-Christentum und/oder Neu-Platonismus?

In häresieverdächtigen (was heißt im 2./3. Jh. aber schon Häresie?) Gedankenflügen nannte der Kirchenvater und christliche Neoplatoniker Origenes, der als Alexandriner natürlich ebenso von Philon beeinflußt und sozusagen Kollege von Klemens war, Noumenios eine große Bedeutung zumaß[92] und letzteren sogar verteidigte,[93] den Lógos und Sohn Gottes Bild (*eikṓn*) der Güte, Abglanz (*apaúgasma*) des Ruhmes und ewigen Lichts des Vaters, Atem/Dunst (*atmís*) Seiner Kraft, Ausfluß (*apórroia*) Seines allbeherrschenden Ruhms und Spiegel (*és-optron*) seines Wirkens[94] und in dieser Eigenschaft „zweiten Gott" (*deúteros theós*)[95]. „Es ist indes angemessen zu wissen, ob die Worte so zu verstehen sind, daß sich der Logos und die Weisheit durch den gesamten Kosmos hindurch erstrecken und der Vater, wie festgestellt, im Sohn ist, oder ob der die gesamte Schöpfung vorausgehend Umgürtende dadurch, daß sein Sohn in

(ϒ4) Ihm ist,
(ϒ3) dem Heiland, indem ihm zukommt, der Zweite und Gott-Lógos zu sein, gewährte, sich durch

---

92 Cf. M. Frede, Numenius, pp. 1034–1035.

93 Cf. H.-C. Puech, Numénius d'Apamée et les théologies orientales au second siècle, pp. 764–767 = idem, Numenios von Apameia und die orientalischen Theologien im 2. Jh. n. Chr., pp. 465–467.

94 Cf. Origenes, In Ioannem 13.25 § 153.

95 Cf. Origenes, Contra Celsum 5.39, ⟨ed./tr.⟩ M. Borret, 3.118.20–25, mit Note 2 des Editors, in der auf Prototypen bei Iustinus (unter Berufung auf Platon, Timaios 36b–c), die ›Hermetica‹, Philon und auf weitere Passus im Werk von Origenes hingewiesen wird; idem, De principiis 1.3.5 (Zusatz); idem, In Ioannem 2.10, § 70; idem, Contra Celsum 6.61; 7.57.

(ϒ2/1) die gesamte Schöpfung zu erstrecken."[96]

In der Forschung wurde darauf aufmerksam gemacht, daß der reine (d.h. nicht-inkarnierte) Lógos bei Origenes, indem er Vermittlungsinstanz oder Medialursache (*di' 'oũ/per ipsum*) ist, zwischen dem Kosmos und dem transzendenten Gott, der unmittelbaren Ur-Sache (*'uph' 'oũ/ex ipso*)[97], als „zweiter Gott", „subalterner Gott" und „Gott zweiten Grades" der (subordinatianistisch zu verstehende) Lógos der griechisch-heidnischen Philosophen war.[98] Das „Verhältnis zwischen Numenius' erstem und zweitem Gott hat, scheint mir, eine beachtliche

[96] Origenes, In Ioannem 6.39 § 202: *Plēn áxion epistēsai póteron tõj tòn lógon kaì tēn sophían diapephoitēkénai di' 'ólou toũ kósmoũ, tòn dè patéra en tõj 'uiõj eĩnai, 'ōs parethémetha, tà 'rētà deĩ noēsai, ē 'o proēgouménōs perizōsámenos pãsan tēn ktísin parà tò tòn 'uiòn eĩnai en autõj echarísato tõj sōtēri, 'ōs met' autòn deutérōj kaì theõj lógōj tugchánonti, di' 'ólēs ephthakénai tēs ktíseōs.* Umschreibungen dafür insbesondere in idem, In Ioannem 2.1 § 8-2.3 § 32; 2.10 § 70; 2.10 §§ 73-76; 13.25 §§ 147-153; 32.18 §§ 218-239.

[97] Zu »aus Ihm«, »durch Ihn«, »in Ihm« (*ex ipso, per ipsum, in ipso,* letzteres hinsichtlich des Hl. Geistes) cf. C. Blanc, Origène: Commentaire sur Saint Jean, 1.252-253, note.

[98] Cf. E. de Faye, Origène. Sa vie, son œuvre, sa pensée, 3.111-129. Gegen die (unterstellte) Entchristlichung Origenes' durch den genannten Autor wehrt sich vehement W. Völker, Das Vollkommenheitsideal des Origenes, besonders pp. 135-136. Zur origenistischen Logostheologie in Zusammenhang mit dem heidnischen Neuplatonismus cf. auch die tendenziöse Darstellung von A. Lieske, Die Theologie der Logosmystik bei Origenes, pp. 180-208; nicht weniger apologetisch W. Ullmann, Die Beziehungen von Trinitätstheologie und Christologie im 6. Buch von Origenes' *Johannes-Kommentar.* Natürlich muß eingeräumt werden, daß sich die spezifisch christlichen Elemente in der Doktrin Origenes' neben den heidnischen finden, und das nicht ohne bedeutendes Gewicht und beachtenswerten Umfang. Allerdings werden in theo-logisch ernstzunehmenden Apologien, wie den genannten, logische Schwierigkeiten (Paradoxien), mit denen die Metaphysik zu kämpfen hat, mit logischen Schwierigkeiten noch größeren Kalibers (Absurditäten) ‚gelöst'.

Bedeutung für die Christologie eines Denkers wie Origenes oder sogar Justin vor ihm."[99]

Man könnte durchaus so weit gehen, den Hl. Geist in der Spekulation des Kirchenlehrers Origenes als dritten Gott zu bezeichnen, da er durch den Lógos wurde, unterhalb von diesem steht (*'upodeésteron*), sich in der Schöpfung (die metaphysisch in etwa dem heidnischen sichtbaren und körperlichen, materiebasierten Kosmos entspricht) zum Zwecke der Befreiung von ihr und der Restitution von allem auf der Erde inkarnierte, die Materie der Gottesgaben lieferte und dieserart das/der Eine von allem/n (*'èn tõn pántōn*) ist.[100] Damit sind wir formal wieder beim Dreistufengott des Mittelplatonismus und konkurrierender Doktrinen derselben Epoche. „Wenn er [sc. Markellos] Origenes also in ›Über die Kirche‹ auch nicht erwähnt, kann das Bild, das er darin von der Drei-Hypostasen-Lehre vermittelt, die die Valentinianer Platon verdankten und die die Arianer ererbten, leicht mit den anderen Fragmenten, die Origenes in die häretische Nachfolge einschließen, in Einklang gebracht werden."[101] Einen solchen Einschluß suggeriert auch die Trinität als Vierfach-Transzendenz,

---

[99] J. M. Dillon, The Great Tradition, VIII: Logos and Trinity: Patterns of Platonist Influence on Early Christianity, p. 6.

[100] Cf. Origenes, In Ioannem 2.10 §§ 73-78.

[101] A. H. B. Logan, Origen and the Development of the Trinitarian Theology, p. 426. Eine orthodox christliche Darstellung der Dreifaltigkeitslehre von Origenes gibt A. Michel, Trinité, pp. 1639-1645. Wie Vorurteile das Urteil beeinflussen, zeigt sich recht kraß an der Behauptung von E. Schadel, Zum Trinitätskonzept des Origenes, pp. 208-209, 'die triadologische Seinstheorie des Origenes sei problemgeschichtlich gesehen die epochemachende Überwindung der Indifferenz des neuplatonischen *hen*'.

(Υ4) Vater (*patḗr*),
(Υ3) Sohn/Heiland (*'uiós/sōtḗr*),
(Υ2) Hl. Geist (*'ágion pneũma*),
(Υ1) Kreaturen/das Übrige (*genētoi/loipoí*).[102]

[102] Cf. Origenes, In Ioannem 13.25 § 151; eine Übersicht über die Teilhabe-Verhältnisse und Wirkweisen der drei göttlichen Personen in bezug auf den Menschen (Pneuma) gibt J. Dupuis, «L'esprit de l'homme». Étude sur l'anthropologie religieuse d'Origène, p. 122; sie ist folgend in griechischem Original und in deutscher Übersetzung wiedergegeben. Zum Unterschied zwischen den westkirchlichen und den orthodoxen Auffassungen der Dreifaltigkeit, beginnend mit der Trinitätslehre von Origenes, cf. B. Krivocheine, The Holy Trinity in Greek Patristic Mystical Theology.

GÖTTLICHE PERSONEN UND TRINITARISCHE PARTIZIPATIONEN IN ABWÄRTSBEWEGUNG BEI ORIGENES (nach J. Dupuis)

Göttliche Personen	vorwärtsschreitende Partizipationen		menschlicher Ort	Mission des Geistes		
	Gegenstand der Handlung	Art der Handlung		Rang der Handlung	Art der Handlung	
Vater	erste Handlung: τὸ εἶναι	ἐξ		ὑπό	ἐνέργεια	zweite Handlung
	↓	↓		↓	↓	
Sohn	τὸ λογικόν	διά	λόγος (νοῦς)	διά	διακονία	
	↓	↓		↓	↓	
Geist	τὸ πνευματικόν →	ἐν →	**πνεῦμα**	← ἐν ←	ὑφεστώσης	
			einzige Handlung			

GÖTTLICHE PERSONEN UND TRINITARISCHE PARTIZIPATIONEN IN ABWÄRTSBEWEGUNG BEI ORIGENES (nach J. Dupuis)

Göttliche Personen	vorwärtsschreitende Partizipationen			menschlicher Ort	Mission des Geistes		
	Gegenstand der Handlung		Art der Handlung		Rang der Handlung	Art der Handlung	
Vater	erste Handlung	**Sein**	**aus**		**von**	**Bewirkung**	zweite Handlung
		↓	↓		↓	↓	
Sohn		**Geist**	**durch**	**Lógos (Geist)**	**durch**	**Verwaltung**	
		↓	↓		↓	↓	
Geist		**Heiligkeit**	→ **in** →	**Pneuma**	← **in** ←	**Substantialisierung**	
				einzige Handlung			

Betrachtet man zudem die Origenischen vier Ordnungen von Göttern,

(ϒ4) Gott/Gott-an-sich/wahrer Gott (*'o theos/autótheos/ alēthinòs theós*),
(ϒ3) (ein) Gott/Gott-Lógos (*theós/theòs lógos*),
(ϒ2) an Gott teilhabende Götter,
(ϒ1) Götter, die niemals welche sind, da sie nur für solche gehalten werden,[103]

sowie die Göttervorstellungen mitsamt denen, die sie vertreten:

(ϒ4) Der Gott des Ganzen ist der Gott der Auserwählten, des Retters der Auserwählten, der wahrhaften Götter, der Lebenden, die teilhaben an Ihm;
(ϒ3) der Gott-Lógos, Sohn und Christus ist der Gott für die, die alles in ihn legen und ihn als Vater ansehen;
(ϒ2) die Himmelskörper sind der Gott derjenigen, die sich nicht bis zum Intelligiblen emporschwingen können;
(ϒ1) die sogenannten Götter, die in keiner Weise Götter sind, sind die Götter derer, die Gott für ein Gemächt des Menschen halten, Silber, Gold, ein Kunstprodukt, und seelenlosen, toten Idolen ausgeliefert sind;[104]

nehmen wir die vier analogen Ordnungen von Lógoi:

[(ϒ4) Ø *Gott selbst*]
(ϒ32) Gott-Lógos/Lógos-an-sich/Lógos selbst (*theòs lógos/ autólogos*),

---

[103] Cf. Origenes, In Ioannem 2.1 § 12–2.3 § 32, insbesondere 2.3 §§ 23 & 32. Die Unterscheidung zwischen Dem Gott (*'o theós*) = Gottheit und Gott (*theós*) = Lógos, stammt von Philon, De somniis 1.229.

[104] Cf. Origenes, In Ioannem 2.3 §§ 24–27 & 32.

(Υ31) fleischgewordener Lógos,
(Υ2) Zweit-Lógoi, die am Lógos teilhaben, Lógos der ‚logischen' Wesen, Lógos im einzelnen,
(Υ1) Dritt-Lógoi, die für Lógoi gehaltenen, in Wahrheit jedoch völlig ‚unlogischen' Lógoi[105]

und derer, die an ihnen teilhaben, in Blick,

(Υ32) die am Wort selbst/ansich, das am Anfang und
(Υ4) bei Gott war,
(Υ32) am Gott-Lógos Teilhabenden, vom Wort selbst Geleiteten;
(Υ31) die nur Jesus Christus und den Gekreuzigten kennen, meinend, der fleischgewordene Lógos sei alles am Lógos, die Gläubigen;
(Υ2) die am Lógos teilhaben, indem sie, als ob sie allen Lógos überträfen, der griechischen Philosophie verbunden sind;
(Υ1) die an völlig verdorbene und atheistische Lógoi Glaubenden, die Vorsehung Leugnenden, diejenigen, die meinen, im Lógos zu weilen, während sie vom Guten selbst und sogar von dessen Spuren abgefallenen sind,[106]

so kommt man nur schwerlich umhin, das strukturelle Vorbild für diese Einteilungen in der heidnischen 3/4-Wesen-Lehre zu erblicken. „Man muß sich daran erinnern, daß Origenes kein einsamer Denker war und auch nicht in einer abgeschirmten

---

[105] Cf. Origenes, In Ioannem 2.3 §§ 19–23 & 32.

[106] Cf. Origenes, In Ioannem 2.3 §§ 28–31 & 33. Zu beachten die Invektive gegen die griechische Philosophie, deren sich Origenes ausgiebigst bedient, eine Schmähung die sich deutlich auch in der Zuweisung der vorletzten, der rationalistischen Sprosse der Leiter von Lógos-Partizipierenden niederschlägt.

Gemeindetradition lebte; in seiner Schule hatte er mit Menschen aller geistigen Richtungen zu tun und suchte eine gemeinsame Ebene; als solche kam die Philosophie des Platonismus in Frage. Einige einzelne Punkte, philosophische Denkkategorien, seien in Stichworten genannt: Das Abbildverhältnis als Grundstruktur der Welt; der Stufenbau des Seins – Gott (Υ4), Intelligenzen (νόες) (Υ3), Menschen (Υ2), Dämonen (Υ1). (Gerade dieses Stufenprinzip ist gleichzeitig bei Plotin zu der sogenannten Hypostasenlehre und später im Neuplatonismus zu immer komplizierteren Konstruktionen ausgebaut worden.)“[107]

Es kann kaum als Zufall angesehen werden, daß die Graduierungen verschiedener Bereiche in erster Linie entlang der Auslegung des ›Johannes-Evangeliums‹ formuliert wurden. „Origenes' Lehre von der Teilhabe scheint eine christliche Übertragung (in der Linie von Justin, Irenaeus, Klemens, doch sehr viel verständlicher) mittelplatonischer Sprache und Ideen darzustellen. Wenn das stimmt, sollte das wichtige Konsequenzen für die Interpretation von Texten haben, die anscheinend in stoischen Vorstellungen wurzeln.“[108]

Angesichts dessen ist die Frage von Bedeutung, wie die verschiedenen Entwürfe und ob sie der Lehre vom einen Wesen und den drei Personen konform sind, oder spezieller, ob Gottvater mit der Triade, über die er herrscht, gleichzustellen oder ob er völlig transzendent bleibend zu denken ist, eine Monade also im Gegensatz zur christlichen Trinität über eine Triade

---

[107] H. Görgemanns, Origenes, p. 69, meine Skalierung ohne Paragraphierung.

[108] D. L. Balas, The Idea of Participation in the Structure of Origen's Thought. Christian Transposition of a Theme of the Platonic Tradition, p. 273; in diesem Essay werden die Teilhabeverhältnisse der rationalen Wesen an den göttlichen Hypostasen rekonstruiert.

herrscht, was eine (heidnische) Tetrade ergäbe.[109] Sie betrifft insbesondere diejenigen christlichen Denker, die unter die von der Verketzerung am ehesten betroffenen zu reihen sind. „Es sollte erwähnt werden, daß jene christlichen Mystiker, die am meisten wie die Neoplatoniker waren und selbst ihre Werke gründlich lasen – z. B. Eckhart, Pseudo-Dionysius, Scotus Erigena, oft entweder in der Gefahr der Verurteilung standen oder tatsächlich verurteilt wurden.“[110] Eine im Sinne der skizzierten Origenischen Hierarchien lesbare Über-/Unterordnung findet sich in der spekulativen Identifikation der vier Haupt-Transzendentalien mit der Trinität, die das Lateinwerk von Meister Eckhart ausweist und an die Vier-Naturen-Lehre von Iohannes Scottus Eriugena (ca. 810–877) erinnert:

(Y5) [ϒ4]	Gottes als Wesen mit dem Sein (*esse*),
(ϒ4) [ϒ3_3]	des Vaters mit dem Einen (*unum*),
(ϒ3) [ϒ3_2]	des Sohnes mit dem Wahren (*verum*) und
(ϒ2) [ϒ3_1]	des Hl. Geistes mit dem Guten (*bonum*), aus dem
(ϒ1) [ϒ$2/1$]	letztlich das Geschaffene (*creatura*) hervorgeht.[111]

Auch in diesem Falle muß auf christlicher Seite der Häresieverdacht entstehen, was dann nicht überrascht, wenn man die doxischen Verwandtschaftsverhältnisse kennt: „Eckehart steht

---

[109] Diese Frage wurde von J. Bregman, Synesius of Cyrene. Philosopher-Bishop, pp. 85–86, im Ausgang von Synesios gestellt. Cf. S. Gersh, From Iamblichus to Eriugena, pp. 152–181.

[110] J. Bregman, Synesius of Cyrene. Philosopher-Bishop, p. 135[43].

[111] Cf. A. Wilke, Ein Sein – Ein Erkennen, pp. 108–110, 126–152, mit Dokumentation und Verweis auf die Vier-Naturen-Doktrin von Iohannes Scottus Eriugena, o. c., pp. 150[43]–151; auf diesbezügliche Schwankungen in der Zuordnung von *unum* und *esse/ens* zu Gott als Wesenheit und zu Gott als Vater weist B. McGinn, Meister Eckhart on God as Absolute Unity, pp. 135–136.

übrigens in direkter und indirekter Abhängigkeit von Origenes."[112] Anders verstanden, könnte die Null-Ebene (Y5) bei Eckhart heidnisch-hypostatisch gleich (ϒ4), die folgenden drei zusammen gleich (ϒ3) und die Ebene (ϒ1) des Kreatürlichen von Mentalem, Sensualem und Somatischem (ϒ2/1) sein.

Wie ich in der dritten Abteilung der ›Widerspiegelung des Geistes‹ und in künftigen Forschungsarbeiten zur In-sich-Rückläufigkeit der Reflexion dokumentieren werde,[113] wurde von transzendental und myst(izist)isch orientierten christlichen Denkern durch die gesamte Geistesgeschichte hindurch auch die Ein-Dreiheits-Problematik noch überschritten. Ich möchte dies mit einer Textstelle aus dem späten Mittelalter vorab schon einmal dokumentieren: „Gott als Schöpfer ist drei (zusammen) und (nur) einer; als Unendlicher ist er weder drei (zusammen) noch (nur) einer, noch irgend etwas dessen, was (aus)gesagt werden kann."[114] Die „Wechselwirkung zwischen hierarchischen und modalistischen Elementen in Noumenios' Theologie könnte als brauchbare Folie für Origenes' Behandlung der Trinität dienen. ... Seine Lektüre von Noumenios dürfte ihn, denke ich, zu einem Reflexionsstil innerhalb der philosophischen Theologie gebracht haben, der auf der einen Seite dem rigiden Subordinatianismus, auf der anderen dem

---

[112] H. U. v. Balthasar, Origenes: Geist und Feuer, p. 93[1].

[113] Cf. H. P. Sturm, Widerspiegelung des Geistes III. Re-flexion – das (in sich) verschlungene Denken. Texte zum wissentlichen Nichtwissen und Nicht-Nichtwissen, herausgegeben, übersetzt, mit Anmerkungen und Kurzkommentaren versehen.

[114] N. Cusanus, De pace fidei 7, Philosophisch-theologische Schriften, 1.730: *Deus, ut creator, est trinus et unus; ut infinitus, nec trinus nec unus nec quicquam eorum, quae dici possunt.* Formal analog Meister Eckhart, Die deutschen Werke, 5.41.19-21 (Liber „Benedictus"), mit Note 140 des Herausgebers: Leeres Eines (– Einer) – Vater-Sohn-Geist als Personen – Kinder Gottes.

kompletten Modalismus widerstand."[115]

Zu den vorfindlichen triadischen Ordnungsmustern, wie der Abbildlehre:

(Υ4) Archetyp,
(Υ3) Bild/Gott-Lógos,
(Υ2) Bilder des Bildes = Menschen,[116]
[(Υ1) Ø – *alles Nicht-Lógoshafte,*]

den Geltungsrängen des Bibeltextes parallel zu den Stufen des Seelischen im Menschen[117] oder der trigraden Ordnung spirituеller Disziplin und ihrer Zuweisung zu den drei Salomonischen Büchern bedarf es nach allem Gesagten keines ausführlichen Kommentars; hier kann ein zusammenfassendes Zitat aus der Forschungsliteratur genügen: „Was Origenes betrifft, so kommt bei ihm die Entsprechung der letztgenannten Dreiteilung [Ethik, Physik, Epopteia = Auf-sicht, Schauung] mit den Etappen des geistigen Fortschritts deutlich zum Ausdruck.

(Υ1) Die Ethik [*ethica/moralis disciplina*], sagt er, sorgt für die unumgängliche anfängliche Reinigung der Seele,
(Υ2) die Physik [*physica/naturalis disciplina*] enthüllt uns [indem man bei der Disziplin der natürlichen Vernunft angekommen ist (*veniat etiam ad naturalis intelligentiae disciplinam*), durch Unterscheidung der Gründe und Wesenseigenschaften der Dinge (*ibi*

[115] J. P. Kenney, *Proschresis* Revisited: An Essay in Numenian Theology, pp. 226-227.

[116] Cf. Origenes, In Ioannem 2.3 §§ 18-20; idem, De principiis 1.2.6, Fragment 4, ⟨ed.⟩ P. Koetschau 36.10-12.

[117] Cf. Origenes, De principiis 6.2.4, ⟨ed.⟩ P. Koetschau, p. 312.1-313.4; R. Somos, Origen, Evagrius Ponticus and the Ideal of Impassibility, pp. 370-371 (mit Nachweisen).

rerum causas naturasque distinguens)] die Eitelkeit der sinnlich wahrnehmbaren Welt und lädt uns somit dazu ein, uns von ihr loszusagen, und

(ϒ3) die Epoptik [*enoptica/mustikả/inspectiva disciplina*] schließlich verschafft der geläuterten Seele Zugang zu der Betrachtung

⟨ϒ3/4⟩ der göttlichen Realitäten.

So entsprechen seiner Meinung nach die drei ›Bücher Salomos‹ den drei Teilen der Philosophie.

(ϒ1) Die »Sprüche« entsprechen der ethischen Reinigung;

(ϒ2) der »Prediger«, der mit den Worten *Vanitas vanitatum* [Eitelkeit der Eitelkeiten, Leere der Leerheiten] beginnt, entdeckt uns die Eitelkeit der sinnlichen Welt, und

(ϒ3) das »Hohelied«, ein Buch mystischen Inhalts, führt uns in die Epoptik ein.“[118]

„Damit ist hier der spätere Dreiklang der via purgativa [Reinigungsweg], der via illuminativa [Erleuchtungsweg] und der via unitiva [Vereinigungsweg] zum erstenmal angeschlagen.“[119]

---

[118] P. Hadot, Die Einteilung der Philosophie im Altertum, pp. 439–440, mit Bezug auf Origenes, Commentarium in Canticum Canticorum, ⟨ed.⟩ W. A. Baehrens, Origenes Werke, 8.75.6–79.21, meine Vermerkung der Originalterminologie und Ergänzungen zur Naturlehre, Punkt (ϒ2), aus dem Quellentext, ⟨ed.⟩ W. A. Baehrens, Origenes Werke, 8.78.2–3. Cf. F. Ohly, Hohelied-Studien, pp. 23–25; zu Vertretern des christlichen Dogmas, die sich an diese Parallelordnung anschlossen, o.c., pp. 33 (Ambrosius), pp. 48–49 (Hieronymus, von ca. 347–419/20), p. 62 (Isidor von Sevilla, von ca. 560–636), p. 235 (Gerhoch von Reichersberg, von 1093/94–1169), p. 266 (Gilbert Foliot, gest. 1187). Ich darf noch Euagrios Pontikos, Scholia ad Proverbia 247 (zu 22.20), hinzufügen.

[119] F. Ohly, Hohelied-Studien, p. 23; die Behauptung vom „ersten Mal“ ist mit Hinweis auf Clemens Alexandrinus zu korrigieren; zum Trivium später in Zusammenhang mit den ansteigenden Übungswegen zum

Es wird sich später noch zeigen, daß dieses erste Anschlagen in das vorphilosophische Zeitalter zurückzuverlegen ist. Die Einteilungen in philosophische Lehrzweige, die Origenes vornimmt, variieren jedoch. So schwankt er zwischen einer drei- und einer vierfältigen.[120] Das hängt wohl daran, daß „die Logik als Wissenschaft von den Begriffen und Sätzen nicht einen selbständigen Teil der Philosophie darstellt, sondern in den genannten drei Teilen mit enthalten sei."[121] Zusammen mit anderen Origenischen Dreischritten müßten auch diese erst eingehend darauf untersucht werden, ob sie nicht ein in der hier geführten Diskussion relevantes viertes, die Struktur nach oben oder unten abschließendes, doch wegen seiner Selbstverständlichkeit unerwähnt gelassenes, eventuell aber auch, wie anläßlich der indischen und iranischen Tradition noch erwähnt werden wird, ein summarisches, die Ganzheit der drei ausdrückendes Element, implizieren. Diese Forderung wird bekräftigt durch die Skala kognitiver Wesensglieder des Menschen, die

(ϒ1) vom Körper
(ϒ2) über die Seele
(ϒ3) zum Noũs-Pneuma
⟨ϒ4⟩ und vermittels dieses zur Wahrheit (*alētheia*) reicht, die in der Ent-rückung [im Herausgerissensein] aus dem Menschlichen (*existõn apò tõn anthrōpikõn*) und (wie bei Philon) in heiligem Enthusiasmus sowie göttlicher, nicht

Weisheitsziel mehr. Cf. A. Louth, The Origins of the Christian Mystical Tradition, pp. 57-61, insbesondere p. 59.

120 Stellenverzeichnis bei H. Koch, Pronoia und Paideusis, pp. 247-248; cf. H.-J. Horn, Origenes, Cassian, der vierfache Schriftsinn und seine Beziehung zu ontologischen Vorstellungen des Platonismus.

121 P. Hadot, Die Einteilung der Philosophie im Altertum, p. 439.

unvernünftiger Trunkenheit erfahren wird.[122]

[122] Zu den Abstufungen der Erkenntnisinstanzen im Menschen cf. H. Crouzel, L'anthropologie d'Origène dans la perspective du combat spirituel (Diagramm, p. 366); idem, Théologie de l'Image de Dieu chez Origène, p. 264 (Diagramm); das informativere erste der beiden sehr ähnlichen Schaubilder ist folgend wiedergegeben. J. Dupuis, «L'esprit de l'homme». Étude sur l'anthropologie religieuse d'Origène, pp. 28-89, mit Diagrammen pp. 38-39, 208-209, 216, wovon zur Veranschaulichung der Mischungsverhältnisse (*krãsis*) der einzelnen menschlichen Wesensglieder in den verschiedenen Stadien von Fall (Katabolḗ) und Wiederherstellung (Apokatástasis) das letztere ohne Kommentar und Kritik nachfolgend in deutscher Fassung und graphischer Nachgestaltung abgebildet ist; Kritik mitsamt Korrekturen daran wurden von J. N. Rowe, Origen's Doctrine of Subordination, pp. 128-156, angebracht. Einige logische Schwierigkeiten bei der Bestimmung des Verhältnisses zwischen Seele und Geist beim Gottes- bzw. Menschensohn und uns Kindern Gottes in R. Williams, Origen on the Soul of Jesus. Die Kognitionsleiter (lokalisiert in den einzelnen Seelenvermögen) insgesamt ist inclusive Übersetzungen der einschlägigen Originalstellen skizziert bei E. de Faye, Origène. Sa vie, son œuvre, sa pensée, 3.174-178; 3.242-243 mit 3.142, wobei Punkt (Υ4) eine Paraphrase von Origenes, In Ioannem 1.30 § 206, ist. Umrißhafte Darstellung der menschlichen Erkenntnishierarchie zusammen mit den göttlichen Erkenntnisrängen parallel zur entsprechenden Stufung im heidnischen Platonismus bei A. Tripolitis, The Doctrine of the Soul in the Thought of Plotinus and Origen, pp. 89-121; H. Koch, Pronoia und Paideusis, pp. 225-301; die verschiedenen Grade religiösen Bewußtseins beschreiben H. Crouzel, Origène et la «connaissance mystique», pp. 47-63, 373-981, und unter den Blickwinkeln von Glauben und Wissen, Laienstand und Eingeweihten J. Lebreton, Les degrés de la connaissance religieuse d'après Origène.

SEELENFUNKTIONEN BEI ORIGENES (nach H. Crouzel)

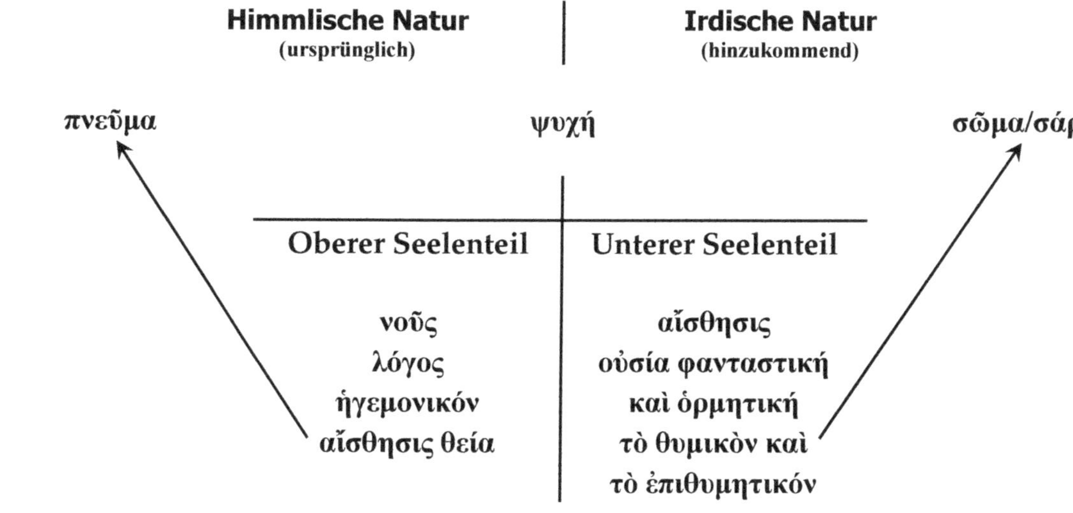

SEELENFUNKTIONEN BEI ORIGENES (nach H. Crouzel)

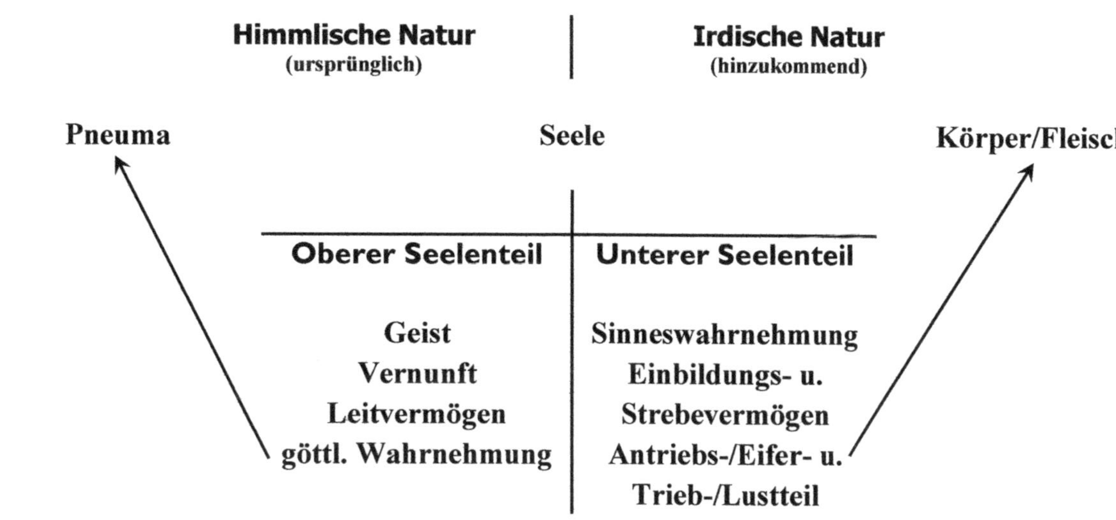

FALL UND WIEDERHERSTELLUNG BEI ORIGENES (nach J. Dupuis)

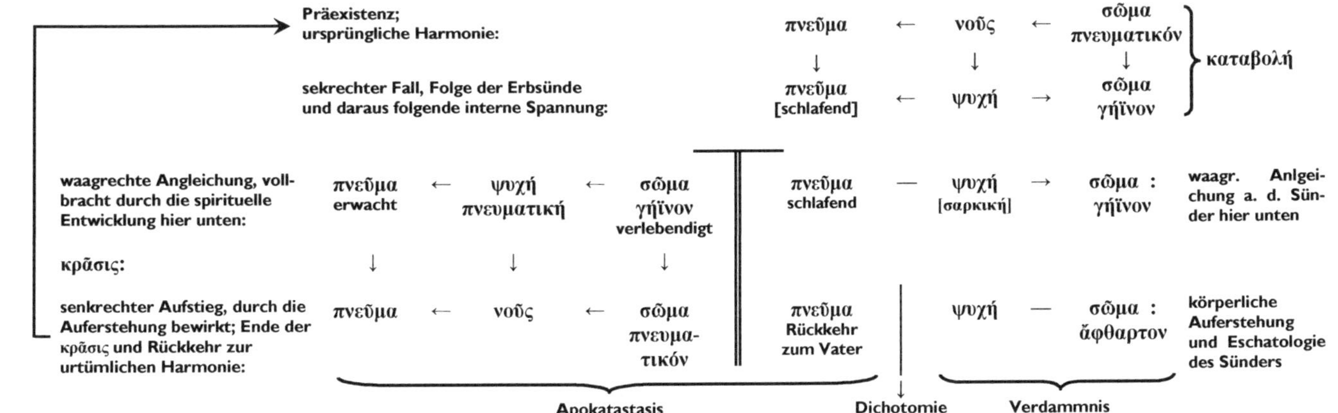

FALL UND WIEDERHERSTELLUNG BEI ORIGENES (nach J. Dupuis)

Präexistenz; ursprüngliche Harmonie:						*Pneuma*	←	*Nous*	←	*Pneuma- körper*	} *Erschaffung*
						↓		↓		↓	
sekrechter Fall, Folge der Erbsünde und daraus folgende interne Spannung:						*Pneuma* **[schlafend]**	←	*Psyche*	→	*Erd- körper*	
waagrechte Angleichung, vollbracht durch die spirituelle Entwicklung hier unten:	*Pneuma* **erwacht**	←	*Pneuma- psyche*	←	*Erdkörper* **verlebendigt**	*Pneuma* **schlafend**	—	*Psyche* *[fleisch- lich]*	→	*Erd-* : *körper*	**waagr. Anlgeichung a. d. Sünder hier unten**
Mischung:	↓		↓		↓						
senkrechter Aufstieg, durch die Auferstehung bewirkt; Ende der *Mischung* **und Rückkehr zur urtümlichen Harmonie:**	*Pneuma*	←	*Nous*	←	*Pneuma- körper*	*Pneuma* **Rückkehr zum Vater**		*Psyche*	—	*unsterb-* : *licher Körper*	**körperliche Auferstehung und Eschatologie des Sünders**
	Apokatastasis						**Dichotomie**	**Verdammnis**			

„Und wenn wir so weit vorangekommen sind, daß wir keineswegs

(ϒ1) Fleisch und Leib, vielleicht nicht einmal
(ϒ2) Seelen gewesen sein werden, sondern
(ϒ3) Geist und Sinn,
(ϒ4) zur Vollkommenheit gelangend und von keiner Bewölkung der Verwirrung/Leidenschaft verdüstert,
(ϒ3/4) [dann] wird man die vernunftgemäß und geistig vernehmbaren Wesenheiten ‚von Angesicht zu Angesicht' [1. Kor 13.12] schauen."[123]

Zu der Behauptung, „... daß die erste Hypostase bei Origenes und die zweite Hypostase bei Plotin auf derselben metaphysischen Stufe anzusetzen sind: beide sind Intellektgottheiten, ..."[124] brauche ich hier nicht mehr eigens Stellung zu nehmen, da sie aufgrund meiner formalen Aufweise schon als zu kurz gedacht bloßgestellt ist. Damit soll nicht bestritten werden, daß der Gott von Origenes auch Intellect-Qualitäten besitzt, man vergleiche seine mittelplatonistischen Vorbilder, bestritten werden muß, daß er nur solche hat und nicht vielmehr auch mehr ist.[125] Der Unterschied liegt vornehmlich in der Darstellungsart. Man muß nicht lange suchen, um auch letztere Meinung

---

[123] Origenes, De principiis 2.11.7, Text nach Hieronymos, Epistulae 124.7, ⟨edd./trr.⟩ H. Görgemanns / H. Karpp, p. 456: *Cumque in tantum profecerimus, ut nequaquam carnes et corpora, forsitan ne animae quidem fuerimus, sed mens et sensus ad perfectum veniens nulloque perturbationum nubilo caligatus, intuebitur rationabiles intellegibilesque substantias ‚facie ad faciem'.*

[124] H. Ziebritzki, Heiliger Geist und Weltseele, p. 140.

[125] Diese Kritik gilt auch für weitere Zuordnungen der Hypostasen bei verschiedenen heidnischen und christlichen Philosophen und Theologen, wie sie H. Ziebritzki, Heiliger Geist und Weltseele, pp. 21-99, 124-145, vornimmt.

vereinseitigt in der einflußreichen Forschung zu finden.

„VON BALTHASAR drückt die eigentliche Auffassung von Origenes viel genauer aus, wenn er sagt, daß »Origenes' leidenschaftlicher Intellektualismus es ihm nicht erlaubte, die Einheit (i. e. die letztliche Einheit zwischen Gott und den geschaffenen Dingen) anders denn als ein unermeßliches, doch leeres Licht aufzufassen ... Er verrät eine Tendenz zu versuchen, über den Logos selbst hinauszugehen, um den Abgrund des Vaters zu erblicken, sich nach Erkenntnis mehr denn nach Leben zu sehnen, die Wichtigkeit des Zeichens des Worts zu überschätzen und die des Zeichens der Liebe zu unterschätzen.«"[126]

Hier wird zwar der Intellektualismus des antiken Kirchengelehrten herausgestellt, wozu die Intellecthaftigkeit Gottes die Entsprechung wäre, nicht seine Supra-Intellectualität, überraschenderweise dient diese Zuschreibung jedoch dazu, die Abgründigkeit und Unbegreiflichkeit des Primärprinzips zu betonen, da ein ‚leeres Licht', ungetrübte Transparenz, letztlich nichts anderes als die reine (leere) Unbestimmtheit meinen kann und somit das Abrupte und Negative des mystischen Gewahrens (bzw. dessen Beschreibung), das meist mit Plotin und dem Neuplatonismus, christlicherseits unter dem Schlagwort der übernatürlichen Geistesgaben mit Dionysios Areopagita, Maximus Confessor (580-662) und den in ihren Fußspuren wandelnden, in Verbindung gebracht wird, noch verschärft ist.

Doch fragt sich, ob diese völlig ungegenständliche Erfahrung und die durch das Dazwischentreten des noetischen Erfassens eher kontinuierlich zu denkende Annäherung an das Göttliche, das christlicherseits häufig mit der Méthodos von Platon und mit einigen früheren Kirchenlehrern identifiziert

---

[126] Cf. J. N. Rowe, The Eventual Reconciling of Human Beings to the Father by Christ, and His Consequent Subjugation to the Father, p. 150, mit ins Englische übersetzter, als Zitat gekennzeichneter Paraphrase von H. U. v. Balthasar, Le Mysterion d'Origène, p. 64.

wird, damit aber vor allem die Vorstellung von ‚natürlichen Geistesgaben' verbindet, nicht auch nur zwei Ausdrucksweisen und Akzente ein und desselben Sachverhalts darstellen.[127] Während es Origenes vorzieht, das Urprinzip in ontologischer Weise zu beschreiben, präferiert Plotin nicht selten die transzendentale. Beide unterlassen es jedoch nicht, ein Gegengewicht zu den von ihnen favorisierten Entwürfen zu schaffen, indem sie ihr eigentliches Bestimmungsverfahren durch das jeweils andere ergänzen. Bei Porphyrios ist diese Methode besonders augenfällig, da unter dem Dach ein und desselben Gedankengebäudes durchgeführt.

Einer der bedeutendsten Origenes-Forscher der letzten Zeit und überhaupt bestreitet in der Lógoschristologie von Origenes zwar nicht jeglichen platonistischen Einfluß, vermeidet in seiner der christlichen Tradition verpflichteten, insgesamt jedoch vermittelnden und ausgleichenden Darstellung, letztlich aber eine Entscheidung über den Subordinatianismus Origenes',[128] den er in einer gesonderten Studie diskutiert,[129] indem er bei den dezisiven Fragen zwischen einer philosophischen und einer theologischen Auslegung unterscheidet und ihre Beantwortung (eher) in den Befugnisbereich der letzteren verlegt.[130] Dies hat

---

[127] Zu der falsch verstandenen Entgegensetzung zwischen dem kontinuierlich-intellektuellen und dem abrupt-mystischen Erkenntnisaufstieg nahm ich Stellung in H. P. Sturm, Urteilsenthaltung oder Weisheitsliebe zwischen Welterklärung und Lebenskunst, pp. 140[67]-141; eine vergleichbare Zurechtrückung für den Zenbuddhismus (plötzliche versus schrittweise Erleuchtung) geben K. Ceming / H. P. Sturm, Buddhismus, p. 115.

[128] Cf. H. Crouzel, Origène et Plotin, p. 132.

[129] Cf. H. Crouzel, Théologie de l'Image de Dieu chez Origène, pp. 75-128.

[130] Cf. H. Crouzel, Origène et Plotin, p. 29; idem, Origène, pp. 245-246. Über die Haltung von Origenes zur Philosophie handelt idem, Origène et la philosophie. G. Kretschmar, Studien zur frühchristlichen

hinsichtlich der Einschätzung von Subordinatianismus und Konsubstantialität zur Folge, daß sich der genannte Verfasser für die oxymoronische Charakterisierung „gleich-und-untergeordnet“[131] ausspricht, die er andernorts einen „paradoxen Ausdruck“[132] nennt.

Ob Origenes philosophisch gesehen damit der Heterodoxie und/oder Irrationalität überführt ist, kann allerdings nur dann beurteilt werden, wenn man weiß, wie die jeweiligen Einschätzungen aufzufassen sind, ist es doch innerhalb religiöser und theologischer Lehren nicht unüblich, der Absurdität in der Weise Tertullians (ca. 160-212) oder skeptisierender Gegenreformatoren als höchster Errungenschaft des menschlichen Geistes zu huldigen. Reflexionstheoretisch müßte diese Bestimmung nicht paradox im schlechten Sinne sein, wenn man die Über-/Gleich-/Unterordnung nicht realistisch oder ont(olog)isch, sondern methodisch, bedingt durch die reflektorische Erschließung, verstünde, was innerhalb der offiziellen Theologie natürlich unbekannt ist, von Origenes jedoch geradezu in der Präzision des Plotinschen Reflexions-, Fiktions- bzw. De-Konstruktions-Bewußtseins, wie es im Kapitel 2.3 des Faszikels II/6 noch dokumentiert werden wird, ausgedrückt wurde. Ob es denn von ihm letztlich auch so verstanden wurde, quasi schulintern-neuplatonisch, wird freilich nicht entschieden werden können, weil die Stelle nur als Fragment vorliegt. „Wenn

---

Trinitätstheologie, pp. 62-94, leitet den ‚Trinitarianismus‘ der Alexandriner Klemens und Origenes aus der Apokalyptik ab, während er den Einfluß von Philon herunterspielt; indem sich dieser Autor auf Mythologeme kapriziert, die als Konkretionen gewisser Gedankengebilde durchaus mitzubedenken sind, verliert er die metaphysischen Zusammenhänge, und somit die tragenden Säulen des relevanten Weltgebäudes, aus dem Blick.

[131] H. Crouzel, Origène et Plotin, p. 132, cf. o.c., pp. 123-133.

[132] H. Crouzel, Origène et Plotin, p. 495.

in der Dreifaltigkeit von einer Rangfolge die Rede ist, erfaßt du den Noũs/Geist nach der Verfassung/Festsetzung von uns. Indem von der Größe des Vaters und der Kleinheit des Sohnes die Rede ist, verstehst du den Gedanken nicht wesensmäßig und substantiell, sondern nach unserer Verfassung/Festsetzung."[133]

Aus strukturtheoretischer Perspektive wäre natürlich zu fragen, wo die Trinität oder die Geistkomponenten, ja der Geist selbst bliebe(n), wenn das Geistige und Göttliche strikt essentiell, also in seiner An-sich-Form betrachtet würde, ob am Ende nicht der Monismus oder, um es in theologischer Sprache näherungsweise auszudrücken, der Modalismus und Schlimmeres obsiegte. Ist das ansonsten Folgerichtigkeit und Stimmigkeit öfters vermissen lassende Denken Origenes' in dieser Sache nicht konsequenter als ihm selbst recht sein konnte? Dieser Befund stimmte mit seiner Neigung zusammen, (den transzendenten) Gott gut neuplatonistisch und nach Art der Negativen oder Mystischen Theologie übergeistig und überseiend, jenseits des Geistes und des Seienden/Wesenhaften (*epékeina noũ kaì ousías*) zu nennen.[134]

---

[133] Origenes, In Matthaeum, Fragmentum 404 (zu Mt 20.23), Werke, 12.1.170: *'Ótan en tẽj triádi bathmoùs akoúsējs, tẽs katastáseōs 'ēmõn lẽpsēj tòn noũn. patròs magalōsúnēṇ kaì 'uioũ smikrótēta akoúōn ou phúseōs kaì 'upostáseōs déxēj 'upónoian, all' 'ēmetéras katastáseōs.* Eine argumentatives Äquivalent bei Plotin werde ich samt Auflistung der Parallelstellen in den ›Enneaden‹ in Faszikel II/6, Kapitel 2.3 zitieren. Fragt sich natürlich, ob die Trias bei Origenes transzendent und präexistent, d.h. schon vor der Offenbarwerdung vorhanden ist, wie das anscheinend bei Tertullianus der Fall ist; zu letzterem cf. P. Gerlitz, Ausserchristliche Einflüsse auf die Entwicklung des christlichen Trinitätsdogmas, pp. 201-202.

[134] Cf. E. de Faye, Origène. Sa vie, son œuvre, sa pensée, 3.31-33; J. Whittaker, Studies in Platonism and Patristic Thought, XIII: ΕΠΕΚΕΙΝΑ ΝΟΥ ΚΑΙ ΟΥΣΙΑΣ, pp. 92-93, 101-102; H. Koch, Pronoia und Paideusis, pp. 20-25 (zu den negativen und privativen Attributen Gottes insbesondere die Allegationen pp. 20^3-21); T. Böhm, Unbegreiflichkeit

Aus Mangel an gesicherten Informationen und solchen Undeutlichkeiten wird der Gelehrtenstreit um die Person(en) namens Origenes gespeist. Er ist bisher nicht nur nicht geschlichtet, sondern scheint durch die Neuplatonismusforschung und die Kirchengeschichte auch nicht zu schlichten zu sein: Gibt es nur einen Origenes, zusammen mit Plotinos Schüler von Ammonios Sakkas, der zugleich der christliche Origenes war, oder gibt es zwei, den christlichen und einen anderen, den heidnischen Origenes, alle zwei Schüler von Ammonios und Kollegen von Plotin?

Beide Annahmen wurden und werden von einflußreichen Wissenschaftlern mehr oder weniger wohlbegründet vertreten.[135] Vom strukturellen Standpunkt aus kann die Frage wenigstens in dem Sinne offen bleiben, als die drei Hauptargumente des mutmaßlichen heidnischen Origenes: a) daß das überseiende Eine (seiner Gegner) nur ein Name sei (*le superessentiale unum nomen esse solum/ónoma mónon*),[136] gänzlich inexistent und bar einer Grundlage [irreal] (*pantelõs anúparkton tò 'èn kaì anupóstaton*), b) daß demgegenüber der Intellect das Beste/Edelste sei (*tò áriston 'o noũs*), und c) daß das allererste Sein und das allererste Eine dasselbe seien (*tautón esti tò*

Gottes bei Origenes und Unsagbarkeit des Einen bei Plotin – Ein Strukturvergleich.

[135] Wegen der Flut von Thesen und Gegenthesen dazu kann und muß hier keine Dokumentation vorgelegt werden; einen Überblick mitsamt dem nicht unproblematischen Versuch, die These von den zwei verschiedenen Personen namens Origenes zu beweisen, bietet K.-O. Weber, Origenes der Neuplatoniker, pp. 15–50.

[136] Proklos, Commentarius in Parmenidem, ⟨ed.⟩ C. Steel, 2.515.75 = ⟨edd.⟩ C. Steel et al, 3.334.14 = ⟨edd./trr.⟩ R. Klibansky / C. Labowsky, p. 64.10.

prṓtōs òn kaì tò prṓtōs 'én),[137] bis zu einem gewissen Grade mit der aus dem Mittelplatonismus erwachsenen Neuplatonik christlicher Ausprägung zusammenstimmen, die ihr Allererstes der jüdischen Religion gemäß zwar in selbstherrlicher Vollkommenheit, monotheistischer Vormachtstellung (Mon-Archie) und pro-gnostischem Allwissen beläßt, dieses als Geist-, Herr- und Vatergott (Wissenden und Schöpfer von wie Herrscher über) jedoch in eine gewisse Verhältnishaftigkeit zum Nachgeordneten treten läßt, die den Charakteristika des Noũs, welche in den verschiedenen Entwicklungsphasen und Richtungen des Platonismus hinsichtlich ihrer Position im System ja ebenso ambig bleiben, einigermaßen entspricht.

Ob jemand, der selbst Ansätze negativer und/oder mystischer Theologie pflegt (ein Tatbestand der hinsichtlich des Kirchenlehrers Origenes häufig ausgeblendet oder bestritten wurde und wird)[138], einen Vorwurf, wie den von der Seinslosigkeit des Einen, vorbringen würde, wage ich vorsichtig zu bezweifeln oder wenigstens nicht zu entscheiden. „Im übrigen läßt sich wohl aus den Angaben über die Lehren kein Beweis mehr für die Verschiedenheit zweier Origenes führen. Das mag zum größten Teil an den schlechten Vergleichsmöglichkeiten liegen, aber sicher auch an mancher Gemeinsamkeit, die man von vornherein erwarten muß: Schließlich sind die beiden Origenes fast Zeitgenossen, haben denselben Lehrer gehört und schätzen beide Platon."[139]

---

[137] Cf. Proklos, In Platonis theologiam 2.4, ⟨edd./trr.⟩ H. D. Saffrey / L. G. Westerink, 2.31.15-17, mit Einleitung des Herausgebers und Übersetzers, 2.X-XX, und die historisierende Darstellung von J.-M. Narbonne, Hénologie, ontologie, et *Ereignis,* pp. 28-41.

[138] Ersteres bei K.-O. Weber, Origenes der Neuplatoniker; zweiteres mit Vorbehalt hinsichtlich der Bedeutung von »Mystik« z. B. von H. Görgemanns, Origenes, pp. 74-75.

[139] K.-O. Weber, Origenes der Neuplatoniker, p. 30.

Viele der in der Antike vorfindlichen Hierarchien von Sein und Bewußtsein, die in die Klasse der Hypostatik (im allgemeinsten Sinne) fallen, sind dadurch gekennzeichnet, daß der mikrokosmische und makrokosmische, der psychologische und der ontotheologische Aspekt unter- und übergeordnet, kaum deckungsgleich und meist nicht identisch ist bzw. (durch philosophische oder spirituelle Bemühung) werden kann. Insbesondere in sich revelatorisch und somit exklusiv verstehenden Dogmata sind zwischen dem übernatürlichen und natürlichen Bereich Brücken- und Nebenglieder eingeschoben, die das Göttliche und Menschliche auf beiden Seiten des aufgerissenen Grabens in eine gewisse Verbindung bringen sollen, damit die Kluft aber gerade auch aufreißen und aufrechterhalten.

Die Hypostasierung der (inner)göttlichen Hypostasen, für das Christentum in erster Linie des Lógos/Noũs zu Christus, aber auch der (Welt-)Seele oder einzelner Manifestationsformen des Noũs zum Hl. Geist, hat eine Phasenverschiebung gegenüber ihren entsprechenden seelischen Funktions- und Wesensaspekten zur Folge, die das Auseinanderbrechen ihrer bipolar-holistischen Makro-Mikro-Parallelismus, ihrer nur aspektuell zu unterscheidenden Spiegelgleichheit von außen und innen, göttlich und menschlich, Universal- und Individualperspektive fördern. Durch die Überordnung der innertrinitarischen Hypostasen als einzelne und insgesamt über die intrahumanen bricht die Geschlossenheit des idealtypischen hypostatischen Gesamtgefüges Plotins, der sich dieser Entsprechungen voll bewußt ist,[140] auf, mit der Folge einer Verselbständigung ursprünglich integraler Funktionen, Vermehrung, oft Verdoppelung, der beteiligten Komponenten der Schematik und Verschiebung von deren Wertigkeiten gegeneinander:

---

[140] Cf. Plotinos, Enneaden 5.1.10.5-9 § 55; zu dieser Thematik verweise ich auf das Zitat von T. Kobusch, Metaphysik als Lebensform, p. 42, im Kapitel 10 des Faszikels II/1.

Degradierung der humanen und Hypostasierung der divinen.

Anders ausgedrückt: Da der menschliche Geist, bedingt durch die Lehren Platon's selbst, man denke insbesondere an die Weltgestaltungstheologie des ›Timaios‹, in weiten Teilen des Platonismus und im Christentum nur als Abklatsch göttlicher Geistigkeit gelten darf, entsteht ihm das Problem, wodurch er der Göttlichkeit teilhaftig werden kann. Die mehr oder minder schroffe Unterordnung des Menschlichen unter das Göttliche erfordert eine irgendwie geartete Vermittlung zwischen den beiden ungleich gewordenen Seinssphären. Nicht umsonst wird der Frage nach dem binaturalen »Mittler« in der christlichen Dogmatik solch eine Bedeutung beigemessen, wobei natürlich nach der Bedingungsrichtung zu fragen ist, ob der Graben den Mittler oder der Mittler womöglich den Graben erforderte. Einen Hiatus zwischen Grund und Gegründetem zu belassen, der sich jeglicher Überbrückung widersetzt, bedeutete jedoch nicht nur, das Hypostasenmodell irreparabel auseinanderzureißen und damit preiszugeben, sondern zu glauben, dadurch in die Nähe des gehaßten Gnostizismus zu geraten, dem man von christlicher, wie ebenso von puristisch philosophischer heidnisch-platonistischer Seite gewohnheitsmäßig einen (tatsächlichen oder vermeintlichen) Dualismus unterstellte und vorwarf, welcher dann auch vehement bekämpft wurde. Sollte ein völliger Bruch zwischen beiden Bereichen vermieden werden, damit die Dreieinigkeit oder Dreiheit, je nachdem, mit der allgemeinen dreifältigen seeleninternen Hypostasenstruktur einigermaßen kompatibel bleibt, so mußte der aufgerissene Chorismos also mit Hilfe von Füll- und Vermittlungsinstanzen geschlossen werden.

Mit den dieserart entstandenen Schieflagen und Verwerfungen gegenüber der Tektonik des Plotinschen Aufbaus haben wir nun auch ein Charakteristikum, vermittelst dessen die doxischen Abweichungen wie Übereinstimmungen verschiedener Modellbildungen gegenüber indischen Entwürfen, die in der

Feinabstimmung natürlich wieder voneinander abweichen, fixierbar sind. Die variierenden Gott-Geist-Welt-Arrangements von Augustinus werden uns einen beispielhaften Einblick in diese Problematik verschaffen. Weiterentwicklungen des heidnisch-plotinischen Entwurfs wurden zwar, wie noch expliziert werden wird, von der Problematik der Schließung von Systemlücken und folglich Vermannigfachung der Systemelemente nicht minder heftig heimgesucht als christliche, doch wäre zu prüfen, ob es den Nach-Schöpfern jenes bei aller Differentiation aufgrund rationaler Kriterien nicht besser gelang, die horizontale Konsistenz und vertikale Konsequenz des Schemas in der gegenseitigen Bezogenheit aufeinander aufrechtzuerhalten, als den Vertretern spezifisch religiöser Konzepte, die die Gültigkeit ihrer Doktrin hauptsächlich im Boden des Glaubens verankerten.

Dafür könnte der Glaube an die Wirksamkeit weisheitlicher Praktiken bei der Vergöttlichung des Menschen, z. B. im späten Neuplatonismus, sprechen. Daß bei der Ausübung dieser völlig rationale und in sich stimmige Konzepte unbedingt erforderlich wären, kann allerdings nicht behauptet werden, u. a. weil der Prozeß der weisheitlichen Bewußtwerdung nicht nach starr vorgegebenen, begrifflich festgeschriebenen Rastern und Regeln abläuft, sondern das Seelenvermögen durch seine Kreativität aktiv die Bedingungen mitzuschaffen hat, die es ihm ermöglichen, von aller Bedingtheit zu lassen. Am Zielpunkt angekommen, können wir die von uns selbst gezeichnete Landkarte vergessen, wie genau oder ungenau sie den Weg auch wies.

6.4 Hypostasen-Vergeist(ig)ung des Porphyrios

„Nach Plotin wird der Neoplatonismus eher wie eine Fortsetzung der platonischen Scholastik vor Plotin erscheinen."[141] Der nachplotinische Platonismus wäre demnach eine Wiederaufnahme des Mittelplatonismus. Dieses Resümee trifft für die Gesamtform, die Betonung der einzelnen Systemelemente und die Darstellungsart durchaus zu, in der Sache generell ist es jedoch erläuterungsbedürftig. Das, was der Phönikier Porphyrios aus Tyros/Syrien, Schüler von Plotin, an der Lehre seines Lehrers änderte, war nämlich nicht die Grundstruktur an sich, die zog sich von Anfang an durch die gesamte platonisierende Philosophie, sondern deren Binnengliederung. Damit änderte sich natürlich die Funktion und damit der Leistungssinn und die Zahl einiger ihrer Elemente. Es ist zu fragen, ob sich die Hypostatik dadurch nicht derart stark veränderte, daß hierbei von einem anderen Typus dieser gesprochen werden muß, trug dies doch dazu bei, eine ganz neue Trinitarik, die christliche nämlich, wie noch belegt werden wird, hervorzubringen. Er deutete die von seinem Meister vorgedachte Dreiphasigkeit der zweiten Hypostase: Sein–Leben–Geist (*ón–zōḗ–noũs*) zusammen mit der Dreiteilung des Geistgottes der ›Chaldäischen Orakel‹[142] – wohl aus Konsistenzgründen des Systems als Emanatistik, was hier nicht von Belang ist – in ein Drillingsgebilde um, das für die beiden ersten Glieder der hierarchischen Hypostatik Plotins stand und bei letzterem in der Spekulation über die Konstituierung der zweiten Hypostase (Noũs/Geist) durch die erste

---

[141] P. Hadot, Être, vie, pensée chez Plotin et avant Plotin, p. 141; cf. o.c., p. 135.

[142] S. Vollenweider, Neuplatonische und christliche Theologie bei Synesios von Kyrene, p. 106, weist mit Bezug auf P. Hadot darauf hin, daß „Porphyrios .. als erster die Trias der Chaldäischen Orakel systematisch zur Erklärung des Hervorgangs des Geistes aus dem Einen herangezogen zu haben" scheint.

(Hen/Eines) ebenso bereits skizziert war.[143] Dabei wurde

(Υ4) Eines	(Υ3_2)[Υ4]	die Existenz (*'úparxis*) zum Äquivalent des Einen und
(Υ3) Geist {	(Υ3_3)[Υ3½]	Leben/Kraft (*zōḗ/dúnamis*) zum Inbegriff der Selbstmanifestation des Einen
	(Υ3_1)[Υ3]	als Geist (*noũs*).[144]

Da jedem Konstituens jede Phase in verschiedener Emphase immanent ist, ergibt sich für die angeführte triadische eine enneadische Ordnung, die am Beginn der wundersamen Vermannigfachung von Ordnungseinheiten stand, welche den späteren Neuplatonismus charakterisiert.[145]

143 Auf die diffizile Problematik der Selbstdetermination des Einen durch das „Leben" zum Noũs im Unterschied zum „Leben" als Binnenfunktion des Noũs wurde schon zweimal anläßlich der Vorstellung besagter Lehrgegenstände bei Plotin verwiesen; aus Gründen der Leseökonomie gebe ich den Literaturnachweis hier trotzdem noch einmal: P. Hadot, Être, vie, pensée chez Plotin et avant Plotin, insbesondere pp. 131-139.

144 Cf. P. Hadot, Die Metaphysik des Porphyrios, pp. 216-217. Eine tabellarische Nebeneinanderstellung der drei konstitutiven Prinzipien der intelligiblen Triade mitsamt korrespondierenden Emanationsphasen gibt J. Combès, Damascius: Traité des Premiers Principes, 1.174, notes complémentaires, zu p. 129[3].

145 Tabellarische Darstellung aus P. Hadot, Die Metaphysik des Porphyrios, pp. 219-222; cf. idem, Porphyre et Victorinus, 1.260-272; J. Combès, Damascius: Traité des Premiers Principes, 2.264, notes complémentaires, zu p. 108[1]; S. Gersh, From Iamblichus to Eriugena, pp. 141-151 (mit mehreren Graphiken). Vergleichbares im Hindu-Tantra, besonders der Krama-Tradition, cf. Maheṣvarānanda, Mahārthamañjarī mit Autokommentar Parimala dazu, ⟨ed./tr.⟩ L. Silburn, p. 140, ⟨ed.⟩ V. Dviveda, pp. 97-101; A. Padoux, Vāc, p. 203[86].

TRIADEN/ENNEADE

AN DER SPITZE DER THEOLOGIE BEI

Porphyrios UND IN DEN ***Chaldäischen Orakeln*** (nach P. Hadot)

	Bleiben	Vor-gang	Rückkehr	
1.Triade **Vater / Existenz** *Monas (transzendent)*	**ὕπαρξις/ὄν** **Existenz** ***Vater***	Kraft/Leben ***Kraft***	Geist ***Geist***	**μόνη** **Bleiben**
2. Triade **Leben** ***Medium***	Existenz *Vater*	**δύναμις/ζωή** **Kraft / Leben** ***Kraft***	Geist ***Geist***	**πρόοδος** **Vor-gang**
3. Triade **Geist** ***Geist***	Existenz *Vater*	Kraft/Leben ***Kraft***	**νοῦς** **Geist** ***Geist***	**ἐπιστροφή** **Rückkehr**

Es ist festzuhalten, daß der horizontale Ternar des Intelligiblen (Sein/Eines–Leben–Intellect) bei Porphyrios ‚von der »vertikalen« Dreiheit Plotins (Eines–Nus–Seele) zu unterscheiden ist, obzwar jener diese natürlich auch kannte und akzeptierte'[146]. Die mittlere Zone der Porphyrianischen Hypostatik, die PsychoLogie als Noo-Psychologie ist aus den überlieferten Schriften und Fragmenten nicht bi-, sondern trifunktional, triadisch also, zu rekonstruieren, wobei als Vorbild für den in der Mitte zwischen den Extremen gelegenen Funktionsbereich an die Platonische Zwischen-Einsicht (*diá-noia*), das formale und abstrakte Denken ohne direkten Bezug zu Sinnendingen zu denken ist und

(Υ22) der geistige Selbstbezug als eigener, rationaler Mittelbereich zwischen

(Υ'3) den Noũs [bzw. die Seele als Noũs] in seiner intellectualen Unmittelbarkeit und

(Υ21) die Pneumaseele, das Psychopneuma (*pneumatikḕ psuchḗ/pneũma tò psuchikón*) eingepaßt ist, die auf

(Υ12) das Körperliche oder

(Υ11) die Abbilder des Körperlichen gerichtet ist,

(Υ21) die Vorstellungs- und Einbildungskraft (*phantasía*) repräsentiert und

(Υ2) die Seele auf der Reise nach ihrer Trennung vom Körper geleitet.[147]

---

146 Cf. S. Vollenweider, Neuplatonische und christliche Theologie bei Synesios von Kyrene, p. 108, mit Fußnotenergänzung, o. c., p. 108[224], wo einschlägige Passus genannt sind: „bei Prokl in Tim 1,366,14; 440,3; hist phil frg 16 p 14,1–9 N." Leider liefert der Verfasser keinen Vergleich, der die Gemeinsamkeiten und Unterschiede deutlich werden ließe.

147 Die Hierarchie entspricht in etwa derjenigen, die in der Übersetzung einer längeren Textstelle von Marius Victorinus, Adversus Arium 1.61, Opera, 1.161.1–162.27, noch vorgestellt werden wird; hier wie dort ist die Skalierung äußerst heikel; cf. P. Hadot, Porphyre et Victorinus,

Zum Pneuma und seiner Verortung in der Hierarchie intellectual-mentaler Funktionen zwischen Körper und Seele wird im Kontext der gleichartigen hinduistischen Lehre von den Hüllen oder Schalen (*kośa*) und Manifestationsgraden des Ātman/Selbst noch gehandelt werden (*rūpa/sthūla-śarīra – prāṇa/sūkṣma-śarīra – nāma/manas*). Der Rohentwurf der Porphyrianischen Konfiguration des Seelenorganismus kann mit einigem Geschick aus den ›Enneaden‹ erschlossen werden.

In Gegenüberstellung zu Platon's drei Seelenvermögen und im Rückblick auf die chaldäische triadische Götterordnung angesichts ihrer Nutzbarmachung für den Platonismus durch Porphyrios skizziere ich anschließend in einer Tabelle die Skalenabweichungen von in der Platonik anerkannten psychischen und mentalen Funktionen und die Schwierigkeit, aus ihnen trotz ihres gemeinsamen Bildeprinzips der 3/4-fach-Schichtung ein sinnspezifisch geschlossenes hierarchisches Syntagma zu konstruieren. Das ganze ist als Übung in Sachen Strukturierung und Skalierung gedacht und bietet keine zusätzliche doxographische, dafür aber eine methodologische Information, anhand welcher exemplifiziert werden soll, wie verschiedene inhaltliche Füllungen ein und derselben Skalierungslogik folgen können und dennoch ganz andere Skalenwerte im Gesamtsystem innehaben.

1.178–206; zu den gleichlaufenden Schichten des Seienden und Nicht-Seienden, geltend auch für Marius Victorinus, cf. o.c., 1.147–178; eine Übersichtstabelle mit den genannten Topoi und einigen zusätzlichen Spalten zu den Erkenntnisarten nach Platon, den Aristotelischen Wissenschaften und den Aspekten des Universums findet sich o.c., 1.210–211; P. Agaësse / A. Solignac, A. Augustinus, De genesi ad litteram libri duodecim (La Genèse au sens littéral en douze livres VIII–XII), Œuvres de Saint Augustin, 49.564–566, notes complémentaires 49.5, unter Berufung auf H. Dörrie, Porphyrios' „Symmikta Zetemata", pp. 85–86.

PSYCHOMENTAL-FUNKTIONEN UND GEIST-PHASEN

Platonistische Stratifikationsdivergenzen

Psychomental-Funktionen (Platon)	GottGeist–Bereich (chaldäisch-neuplaton.)	Geistphasen (neuplaton.)	Emanationsphasen (porphyr.-neuplaton.)
λογιστικόν Erkennen ($\Upsilon 2_3$)	**ὕπαρξις/ὄν** Sein ($\Upsilon 4$)	**νοητόν** Erkennbares ($\Upsilon 4$) oder ($\Upsilon 3_2$)	**μόνη** Bleiben ($\Upsilon 4$) oder ($\Upsilon 4\text{–}1$)
θυμοειδές Wollen ($\Upsilon 2_2$)	**δύναμις/ζωή** Kraft/Leben ($\Upsilon 3½$)	**νόησις** Erkenntnis ($\Upsilon 3½$) oder ($\Upsilon\overset{\rightleftarrows}{3}$)	**πρόοδος** Vor-gang ($\Upsilon 3½$) oder ($\Upsilon 3\text{–}1$)
ἐπιθυμητικόν Fühlen ($\Upsilon 2_1$)	**νοῦς** Geist ($\Upsilon 3$)	**νοῦς/νοοῦν/νοερόν** Erkenner ($\Upsilon 3$) oder ($\Upsilon 3_1$)	**ἐπιστροφή** Rückkehr ($\Upsilon 3$) oder ($\Upsilon 1\text{–}4$)

Porphyrios' Eines besitzt sowohl die Plotinsche Qualität absoluter Transzendenz als auch die von den Mittelplatonikern, insbesondere Noumenios, betonte, von Aristoteles (aber auch schon von Platon, ja Herakleitos) ausgehende, quasi-immanente Fähigkeit zur Bewegung oder Aktivität. „Wenn er tatsächlich vertrat, daß das Eine wenigstens in seinem kreativen Aspekt an der ersten Stelle einer Triade von Sein, Leben und Geist fungierte, dann ist leichter einzusehen, wie beide, Marius Victorinus und die Kappadokischen Väter wie Gregor von Nyssa, eine trinitarische Lehre an eine offensichtlich neuplatonische Vorstellung des Einen anpassen konnten. Porphyrios zeigte den Weg. Der große Feind des Christentums empfahl sich wenigstens in diesem Punkt den besten Köpfen in der christlichen Kirche, während er von seinen eigenen neuplatonischen Nachfolgern abgelehnt wurde."[148]

Zur weiteren Feingliederung der Realitätsaspekte wandten Porphyrios und nach ihm andere heidnische und christliche Neoplatoniker bezüglich der drei Hauptphasen auch die Darstellungsart der Paronymie (Ableitung vom Stammwort) an. „Dank dieser immer reineren und unbestimmteren Begriffe kann sich das menschliche Denken zum Einen erheben. ... Wenn die intelligible Triade durch die drei Ideen oder Kräfte des Seins, Lebens und Geistes konstituiert ist, ist sie von Gott hervorgebracht und Gott brachte sie durch seinen Seinsakt, Lebensakt und Geistakt hervor. Folglich ist das Leben [la vie] durch den Lebensakt [le vivre] hervorgebracht. In dieser Darstellung finden wir die Spur des Vokabulars wieder, das durch Proklos bezeugt ist. Wie bei Proklos findet man zunächst einen

---

[148] J. M. Dillon, The Great Tradition, XVI: Porphyry's Doctrine of the One, p. 366; cf. idem / L. P. Gerson, Neoplatonic Philosophy, pp. 202-205, Übersetzung der Fragmente 220-223 und Noten dazu, ⟨edd.⟩ A. Smith / D. Wasserstein, aus der ›Geschichte der Philosophie‹ von Porphyrios.

Übergang vom νοῦς zur νοότης. Von der νοότης erhebt man sich zum *intellegens,* das dem νοοῦν entspricht. Und neben dem *intellegens* und *vivens* findet man das *intellegere* oder *vivere,* um Gott zu bezeichnen. Nach dem, was wir über den verbalen Charakter von νόημα sagten, kann man es gerechtfertigterweise mit dem *intellegere* oder *vivere* in Einklang bringen. Die folgende Tabelle erlaubt, diesen Vergleich zusammenzufassen:"[149]

[149] P. Hadot, Porphyre et Victorinus, 1.367-368; Explikation für Porphyrios, Victorinus und Proklos, o. c., 1.352-375; anschließend wiedergegebene Tabelle, o. c., 1.368. Ähnliches Verfahren bei Damaskios, cf. J. Combès, Damascius: Traité des Premiers Principes, 2.274-275, notes complémentaires, zu p. 166[1].

PARONYMIE-KLASSEN DES NEOPLATONISMUS (nach P. Hadot)

Marius Victorinus			Proklos
esse sein	***vivere*** leben	***intellegere*** intelligieren (machen)	**νόημα-[ταυτῶμα]** Vergeistigung-[Identifikation]
***id quod* esse est** das, was sein ist	***vivens*** lebend	***intellegens*** intelligierend	**vooῦv-[ταυτοῦν]** vergeistigend-[identifizierend]
ὀντότης Seiendheit	**ζωότηες** Lebendigkeit	**νοότης ταυτότης ἑτερότης** Geistigkeit, Identität, Andersheit	**νοότης-[ταυτότης]** Geistigkeit-[Identität]
ὄν Sein	**ζωή** Leben	**νοῦς** Geist	**νοῦς-[ταυτόν]** Geist-[Identisches]

Unabhängig davon, wie die Erfinder dieser Rangliste ihr Konstrukt verstanden, daß das urhypostatische Gliederungsprinzip in ihm steckt, ist kaum abzustreiten. Dieses prägt auch den Porphyrianischen Aufstieg der Tugenden, der, wenigstens in den ›Sentenzen‹, deren vier hauptsächliche auflistet:

(ϒ1) politische,
(ϒ2) theoretisch-kathartische,
(ϒ3) geistige/intellectuale,
(ϒ4) paradigmatische (vorbildhafte, mustergültige).[150]

Ihre Einstufung innerhalb des Neuplatonismus ist kein leichtes Unterfangen. Der Anfang der Reihe beginnt hier nicht mit den physischen Tugenden, wie wir sie anschließend bei Olympiodoros dem Jüngeren aus Alexandreia (ca. 500-565) vorfinden. Durch eine Unterteilung der reinigenden Tugenden ergibt sich aber schon bei Porphyrios eine fünffache Ordnung, die die Vielstufigen Tugend-Klassifikationen des späteren Neuplatonismus vorwegnimmt.[151] Verhältnismäßig exakt läßt sich die Hierarchie von Olympiodoros skalieren, da er eine zwar kurze, doch einigermaßen klare Beschreibung ihrer Einzelränge, denen vier griechisch-orphische Götter zuzuordnen sind, liefert. Die von mir mit (ϒ2), (ϒ2½) und (ϒ3) skalierten Ordnungsniveaus sind abgestuft unter die „logischen Tugenden" *(lógōj chrõjnto 'ai aretai)* subsumiert, während die ethische Tugend noch eine partiell natürliche darstellt und insofern dem

[150] Cf. Porphyrios, Sententiae ad intelligibilia ducentes 32. Die zu den ›'Αφορμαί‹ parallele Schichtung wurde von Psellos (geb. 1020) aufgegriffen und mit vier Erkenntnisarten ergänzt, cf. Psellos, 'Ermēneía eis tò 'rētòn toũ Klímakos, ⟨ed.⟩ J. Bidez, Catalogue des manuscrits alchimiques grecs VI, pp. 172.28-173.5, mit Kommentar des Herausgebers, o.c., pp. 168-169.

[151] Cf. O. Schissel v. Fleschenberg, Marinos von Neapolis und die neuplatonischen Tugendgrade, pp. 65-67.

untersten Bereich (Υ1) zuzuschlagen ist.

GOTTHEIT (Wissen über ...)		... TUGEND
(Υ4)	MONADE/AGATHON (Noētá/ Hen ohne Vielheit in Gott)	... exemplarische/paradigmatische
(Υ3)	OURANOS (Noerá/differenzlose Ideen/Hen mit Vielheit im Noētón)	... kontemplative/theoretische
(Υ2½)	KRONOS (differente Ideen/ Überkosmisches)	... reinigende/kathartische
(Υ2)	ZEUS (Innerkosmisches)	... staatsbürgerliche/politische
($\Upsilon 1_2$)	(Schicksal)	... moralische/ethische
($\Upsilon 1_1$)	DIONYSOS (Körperliches)	... natürliche/physische.[152]

„Die Fähigkeit vollkommener Erkenntnis setzt .. im erkennenden Individuum die Summe der Tugendgrade voraus ... so kommt man zur lückenlosen Reihe der Hypostasen Plotins, als der Erkenntnisobjekte, die vermöge der Tugendgrade erfasst werden können.“[153] Bei Proklos ist die Tugendhierarchie ähnlich, reicht nach der Biographie seines Schülers Marinos von Neapolis (5. Jh.) aber noch darüber hinaus, was an der Einführung immer höherer und die normalmenschliche Erkenntnisfähigkeit immer weiter übersteigender Transzendenzaspekte

[152] Cf. Olympiodoros, In Platonis Phaedonem 4.3.7-11, 8.2.1-8.3.10, ⟨ed./tr.⟩ G. L. Westerink, pp. 78/79, 116/121; zur Götterhierarchie cf. o.c. 1.3-6, pp. 40-47; weitere Passus zu den Tugenden sind aufzufinden über o.c., Index II, p. 195, s.v. ἀρεταί; idem, In Platonis Alcibiadem, ⟨ed./tr.⟩ G. L. Westerink, Index II, unter den genannten griechischen Begriffen; weniger unterteilte Tabelle bei L. Brisson, Orphée et l'Orphisme dans l'Antiquité gréco-romaine, VII: Le corps «Dionysiaque». L'anthropologie décrite dans le *Commentaire sur le Phédon de Platon* (I, par. 3-6) attribué à Olympiodore est-elle orphique?, p. 490; cf. O. Schissel v. Fleschenberg, Marinos von Neapolis und die neuplatonischen Tugendgrade, pp. 75-76.

[153] O. Schissel v. Fleschenberg, Marinos von Neapolis und die neuplatonischen Tugendgrade, pp. 75-76.

des Urprinzips liegen dürfte. „Marinos schickt sich an zu zeigen, daß Proklos alle neuplatonischen Tugenden besaß,

(Υ11) die physische,
(Υ12) die ethische,
(Υ2) die kathartische,
(Υ3) die theoretische
(Υ41) und die theurgische.
(Υ42) Er erwähnt auch eine sogar noch höhere Tugendkategorie, τὰς δὲ ἔτι ἀνωτέρω τούτων ... ὑπὲρ ἄνθρωπον ἤδη τεταγμένας, »jene, die noch höher sind als diese ... die bereits jenseits menschlicher Fassungskraft liegen« (Kap. 3). Über diese, sagt er, wird er schweigen [σιωπήσαντες ὡς καὶ]."[154]

Grundsätzlich blieb das 3/4-gliedrige Hypostasenmodell als Hintergrundraster vieler der komplexen Modellbildungen innerhalb des Überlieferungszweigs gültig. Es bildet das strukturelle Skelett aller inhaltlich näher bestimmten Syntagmata, da es allein idealiter ausschließlich unter Anwendung struktureller Kriterien rekonstruiert wird und somit die unhintergehbare Ausgangsbedingung von Rationalität überhaupt liefert. Das wird auch an der Staffelung der drei Arten von Gesetzen bei Porphyrios deutlich, die den drei Erkenntnisbereichen des

[154] A. Sheppard, Proclus' Attitude to Theurgy, p. 222, Auslassungspunkte des Texts entsprechen meiner Ergänzung aus dem griechischen Original in eckigen Klammern; cf. O. Schissel v. Fleschenberg, Marinos von Neapolis und die neuplatonischen Tugendgrade, pp. 1–23; letztere Studie zu den Tugendsprossen erstreckt sich von Aristoteles über den Mittelplatonismus bis zum Neuplatonismus inclusive Augustinus; I. Hadot, Le problème du Néoplatonisme Alexandrin, pp. 150–158; Tugendkataloge der abendländischen Antike sammelt und erläutert H. F. North, Canon and Hierarchies of the Cardinal Virtues in Greek and Latin Literature.

Menschen, dem sinnlichen, dem seelischen und dem geistigen, zugeordnet sind:

(ϒ1) das Gesetz der sterblichen Natur;
(ϒ2) das gesatzte Recht, das des rechten Maßes wegen festgesetzt wird und zur Vermeidung des Erleidens von Unrecht dient;
(ϒ3) das göttliche Recht, das vom Noũs/Geist
(ϒ4) des Heiles und der Vergöttlichung wegen
(ϒ3/2) der verständigen Seele durch Gedanken/Ideen zugeteilt wird.[155]

Entsprechende Tripel und Quadrupel sind auch im Islam nachweisbar.[156] Das ist allein schon mit der leicht verifizierbaren These einer Übernahme von Philosophemen bzw. Theologoumenen erklärbar. Erstens durch „die Abhängigkeit der islamischen Mystik von indischen Gedankenformungen, am intensivsten des Brahmanismus, vielleicht auch des Buddhismus."[157] „... zoroastrische, buddhistische, christliche und

[155] Cf. Porphyrios, Ad Marcellam 25-35, insbesondere 25-27.

[156] Cf. R. A. Nicholson, Selected Poems from the Dīvāni Shamsi Tabrīz, pp. XXIX-XXXVI, wo Korrespondenzen der Hypostasen von Plotin im Werk von Rūmī nachgewiesen sind. Eine entsprechende vierstufige Erkenntnisskala findet sich bei al-Ghazālī, Der Erretter aus dem Irrtum (al-Munqiḏ min aḍ-ḍalāl), pp. 49-50. Bezüglich Ibn 'Arabī (1165-1240) cf. T. Izutsu, Creation *and the* Timeless Order *of* Things, p. 96; idem, Sufism and Taoism, pp. 11, 20, 481; eine Skala von Menschengruppen, die in ihren Erkenntnisfähigkeiten annähernd nach dem Platonischen Liniengleichnis eingeteilt ist, gibt S. H. Rizvi, Mysticism and philosophy: Ibn 'Arabī and Mullā Ṣadrā, pp. 232-233, für den persischen Mystiker-Philosophen Mullā Ṣadrā (bis 1640).

[157] M. Horten, Indische Strömungen in der islamischen Mystik I, p. 3; cf. idem, Grundlinien von Lebenssystem und mystischer Weltanschauung des Hallâg 922†, pp. 161-162.

andere Elemente könnten Einzug gehalten haben."[158] Und zweitens durch die Nähe der islamischen Weisheitslehren zur griechischen Philosophie. „Es wird im *Dabistān* (Bd. III. p. 281) festgestellt, daß der Glaube der reinen Ṣūfīs derselbe wie der der Platoniker (...) ist."[159] „Als die muslimischen Araber die lebendige Tradition der griechischen Philosophie kennenlernten, übernahmen sie von den Schulen der Spätantike ein Programm von Problemen und Lösungen. Beide wurden in den Werken von Platon und Aristoteles vorgefunden."[160] Die bedeutenden Philosophen und Sufis des Islam der frühen und früheren Zeit, die u.a. wegen der Orte ihres Aufenthalts, die sich über weite Gebiete der mediterranen und asiatischen Welt erstreckten, von vielen Geistesströmungen beeinflußt waren, übernahmen ihre GeistWelt-Gebäude teilweise natürlich auch aus diesen, um sie ihrem Argumentationskontext einzugliedern.

„Wenn wir die Moderne mit ihren schnellen Kommunikationsmitteln ausgrenzen, kann mit Sicherheit gesagt werden, daß der Islam mehr Kontakt mit anderen Traditionen als jede andere Weltreligion hatte. Er begegnete dem Christentum und

---

[158] R. A. Nicholson, Selected Poems from the Dīvāni Shamsi Tabrīz, p. XXX.

[159] R. A. Nicholson, Selected Poems from the Dīvāni Shamsi Tabrīz, p. XXXI[1]; in diesem Zusammenhang sind die ʻabbāsidischen Übersetzungsaktivitäten zwischen dem 8. und 10. Jh. zu erwähnen, in denen viele Schriften von griechischen Philosophen ins Arabische übertragen wurden, cf. D. Gutas, Greek Thought, Arabic Culture, pp. 143-148, 182-183; der genannte Forscher listet o.c., p. 146, mit Bezug auf G. Endreß, The Circle of al-Kindī, p. 59, sieben Übersetzungs-Charakteristiken auf, unter denen sich folgender Punkt findet: „Tendenz zu einer Interpretation mit merklich neoplatonischer Vorliebe, während in den neoplatonischen Texten selbst gleichzeitig die Vielheit der göttlichen Hypostasen eliminiert wird."

[160] G. Endreß, The Circle of al-Kindī, p. 50; cf. o.c., pp. 50-76.

Judentum in seiner Wiege und während seiner ersten Ausdehnung nordwärts. Er traf mit den iranischen Religionen, Zoroastrismus und Manichäismus, beiden, im Sassanidenreich zusammen. Er absorbierte allmählich kleine Gemeinden, in denen Reste später hellenistischer Kulte weiterlebten, speziell die sabäische Gemeinde von Harran, die sich selbst als Erbin des esoterischsten Aspekts der griechischen Tradition verstand. Er traf in Nordwestpersien, Afghanistan und Zentralasien auf den Buddhismus, auf den Hinduismus in Sind und später in vielen Teilen des indischen Subkontinents. Es gab auf populärer Ebene sogar Kontakt mit dem mongolischen und sibirischen Schamanismus, vornehmlich durch die türkischen Stämme, die vor ihrer Bekehrung zum Islam dem Schamanismus folgten. Darüberhinaus waren die Muslime von Hsinkiang in direktem Kontakt mit der chinesischen Tradition.“[161] Insofern dürfte es nicht schwerfallen, in der islamischen Tradition betreffs entsprechender Konstrukte fündig zu werden. Die strukturelle Grundgleichheit des Geistgeschehens, auf der die unendliche Mannigfaltigkeit der Vorstellungskreativität und Phantasietätigkeit des Menschen basiert, kann bei dieser doxographischen Sachlage gar als Hintergrundphänomen behandelt werden.

Ähnliche oder gar identische Formbestandteile der verschiedenen, doch irgendwie verwandten, Lehrgebäude der Platonik wurden, was ihre definitorischen Bestimmungen, ihr Verhältnis zueinander und ihren Platz im Gesamtsystem betrifft, wenn all dies überhaupt eindeutig fixiert werden kann, von ihren Verfechtern keinesfalls in identischer Weise verstanden. Das ist allein schon der Kritik Plotins an der Stufenfolge der Götter innerhalb der Gnosis der Valentinianer oder des ›Tractatus

[161] S. H. Nasr, Living Sufism, p. 116.

tripartitus‹[162] und seiner Diskussion um die Einfachheit oder Mehrfältigkeit des Geistes auf der Basis des Geisteinsehens und des Geisteinsehens des Geisteinsehens oder einer lógoshaften Zwischeninstanz zwischen Geist und Seele abzulesen, die mit Blick auf die Numenianische Gott/Geist-Skalierung vorgetragen worden sein könnte.[163] Dabei sind, wie in der Forschung bereits herausgearbeitet wurde, Übereinstimmungen in der Prinzipienlehre der Valentinianer, von Noumenios und Plotinos unabweisbar.[164] Selbstverständlich gilt der Sachverhalt von Bedeutungsverschiebungen formal gleicher oder sehr ähnlicher Prinzipien übertragen bei kulturübergreifenden Vergleichungen verschärft. Ob das Selbstverständnis des Vertreters einer Doktrin und das Verständnis, das er von einer strukturell gleichartigen fremden hat, allerdings mit den tatsächlichen

---

[162] Daß der ›Tractatus tripartitus‹ als Ziel der Kritik in Frage kommen könnte, versucht J. P. Kenney, The Platonism of the *Tripartite Tractate* (NH I, 5), p. 203, zu erhärten; weitere Bemerkungen bei F. G. Bazán, The „Second God“ in Gnosticism and Plotinus' Anti-Gnostic Polemic, pp. 68-70, 74-75; eine Zusammenfassung zum Stand der doxographischen Debatte: „Plotin und die Gnosis“ (die schon im Kapitel 4 erwähnt wurde) anläßlich der nachgelassenen Manuskripte von H. Jonas dazu und der Fragmente zu Plotin aus dem Nag-Hammadi-Fund gibt K. Rudolph, Vorbemerkungen des Herausgebers zu H. Jonas, Gnosis und spätantiker Geist, 2.234-251.

[163] Cf. H.-C. Puech, Numénius d'Apamée et les théologies orientales au second siècle, p. 766[2] = idem, Numenios von Apameia und die orientalischen Theologien im 2. Jh. n. Chr., p. 483, Note 90 (meine Übersetzung aus dem Französischen): „Es ist anzufügen, daß Plotin in Enneade II, 9, 1 und III, 9, 1 sicherlich auf die theologische Hierarchie von Noumenios abzielte.“ E. R. Dodds, Commentary to: Proclus. The Elements of Theology, pp. 285-288 (zu §§ 167-168); idem, Numenius and Ammonius, p. 20; A. H. B. Logan, Origen and the Development of the Trinitarian Theology, p. 425. J. Halfwassen, Geist und Selbstbewußtsein, pp. 49-57.

[164] Cf. J. Igal, The Gnostics and "The Ancient Philosophy" in Porphyry and Plotinus, pp. 143-145.

bzw. aus den schriftlichen Zeugnissen heute noch herauslesbaren Gehalten der jeweiligen Lehre(n) übereinstimmt, kann in nicht wenigen Fällen füglich bezweifelt werden.

7 Frühchristliche Variationen neoplatonischer Hypostatik

7.1 Griechisch-christliche Hypostasen-Theologie im 4./5. Jh.

Einer derer, die das Porphyrianische Geistmodell in seinen verschiedenen Facetten und dementsprechend mit all seinen Ambiguitäten in das östliche Christentum einführten, war Synesios aus Kyrene (ca. 337–413), der trotz seines Bischofsamtes metaphysisch im Grunde Mysterienjünger und Neuplatoniker blieb. „Sie [sc. Hypathia (370/5–415), Lehrerin von Synesios] folgte im großen und ganzen Porphyrius' Lehren, die Synesius ermöglichten, die Hypostasen »ineinanderzuschieben« und die Erste Intelligible Triade der Chaldäischen Orakel als waagrechtes *on–zoe–nous* – Sein–Leben–Intellect zu lesen, ironischerweise eine alte »gnostisch-platonische« Lehre, die leicht mit einer orthodoxen Ansicht von der Trinität zu vereinbaren war. … Der platonische »Philosoph und Bischof« führte seine Gemeinde zu einem Aufstieg der Seele zum *nous;* das war vermutlich nicht das Ergebnis rein neoplatonischer oder sogar chaldäischer Einflüsse: es war ebenso inspiriert von den Hermetischen Mysterien. Das C.H. mit seinen schöpferischen *und* errettenden noetischen Wesen (*nous-demiurg; logos; anthropos*) liefert die deutlichste Analogie zum christlichen Mythos."[1] Das

---

[1] J. Bregman, Synesius, the Hermetica and Gnosis, pp. 85–86 … 94, meine Erläuterung in eckigen Klammern; C.H. steht für Corpus Hermeticum; cf. idem, Synesius of Cyrene. Philosopher-Bishop, pp. 23, 30–36, 39–40, 78–93, 122–123. Die geradlinigen Darstellungen dieses Forschers bilden ein Gegengewicht zur Vereinnahmung von Synesios für die orthodox-christliche Dreifaltigkeitslehre.

dürfte auch erklären, warum es Synesios unter Zuspitzung der Zweigott-Doktrin des Kirchenlehrers Origenes wagte, den von dessen heidnischem Bruderschüler Plotin geäußerten, von Noumenios übernommenen Gedanken, daß die Seele und ihr Seinsbereich der vernünftigen Ordnung (*kósmos*) ein dritter Gott sei, innerhalb des christlichen Monotheismus auszusprechen. Neben schillernden hymnischen Variationen christlicher und heidnisch-neuplatonischer Trinität und Quaternität findet sich bei ihm die Vierphasen-Hypostatik in prosaischer Form, wie sie ein Plotinianer kaum authentischer hätte vertreten können, wenn auch ihre Feingliederung einige Deutungsprobleme aufwirft. Die massierten Übernahmen aus Platon's ›Timaios‹ lassen außerdem unzweideutig erkennen, von wo Synesios das neuplatonische Vierfachgefüge der Gesamtwirklichkeit seinen Ausgang nehmen sieht:

(Υ4) Gott (*theós*), das Göttliche (*theĩon*) und Kahle (*phalakrón*).

(Υ3) Der Geist/Intellect (*noũs*), göttlichster der von oben kommenden Samen (*tò theiótatón esti tõn ánōthen ʻēkóntōn spermátōn*),

(Υ'3) dessen Frucht der im Materiellen befindliche Intellect/Geist ist (*kaì autẽj karpós estin* 〈*ʻo*〉 *énulos noũs*).

(Υ22) „Eine gewisse Überlieferung sagt aber auch, daß die Seele Gott nachahmen wollte; das ist der dritte Gott, die Kosmos-/Weltseele, die der Vater und Schöpfer des körperhaften Kosmos außerdem noch in den Kosmos einführte“ (*légetai dé tis kaì lógos ʻóti boúletai mèn ʻē psuchè mimeĩsthai theón· ʻo dé estin ʻo trítos theós, ʻē toũ kósmou psuchḗ, ʻèn ʻo patèr mèn autẽs, toũ dè sōmatikoũ kósmou dēmiourgòs epeisḗgagen tõj kósmōj*), um ihn zu beseelen (*psuchoĩ*), damit

(Υ1) die Körper geleitet werden (*dioikeĩn sṓmata*), was für den Kosmos im ganzen, die Himmelskörper, wie für die kleinen Kosmoi im Kosmos (*en kósmōj kósmoi mikroí*), die Behausungen

(Υ2$_1$) der Seelen (*oĩkoi psuchō̃n*) gilt, welcher Kosmos ein aus Lebewesen bestehendes Lebewesen ist (*eĩnai tòn kósmon zō̃jon ek zṓjōn*).

(Υ0) Die Materie, unsterstes und mannigfaltigstes/verworrenstes des Seienden (*'úlē tō̃n óntōn tò éschaton· taútēj kaì poikilṓtaton*), die das Göttliche nicht sogleich hinreichend aufnimmt, sondern nur gewisse Andeutungen und Samen (*kán ti déchētai theĩon, ouk euthùs 'óson estìn edéxato· dechoménē dè empháseis kaì spérmata*).[2]

Doch auch in den Hymnen bestätigt sich, daß der platonistische Vierschritt gültig bleibt:

(Υ4) „Unerkennbarer Vater, unaussprechlicher Vater,
(Υ'3) dem Noũs/Geist unerkennbar,
(Υ'2) dem Lógos unaussprechlich,
(Υ4/3) Du bist der Geist/Noũs der Geister/Nóes,
(Υ3/2) die Seele der Seelen,
(Υ1) die Natur bist Du der Naturen."[3]

---

[2] Cf. Synesios, Calviti encomium 7-8, ⟨ed.⟩ J. Lamoureux, Opuscula, 1.60-64. Der Begriff des Kahlen soll das Eigenschaftslose, Leere und Bloße symbolisieren, das als Gegenbegriff zu allem Bestimmten der relativen Sphäre dient. Die Weltseele könnte statt mit (Υ2$_2$) womöglich auch mit (Υ2½) skaliert werden.

[3] Synesios, Hymni 2.227-233, ⟨edd./trr.⟩ J. Gruber / H. Strohm, pp. 90/91: *Páter ágnōste, / páter árrēte, / ágnōste nóōj, / árrēte lógoōj, / nóos essì nóōn, / psuchā̃n psuchá, / phúsis eĩ phusíōn.* Solche Spekulationen atmen freilich den Geist dichterischer Freiheit und gestatten nur aufgrund mutmaßlicher Traditionszugehörigkeit(en) Auskunft über die intendierte Konstruktion zu geben. Denkbar wäre auch eine Verortung des unaussprechlichen Lógos auf dem Rang (Υ2$_2$) und die Placierung der Seele auf (Υ2$_1$). An letzter Stelle steht nicht die Materie, sondern die Physis als Näherungswert dafür.

„Das Eigentümliche besteht nun in der Art, wie Synesios mit diesem neuplatonischen Schema seine christlichen Anschauungen, namentlich über die Trinität, zu vereinigen sucht. Hierbei aber laufen in seinen Prosaschriften und Hymnen drei verschiedene Auffassungen durch einander ... Einerseits ist er im Anschluß an Plotinos geneigt, Vater, Sohn und Geist mit dessen drei ersten Prinzipien, dem ἕν, dem νοῦς und der ψυχή, zu identifizieren, dann aber hebt er mit Jamblichos, und hierin zeigt sich die Beeinflussung durch diesen, die höchste Monas über alles hinaus und läßt aus ihr auch die Trias emanieren, und endlich verlegt er, im nächsten Anschluß an das Christentum, die ganze Dreieinigkeit in das überwesentliche Eine, aus welchem er dann die Ideenwelt, das Psychische und alles übrige entströmen läßt."[4]

Hinsichtlich des Ineinandergreifens von heidnischer und christlicher (trinitarischer) Hypostasenlehre und dem Verstehen gemischter Modelle sind die Spekulationen zur drei- und vierfachen Seins-, Erkenntnis-, Praxis- und Soteriologiestufung des christlichen Wüstenmönchs und Asketen Euagrios Pontikos, der 150 Jahre nach seinem Tode in der Folge des zweiten

[4] P. Deussen, Allgemeine Geschichte der Philosophie, 2.2.354; während der festgestellte Sachverhalt selbst unangreifbar ist, bin ich mit der Bewertung dieser Schwankungen im Werk von Synesios durch den Autor, die ich im Zitat nicht wiedergab (Auslassungspunkte!), nicht einverstanden. Zur Triadik (und Tetradik) bei Synesios auch ⟨tr.⟩ H. Druon, Synesios: Œuvres de Synésius, pp. 125-128; E. Cavalcanti, Y a-t-il problèmes Eunomiens dans la pensée trinitaire de Synésius?; F. Picavet, Hypostases Plotiniennes et trinité chrétienne, pp. 43-49; S. Vollenweider, Neuplatonische und christliche Theologie bei Synesios von Kyrene, pp. 69-89, 127-129; die Überbetonung des Christlichen in der letztgenannten Studie wurde korrigiert von ⟨edd./trr.⟩ J. Gruber / H. Strohm, Synesios von Kyrene: Hymnen, pp. 18-19, 28-33 (Interpretationen zum trinitarischen Geschehen, o. c., pp. 150-167, 185-192, 201-205, 209-212, 236-245). P. Hadot, Porphyre et Victorinus, 1.461-474, erläutert entlang der Hymnen von Synesios die Verwandtschaft zwischen dem Porphyrianismus bei diesem und bei Marius Victorinus.

origenistischen Streits von der Orthodoxie mit einem Anathema belegt wurde, besonders aufschlußreich. Sie wurden auf der Basis der Beeinflussung durch die Alexandriner und Kappadokier formuliert. Wie bei Origenes steht auch die Lógos-Lehre von Euagrios in einer deutlichen Spannung zwischen orthodox-christlicher und platonistischer Auffassung.[5] In einer konzisen und präzisen Studie, die hinsichtlich der Erforschung des Aufbaus und Gipfelpunkts der Evagrischen Heilslehre die Geister schied und den bis heute andauernden Glaubens- und Gelehrtenstreit um die Orthodoxie der Lehren von Origenes und Evagrius schürte, werden auch die Traditionsbestände genannt, die die Gradation dieses Weisheitsweges am intensivsten beeinflußten: „Diese Einteilung ist letztlich eine Verschmelzung des altgriechischen Wissenschaftsschemas (Ethik – Physik – Logik, bzw. Metaphysik) mit den neuplatonischen Heilsstufen und ist von Evagrius wenigstens andeutungsweise bei Origenes vorgefunden worden."[6] Ihre Umrisse zeichnete vor

---

[5] Dazu F. Refoulé, La christologie d'Evagre et l'origénisme. Das Problem des Origenismus in Zusammenhang mit Evagrius behandeln A. Guillaumont, Les 'Képhalaia gnostica' d'Évagre le Pontique et l'histoire de l'origénisme chez les Grecs et chez les Syriens (zur Christologie und Logoslehre insbesondere o.c., pp. 37-43, 117-119, 151-159); M. O'Laughlin, New Questions concerning the Origenism of Evagrius; D. Bundy, Structures of Origenism: The Case of the Expurgated Syriac Version (S_1) of the *Kephalaia gnostica* of Evagrius (mit Literaturverweisen in Endnote 10); F. X. Murphy, Evagrius Ponticus and Origenism.

[6] H. U. v. Balthasar, Metaphysik und Mystik des Evagrius Ponticus, p. 34. Wichtigst dazu idem, Die Hiera des Evagrius, pp. 94-101, wo vertiefend (terminologische und systematische) Vergleiche zur Entwicklung der 3/4-fachen Wissensleiter im Kontext von Origenes und Euagrios unter Einbeziehung der heidnischen Lehren von Albinus, Attikos (2. Hälfte des 2. Jh.) und Seneca (ca. 4-65) angestellt werden. Zur Einteilung der philosophischen Disziplinen im Altertum, auf die sich Evagrius implizit bezog, wurden im Kontext der Stoa bereits (bibliographische) Hinweise im Faszikel II/4 gegeben, cf. H. P. Sturm, Alt-Akademische Erledigung der okzidentalen Metaphysik, pp. 235-240.

Origenes schon Klemens und ich zeichnete sie oben nach, wobei ich Euagrios' Hauptgliederung des spirituellen Weges, die nun skizziert wird, erwähnte. Analoge stoische und plotinische Einteilungen füge ich in Klammern bei, nicht aber ohne nochmals darauf hinzuweisen, daß die stoische Staffelung anders verläuft:

(ϒ1) Ethikḗ/Praktikḗ (Ethik – Materie/[Physis?])
(ϒ2) Physikḗ des Sichtbaren (Physik – [Physis]/Psyche/Kosmos)
(ϒ3) Physikḗ des Unsichtbaren (Logik – Noûs)
(ϒ4) Theologikḗ: Überschreitung und Einschmelzung alles Weltlich-Vernünftigen in Gott, der durch Wahrnehmungslosigkeit wahrgenommen werden kann (Monas).[7]

Ihre Basis hat sie in einer Kosmologie, die ebenso schon von den Alexandrinern vorgedacht wurde und eine nicht zu übersehende Nähe zur porphyrianischen Linie des (christlichen) Neuplatonismus aufweist. Jene kann aus dem berühmten ›Melania-Brief‹ wiederhergestellt werden.[8]

[7] Cf. H. P. Sturm, Urteilsenthaltung oder Weisheitsliebe zwischen Welterklärung und Lebenskunst, pp. 135-150, 197-205, mit Hinweis auf die gleichlaufend lesbare Dreilaster-Lehre bzw. die (drei) Wurzelursachen des Anhaftens/Übels (*kleśa*) im Buddhismus: Leidenschaft, Begehrlichkeit, Gier, Haften, Verlangen (skr./pāl.: *rāga/lobha*); Haß, Abneigung, Abscheu, Widerwille, Zwietracht (skr.: *dveṣa* / pāl.: *dosa*); Verwirrung, Konfusion, Verblendung, Wahn, Illusion (skr./pāl.: *moha*), und die Reinigung davon; K. Ceming, Einheit im Nichts, pp. 91-100.

[8] Cf. Euagrios Pontikos, Epistulae 64.15-30 (Epistula ad Melaniam), Zählung nach ⟨tr.⟩ G. Bunge, Briefe aus der Wüste, pp. 308-314 = ⟨ed.⟩ W. Frankenberg, Euagrius Ponticus, pp. 615.38/619.38 (fehlende Zeilenzählung der Edition von mir hinzugefügt). Das Schema wurde entworfen unter Heranziehung der Ausführungen von H. U. v. Balthasar, Metaphysik und Mystik des Evagrius Ponticus, p. 38, und eines Diagramms mit einer etwas umfassenderen Liste von Beschreibungen der einzelnen

Bestandteile von M. Parmentier, Evagrius of Pontus' „Letter to Melania" I + II, p. 26. Das letztgenannte ist für die Zwecke meiner Argumentation allerdings nicht optimal geeignet, weil es ihm an Übersichtlichkeit mangelt, weshalb ich es vorzog, eine eigene tabellarische Abbildung zu entwerfen.

HYPOSTATIK NACH DEM ›MELANIA-BRIEF‹ DES EUAGRIOS

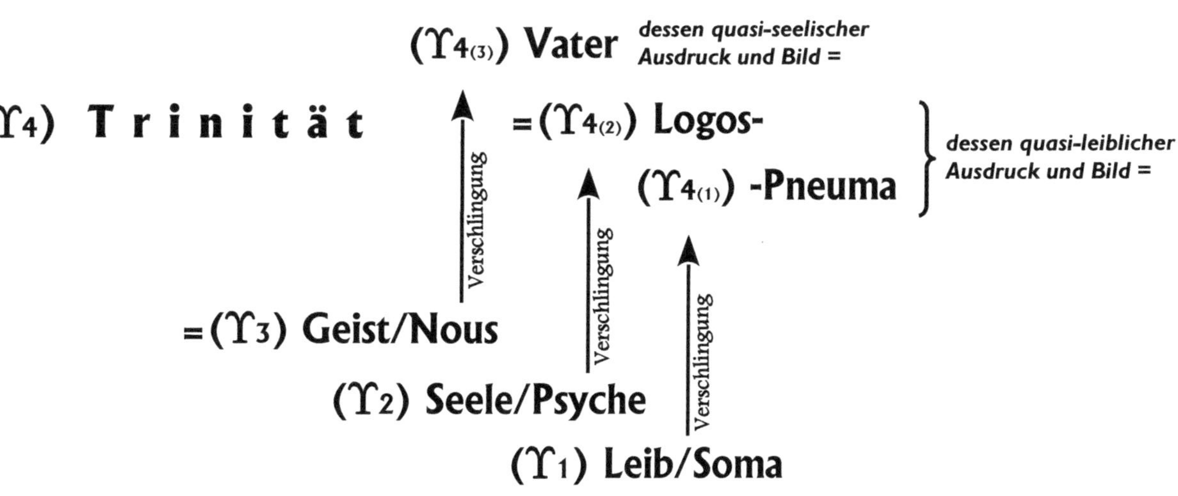

Die gnoseopraktischen und kosmo-logischen Entwürfe des Pontiers sind nicht ganz scharf umrissen, nicht starr gefügt, sondern wegen ihrer Symbolik wie bei Synesios von Kyrene an ihren Bedeutungsrändern weich und wohl aufgrund ihrer myst(agog)ischen Implikationen in ihrer Gestalt variabel und pleomorph an die Hörer und Leser angepaßt. „In Euagrius' Artikulation des inneren Lebens, in seinen Anweisungen zum spirituellen Aufstieg werden alle metaphysischen Begriffe von Origenes in der Tat in mystische und sein metaphysisches System dabei in einen mystischen Kanon verwandelt."[9] Deshalb ist es nicht leicht, sie eindeutig zu rekonstruieren.

An der Spitze der Evagrischen Geistweltarchitektonik steht die Monas, die zugleich Trinität ist. Was den brieflichen Entwurf für Amma Melania betrifft, so befindet sich an der Spitze der Trinität der Vatergott. Seelischer Ausdruck und Bild von Ihm ist das Lógos-Pneuma, der Hl. Sohn-Geist, der zunächst zu einem Paar zusammengenommen ist (deshalb die geschweifte Klammer um die beiden Komponenten). Dessen leiblicher Ausdruck oder Abbild ist der Intellect oder Noũs. Ausdruck von diesem wiederum ist die Seele/Psyche, während Ausdruck von ihr hinwiederum der Leib (Soma) ist. Durch die spirituelle Disziplin wird die trinitarische Wesensordnung, die durch den Fall der Intellecte in die Materie gestört wurde, wiederhergestellt, wobei der Geist im Vater, die Seele im Lógos und der Leib in dem nun doch nach dem tri-personalen Hypostasenmuster zu unterscheidenden Hl. Geist verschlungen (*katapíetai*) wird (in der Graphik durch Pfeile nach oben angedeutet). Die Darstellung zeigt dem Urtext folgend die

[9] H. Jonas, Philosophical Essays (Myth and Mysticism: A Study of Objectification and Interiorization in Religious Thought), p. 303. Die Betonung der Mystifizierung oder besser: Mystisierung der eschatologischen Metaphysik Origenes' durch Euagrios und damit des literarisch-philosophischen Gattungsunterschieds beider Lehren müßte zwar nicht so stark sein, doch ist sie insgesamt durchaus vertretbar.

Richtung der Apokatástasis, der Wiederherstellung in Gott, wohingegen das folgende Diagramm den gegenläufigen Aspekt der Schöpfung abbildet, nach dem Originaltext und dessen Rekonstruktion jedoch um die aufsteigende Bewegung zu ergänzen wäre, was ich unterlasse, weil diese schon im oberen Beispiel thematisiert wurde.

Aus der Hauptschrift von Evagrius, den ›Gnostischen Zenturien‹, wurde von Experten eine Kosmotaxis destilliert, die die Zweifel hinsichtlich der Konsistenz seiner Lehren in ihren Umrissen zerstreut, auch wenn hinsichtlich einiger Details offene Fragen bleiben. Sie erweist die Struktur im ›Melania-Brief‹ als Rohbau eines BewußtSeins-Gebäudes, in dem sich hypostatische, geist-henadische und trinitarisch-monadische Konstruktionsprinzipien mischen und in das einige der christlichen Ideenwelt entstammende inhaltliche Besonderheiten, die sich im bloßen Schema nicht niederschlagen, integriert sind.[10]

[10] Schema nach der Kurzdeskription von A. Guillaumont, Les 'Képhalaia gnostica' d'Évagre le Pontique et l'histoire de l'origénisme chez les Grecs et chez les Syriens, pp. 37–39. Es fragt sich, ob der in der genannten Studie unternommene Versuch einer Rückgewinnung des Pontiers für die christliche Orthodoxie (gegen die Darstellung Balthasars mit ihrer starken Betonung heidnischer Elemente) aufgrund der aus den ›Kephalaia‹ aufgerissen Skizze der Geistwelt (cf. o.c., pp. 37–43) nicht konterkariert wird; man vergleiche dazu die Edition: Euagrios Pontikos, Kephalaia Gnostica, ⟨ed./tr.⟩ A. Guillaumont; zudem D. Bundy, Structures of Origenism: The Case of the Expurgated Syriac Version (S_1) of the *Kephalaia gnostica* of Evagrius.

HENADOLOGIE UND HYPOSTATIK NACH DEN ›GNOSTISCHEN ZENTURIEN‹ DES EUAGRIOS

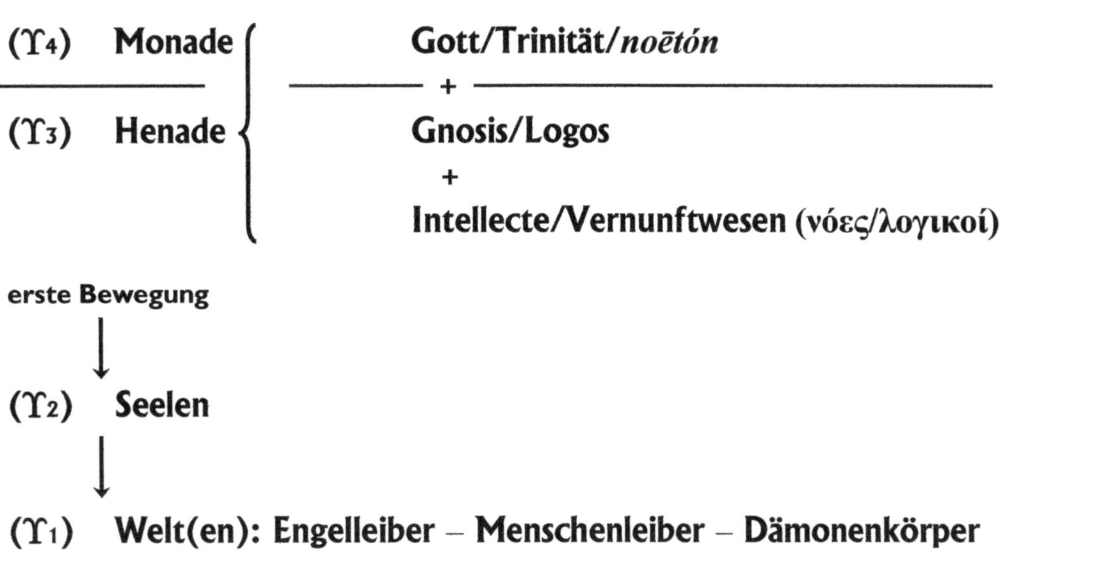

Der Bedeutendste in der erlauchten Reihe von christlichen Neuplatonikern, die ausgiebigen Gebrauch von heidnisch-platonischen Geist-Welt-Konstrukten und evtl. auch den heidnisch-christlichen Synthesen von Euagrios machten, das müßte erst noch eingehend erforscht werden, ist (Pseudo-)Dionysios Areopagita.[11] Auf die Einteilungen von Euagrios und dem Areopagiten, beiden, bauen Maximus Confessor[12] und nach

[11] Cf. B. Brons, Gott und die Seienden, pp. 29–52, wo mehrgliedrige Schemata aus dem Gesamtwerk zusammengetragen sind; solche, in die die traditionelle vierstufige ontologische Hypostatik integriert ist, finden sich o.c., pp. 37–40. Zur neuplatonischen (Um-)Deutung Jesu (des Lógos) zur Noũs-Hypostase cf. Pseudo-Dionysios Areopagita, De ecclesiastica hierarchia 1, ⟨edd.⟩ G. Heil / A. M. Ritter, (2.)63.12 (3.372A), wo „Jesus selbst der am meisten zum göttlichen Prinzip gehörige und überwesenhafte/überseiende Noũs" (*autòs Iēsoũs, ʻo thearchikōtatos noũs kaì ʻuperoúsios*), d.h. Geist genannt wird, der dem Gottesprinzip, der Thearchie am ähnlichsten ist, ihr am nächsten und über dem Seienden steht; die Übersetzung dieser Stelle von G. Heil, Pseudo-Dionysius Areopagita: Über die himmlische Hierarchie. Über die kirchliche Hierarchie, p. 96, ist nicht nur problematisch, sondern geradezu falsch, während seiner Anmerkung zu dieser Stelle der ›Kirchlichen Hierarchie‹, o.c., p. 158², mit Ausnahme des Gerundivs „zu denkender" für die Noũs-Funktion zuzustimmen ist: „Jesus wird hier charakterisiert als die aus dem Einen nächstentsprungene νοῦς-Hypostase, in der sich der göttliche Ursprung als zu denkender entfaltet."

[12] Da sich entsprechende Gedanken über das gesamte gewaltige Werk des Bekenners verteilen, können und müssen hier keine Nachweise gegeben werden; das zu leisten, erforderte eine eigene Forschungsarbeit; einige Stellen finden sich in H. P. Sturm, Urteilsenthaltung oder Weisheitsliebe zwischen Welterklärung und Lebenskunst, Namensindex, s.v. Maximus Confessor und in den Einleitungen der in französischer Sprache vorliegenden Übersetzungen von E. Ponsoye. Besonders zu erwähnen die komplexe Stelle Maximus Confessor, Ambigua 47, Zählung E. Ponsoye, Patrologia Graeca, 91.1360A–D (243^{a-b}), an der die Mischung der Modelle verschiedener Traditionslinien besonders deutlich wird. Erwähnenswert auch idem, Qvaestiones ad Thalassivm 55.200–211, dazu scholia 20.179–24.223, Patrologia Graeca, 90.544C–D, 90.565B–C; (Pseudo-)Maximus Confessor, Diversa capita 3.51–52, Patrologia Graeca, 90.1281B/1284A. Eine Liste von Dreierschemata bei Maximus

ihm Iohannes Scottus Eriugena direkt auf. Eher indirekt Meister Eckhart.[13] Aus systematischen Gründen ist letztlich der über die islamische, aristotelisch-neuplatonisch ausgerichtete Spekulation ins Christentum gelangte, anonym überlieferte ›Liber de causis‹ zu nennen, in dem Schemata ähnlicher Art vorfindlich sind.[14]

Confessor gibt H. U. v. Balthasar, Kosmische Liturgie. Das Weltbild Maximus' des Bekenners, p. 531 (meine stillschweigende Druckfehlerkorrektur), unter der Rubrik »Origenische Motive«: „Ein Beispiel für den konstruktiven Spätstil des Bekenners, der unbedenklich überkommene Schemata übereinanderlagert: 1. Christus – Moses – Elias / 2. Monade – Vorsehung – Gericht / 3. Theologie – Gnosis – Tugend / 4. Vollendung – Naturbetrachtung – Praxis / 5. Klugheit – Gerechtigkeit – Stärke und Mäßigkeit / Das dritte und vierte Schema bildet das Gerüst des evagrianischen Weltbildes, aber diese beiden Schemata hängen auch bei Evagrius vom zweiten ab: μονάς – πρόνοια – κρίσις."

[13] Vorbemerkungen und einige relevante Passus zu Meister Eckhart finden sich in H. P. Sturm, Urteilsenthaltung oder Weisheitsliebe zwischen Welterklärung und Lebenskunst, pp. 185[172]-186. Ähnlichkeit mit der ‚Hypostatik' des Evagrius zeigt die Stelle: Meister Eckhart, ⟨ed.⟩ F. Pfeiffer, p. 521.20-29. Zur Dreistufung, die auch tetradisch ausgelegt werden kann, cf. O. Spann, Gesamtausgabe, 18.164-169, 176-180; I. Roloff, Meister Eckeharts Schriften zur Gesellschaftsphilosophie, pp. 19-21; H. Riehl, Ordnung des Geistes, pp. 148-149, 159. Allgemein: R. Hauke, Trinität und Denken. Die Unterscheidung der Einheit von Gott und Mensch bei Meister Eckhart; da letztgenannter Autor eine apologetische Absicht verfolgt, deshalb nicht die Kriterien denkerischer Richtigkeit an das Werk Eckharts anlegt und die verschiedenen Aussagen des mittelalterlichen Magisters danach auch nicht gewichtet, muß der Eindruck entstehen, als wäre Eckhart nur ein Bastler von sich widersprechenden Weltbildern gewesen, die gleichrangig nebeneinanderstehen können.

[14] Cf. Liber de causis, ⟨ed./tr.⟩ O. Bardenhewer.

7.2 Marius Victorinus' trinitarische Transmission der Hypostasen-Vierheit ins Lateinische

Es war Marius Victorinus (gest. 362), ein vermutlich in Afrika geborener Gottesgelehrter, der in Rom als Rhetor wirkte, welcher das porphyrianische Geistphasenmodell, das er in seiner grundlegenden Fassung wörtlich übernahm, christianisierte und für die lateinische Linie der Kirchenschriftstellerei nutzbar machte.[15] Durch diese Mischung wurde seine Lehre jedoch zu einer Agglomeration von Inkonsistenzen.[16] Zunächst eine Auswahl von Bestimmungen der drei Hypostasen im christlichen Verständnis, den drei göttlichen Personen oder anders ausgedrückt, des drei Vermögen (τριδύναμος),

(ϒ4) Sein (*esse*),
(ϒ3½) Leben (*vivere*) und
(ϒ3) Einsicht (*intellegere*)
(Y5) besitzenden Gottes:

(Y5)[ϒ4] Trinitarischer, einwesenhafter/unisubstantieller (*una substantia*) Gott: Unbestimmtheit, Unendlichkeit und Unbestimmbarkeit (ἀοριστία *id est infinitas et indeterminatio*), unendlich, unbekannt, ununterscheidbar, unerkennbar (*fit infinitum, fit incognitum, indiscernibile, incognocscibile*) zu nennen, substanzlos, wesenlos, geist-los und leb-los

---

[15] Cf. P. Hadot, Das Bild der Dreifaltigkeit in der Seele bei Victorinus und dem Heiligen Augustinus; idem, Christlicher Platonismus, pp. 5–22; idem, Porphyre et Victorinus, tome 1 (siehe Inhaltsverzeichnis); M. T. Clark, A Neoplatonic Commentary on the Christian Trinity: Marius Victorinus; eadem, The Neoplatonism of Marius Victorinus the Christian; W. Beierwaltes, Platonismus im Christentum, pp. 25–42 (Trinitarisches Denken. Substantia und Subsistentia bei Marius Victorinus).

[16] Herausgearbeitet von M. Baltes, Marius Victorinus, pp. 107–125.

(*et* ἀνύπαρκτος *et* ἀνούσιος *et* ἄνους *et* ἄζων) – nicht per Entzug/Privation, sondern per Übertreibung/Überhöhung (*non quidem per* στέρησιν, *id est non per privationem, sed per supralationem*) –, Vor-Sein (προόν) und Vor-Existenz (*praeexistentia*).

(ϒ4) [ϒ3$_{3}$] Hypostase: Gott (*deus*), Stille (*silentium*), Ruhe (*quies*), Rasten (*cessatio*), Wesen (*essentia*), Vater (*pater*), Ursache des potentiellen Seins (*esse potentia ... causa*), Sein (*esse*), überuniversales Sein (*supra universale esse*), Sprechen im Stilleschweigen (*vox in silentio*), nichtwirkendes Wirken (*inoperans operatio*).

(ϒ3) [ϒ3$_{2}$] Hypostase: Intellect (*noũs*), Idee/Form (*forma*), Erscheinung (*apparentia*), Hervorgang (*progressio*), Wirken/Akt (*actus*), wirkendes Wirken, um hervorzubringen (*operans operatio in id quod est* [*re*]*generare*), Wort (*verbum*), Bewegung (*motus*), Sohn (*filius*), Jesus, Christus, Lógos (λόγος), Gottes Wille (*dei voluntas*), Sohnschaft (*filietas*), Sprechen (*vox*), Leben (*vita*), Bild (*imago*), universales Sein (*universale esse*).

(ϒ2½) [ϒ3$_{1}$] Hypostase: Hl. Geist (*spiritus sanctus*), Paraklet (*paraclitus*), Erkenntnis (*cognoscentia*), Wissen (*scientia*), Weisheit (*sapientia*), Einsicht (*intellegentia*), Sprechen des Sprechens (*vox vocis*), wirkendes Wirken, um wiederherzustellen (*operans operatio in id quod est regenerare*).[17]

[17] Exemplarische Zusammenstellung relevanter Konzepte aus Marius Victorinus, Adversus Arium 1.2; 1.12-13; 1.31-34; 3.7-9; 4.21; 4.23, Opera, 1.56.1-57.42; 1.70.1-73.41; 1.109.1-118.48; 1.202.3-207.30; 1.256.32-258.31; 1.259.27-261.45, die griechischen Begriffe sind die des Originals; weitere Äquivalente für die Hypostasen bzw. Prinzipien bei M. Baltes, Marius Victorinus, pp. 23-74; Zusammenfassung o.c., pp. 98-106. Da die drei Personen wesensgleich sind, kommt eigentlich jeder

Wie Marius Victorinus die Einzelglieder seines Geistorganismus zu einem stimmigen Ganzen zu fügen versuchte, will ich anhand eines Diagramms veranschaulichen, das von mir aus zwei Passus der Polemik ›Gegen Arius‹ erstellt wurde. Dabei muß man zwischen der reingeistigen Trias des Porphyr, die Victorinus zur Trinität umdeutete und der menschlichen, intrapsychischen Hypostasenstruktur unterscheiden, die kaum minder wörtlich von Porphyrs Darlegungen zur Seele und deren kognitiven Funktionen übernommen wurde. Mein Schematisierungsversuch orientiert sich dabei an hypostatischen Vorlagen des Platonismus wie am Kanon der Re-flexionstheorie. Aufgrund dessen wird dem Konstrukt wohl eine größere Stimmigkeit zuerkannt, als das aus dem denkerischen Nachvollzug der Texte insgesamt zu erwarten ist. Da der experimentalphilosophische Aspekt der Strukturtheorie der Re-flexion auch mit der Absicht unternommen wird, geistige Räume zu erschließen, möchte ich mich hier diesem Wagnis mit der gebührlichen Zurückhaltung dennoch stellen. Dies trifft in erster Linie für die Heraushebung des negativ und privativ bestimmten seinstranszendenten Gott zu, der demzufolge als zur hyper-hypostatischen Gottheit hypostasiert aufscheint.[18]

jedes Charakteristikum des anderen zu, wenn auch gegenüber dem jeweils eigentlichen Eigenschaftsträger in reduziertem Modus. Das führt dazu, daß sich einem beim denkerischen Nachvollzug dieser Spekulationen wahrlich die Hirnwindungen verwickeln. Diesbezüglich stehen sie den spätneuplatonischen Spekulationen eines Proklos oder Damaskios oder der Hegelschen sogenannten Dialektik und Phänomenologie in nichts nach.

[18] Zur seinstranszendenten Gottheit zufolge der »Negativen Theologie« cf. G. Huber, Das Sein und das Absolute, pp. 95-97.

EINE HYPOSTATIK VON MARIUS VICTORINUS

(Adversus Arium 1.62 mit 3.1)

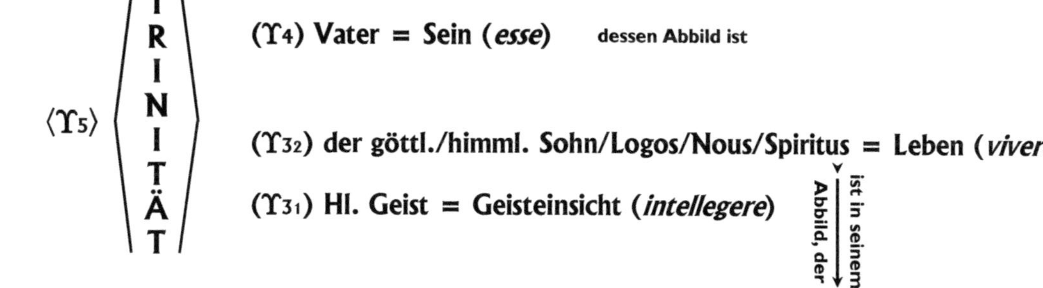

Der fleischliche Körper muß zusammen mit allen drei menschlichen Vermögen des Seelisch-Geistigen (ϒ21-3) gereinigt werden, um das ewige Licht und Leben empfangen zu könen.[19] Hinsichtlich der Stellung und Rolle des Hl. Geistes (*spiritus sanctus*) ist zu bedenken, daß die Urkunde zur Ausübung seines Amtes in der trinitarischen Weltverwaltung erst auf dem Konzil von Konstantinopel anno 381, fast zwanzig Jahre nach dem Tod von Marius Victorinus, ausgestellt wurde.[20] Eine Bestätigung dafür, daß die subtile Gott-Geist-Seele-Theorie von Marius Victorinus mit Hilfe des klassischen vierstöckigen Hypostasengerüsts erbaut wurde, liefert die paraphrasierende Zusammenfassung des Passus eines Urtexts, die der Herausgeber, Übersetzer und Kommentator der theologischen Werke unseres chistlischen Neuplatonikers in einem Artikel zur Dreieinigkeit bei diesem und Augustinus vorlegte. „In einer großartigen Beschreibung zeigt Victorinus uns, wie

(ϒ3) die Sphäre des göttlichen Logos
(ϒ4) von einem unbeweglichen und zentralen Punkt ausgeht, nämlich dem Vater.
(ϒ3) Diese Sphäre des Logos, die so den Vater offenbart,
(ϒ2) spiegelt sich sodann in der Seele wider, die somit den Logos offenbart, und die Seele selbst spiegelt sich
(ϒ1) in der Welt wider, die somit die äußerste Grenze und die letzte Spiegelung der Offenbarung bedeutet“[21].

---

19 Cf. Marius Victorinus, Adversus Arium 1.62, Opera, 1.162.1-164.39; 3.1, Opera 1.191.4-15.

20 P. Henry, The *Adversus Arium* of Marius Victorinus, the first Systematic Exposition of the Doctrine of the Trinity.

21 P. Hadot, Das Bild der Dreifaltigkeit in der Seele bei Victorinus und dem Heiligen Augustinus, p. 315, mit Textstück aus Marius Victorinus, Adversus Arium 1.61, Opera, 1.161.1-7.

Da der Passus meine Darstellung, graphische inclusive, in den Worten des Originals, sprich ohne weitere Erläuterungen, erhellt, möchte ich ihn anschließend übersetzen und mit einer feinen, doch im Detail ziemlich spekulativen Skalierung versehen. Nach dem Hl. Geist sucht man darin vergeblich. Ihm kommt bei der Gestaltung der Psyche, wie sie nach der folgend geschilderten Schöpfungslehre, im Verlauf einer theo-nootischen Kreisbewegung nämlich, zustande kommt, keine Bedeutung zu. Sollte das etwa daran liegen, daß Victorinus hier die Lehren von Porphyrios wortwörtlich übernahm?

⟨Y5⟩ „Nachdem die zyklische Bewegung angeregt worden ist, zyklisch sage ich, weil

(ϒ4) vom Punkt zum Punkt, d.h. vom Vater zum Vater [verlaufend],

(ϒ3) hat sich beim Erscheinen dieser Bewegung,

(ϒ4) der auf einen Punkt gewendeten [sc. gesamten] Gottheit,

(ϒ3) des Lógos, des Sohnes,

(ϒ4) auf Geheiß Gottes

(ϒ2) ein Bild ausgeprägt »nach dem Abbild und der Ähnlichkeit Gottes«, ein Abbild

(ϒ3) des Bildes, d.h. des Sohnes. Denn der Sohn ist Abbild

(ϒ4) des Vaters, wie gezeigt wurde.

(ϒ3) Das liegt wiederum daran, daß der Sohn Leben ist.

(ϒ2) Die Seele wurde also als Abbild des Lebens hervorgebracht. Die Seele ist aber auch

(ϒ'3) mit ihrem Noũs, der

(ϒ3) von dem ist, der der Noũs [selbst] ist,

(ϒ'3) Vermögen intellectualen Lebens; sie ist nicht

(ϒ3) der Noũs [selbst], auf den Noũs jedoch

(ϒ'3) zurückblickend, ist sie gleichsam der Noũs [selbst]. Anblick heißt dort nämlich Vereinigung.

(ϒ''3) Jedoch nach unten gerichtet und vom Noũs abgewandt, zieht sie sich und ihren Noũs abwärts, zum bloß Intelligierenden geworden, nicht mehr,

(ϒ'3) wie ehedem, intelligierend und intelligibel. Aber wenn sie so ausharrt, ist sie die Mutter dessen, was überhimmlisch ist: Licht, nicht das wahre Licht, und dennoch Licht in Verbindung mit ihrem eigenen Noũs.

(ϒ23) Wenn sie allerdings das Niedere berücksichtigt, weil sie ungezügelt ist, wird sie ein lebenspendendes Vermögen, das

(ϒ22) die Welt

(ϒ21) und das, was in der Welt ist,

(ϒ23) lebendig macht,

(ϒ1) bis zum Stein in der Versteinerung;

(ϒ23) sie selbst wiederum wurde das zusammen mit dem [eigenen] Noũs. Denn da die Seele gewissermaßen ein Lógos ist, nicht der Lógos, und in der Mitte zwischen dem Geistigen wie Intelligiblen

(ϒ0) und der Materie

(ϒ'3) durch ihren eigenen Noũs beidem zugewandt, wird sie entweder göttlich oder wird

(ϒ''3) dem Intellecthaften eingegliedert. Sie ist nämlich ihrer eigenen Willkür/Zügellosigkeit unterworfen und wird aus dem [Zustand des] Verlust[s] des wahren Lichts durch den schwachen Funken des eigenen Noũs zurückgerufen, da sie ja eben ein bloß [und kein wahrhaft] Seiendes ist.

(ϒ23) Verblendet/verwirrt aber wird sie nach unten gezogen.

(ϒ1) Die höchsten Bereiche der Materie sind nämlich die reineren, indem sie die Fähigkeit des Beseelt-/Belebtwerdens besitzen und dem Licht Anlaß sind, gleichsam in das Seinige hinabzusteigen. Darum ist gesagt worden: »auch dies scheidest du«."[22]

Die These, daß dieser BewußtSeins-Lehre die anerkannte Vierfächerung zugrunde liegt, wird wiederum erhärtet durch die zweite Strophe der zweiten von drei überlieferten Hymnen, die

[22] Marius Victorinus, Adversus Arium 1.61, Opera, 1.161.1-162.27 (die gestrichenen Ordinalzahlen weisen auf das objektiviert-kosmische Pendant zum Seelenvermögen entsprechender Stufe): *Erecta motione cyclica, {cyclic}am dico quod a* σημείῳ *in* σημεῖον, *hoc est a patre in patrem, in apparentia istius motionis et divinitatis universae et* τοῦ λόγου *et filii extitit iussione dei imago* iuxta imaginem et similitudinem dei, *imago imaginis, hoc est filii. Imago enim patris filius, ut demonstratum est. Hoc autem est, quoniam filius vita est. Imago igitur vitae anima effecta est. Anima autem cum suo* νῷ, *ab eo qui* νοῦς *est, potentia vitae intellectualis est, non* νοῦς *est, ad* νοῦν *quidem respiciens quasi* νοῦς *est. Visio enim ibi unitio est. Vergens autem deorsum et aversa a* νῷ, *et se et suum* νοῦν *trahit deorsum, intellegens tantum effecta, non iam ut intellegens et intellegibile. Sed si sic perseveraverit, eorum quae super caelum sunt mater est, lumen, non verum lumen et quidem cum suo proprio* νῷ *lumen. Si vero in inferiora respicit, cum sit petulans, potentia vivificandi fit, vivere quae faciat et mundum et ea quae in mundo usque ad lapidem lapidum more, ipsa etiam cum* νῷ *facta. Etenim cum quidam* λόγος *sit anima, non* λόγος, *cumque in medio spirituum et intellegibilium et* τῆς ὕλης, *proprio* νῷ *ad utraque conversa, aut divina fit aut incorporatur ad intellegentia. Etenim suae licentiae est et privatione veri luminis propter scintillam tenuem proprii* τοῦ νοῦ *rursum vocatur, quoniam quidem solum* ⟨ὄν⟩ *est. Tenebrata autem deorsum ducitur. Etenim summitates* τῆς ὕλης *puriores, animandi vim habentes, causa sunt lumini, vel ut in sua descenderet. Quare enim dictum est*: et ista discernis. Geschweifte und spitze Klammern sind von mir aus drucktechnischen Gründen geänderte Wiedergaben von Siglen der Editoren zur Kennzeichnung von korrigierten und ergänzten Textstellen. Die deutsche Fassung des Texts von P. Hadot, Christlicher Platonismus, pp. 206-207 (mit Noten), behob ob ihrer Orientierung am Textsinn so manche meiner Verständnisschwierigkeiten, obwohl ich gestehen muß, daß meine Feingliederung dennoch konjektural blieb; die (spät)neuplatonische Feingliederung des Noũs-Bereichs nach dessen Phasen ist in Anschlag zu bringen. Diese Vorgehensweise verleitete Hadot jedoch dazu, seine Übertragung im Fließtext ohne Kenntlichmachung mit interpretatorischen Ergänzungen und Erläuterungen zu versehen, die keine Grundlage im lateinischen Text haben. Zur Stratifikation der sinnlichen Welt des Sonnensystems cf. P. Hadot, Porphyre et Victorinus, 1.180[1]-181.

Marius Victorinus zum Lobpreis der Trinität verfaßte:

(Υ4) „Herr, erbarme Dich!
(Υ3) Christus, erbarme Dich! Du bist der Lógos
(Υ'3) meines Geistes!
(Υ2) Du bist der Lógos meiner Seele!
(Υ1) Du bist der Lógos meines Fleisches!“[23]

In der fachspezifischen Doxographie ist eine Zusammenfassung des Wirklichkeitsaufbaus von Marius Victorinus vorfindlich, die acht Grade unterscheidet, einen des Überseienden, drei des Seienden und vier des Nichtseienden, worin sich eine nicht zu unterschätzende Subtilität hermeneutischer Erschließung kundtut. Man könnte sie zwar hypostatisch zurechtlesen, doch will ich mich hier bei aller Neigung zum denkerischen Abenteuer nicht zu weit aus dem Fenster lehnen und mich damit begnügen, auf die Darstellung selbst zu verweisen.[24]

---

[23] Marius Victorinus, Hymnus 2, Opera, 1.290.7-10: *Misere domine! Misere Christe! / Tu spiritus mei* λόγος *es! / Tu animae meae* λόγος *es! / Tu carnis meae* λόγος *es!* Cf. idem, Adversus Arium 4.7.10-11, Opera, Vol. 1, an beiden hier genannten Stellen ist die Reihenfolge (vielleicht auch die Bedeutung) von Geist und Seele gegenüber dem oben skizzierten detaillierten Schema vertauscht. Der Sinn dieser Vertauschung kann nur vermutet werden. Es könnte sein, daß sich hier die plotinsche Darstellungsweise Bahn bricht.

[24] Cf. M. Baltes, Marius Victorinus, pp. 98-106.

7.3 Hypostatische Trinitäts-Mission des Kirchenvaters Augustinus

Als bekennender Platoniker kennt Augustinus die Idee von der Steigerung und Minderung, vom Gefälle des Seins und erkennt sie freimütig an. Ein Beispiel dafür findet sich im ›Gottesstaat‹, wo im Kontext des Engelsfalls von drei Stufen zu sein gehandelt wird: von Gott, der am höchsten ist, und den bösen Engeln, die eigentlich, wie die guten Engel, höher wären, sich aber entschieden, geringer zu sein. „Sie wollten also ihre Kraft nicht bei Jenem bewahren, und obgleich sie in höherem Grade gewesen wären (*qui magis essent*), wenn sie dem, der in höchstem Grade ist (*qui summe est*), angehangen hätten, zogen sie, indem sie sich selbst Jenem vorzogen, das vor, was in geringerem Grade ist (*id quod minus est*).“[25]

Das Philosophem von den Seinsgraden wurde in der Forschung unter Bezugnahme auf die hier zitierte Stelle zu den Leitmotiven der Lehre Augustins gezählt.[26] Wie die drei genannten Ebenen im Augustinischen Schöpfungsbauwerk als ganzem zu verorten sind, läßt sich entlang der Diskussion seiner Doktrin von der Schöpfung aus dem Nichts im Faszikel II/3 einigermaßen klären. Der Gottesmann aus Thagaste in Numidien/Nordafrika variierte die überkommenen Gott-Geist-Welt-Modelle im Verständnis seiner Zeit und seiner Absichten. In den inhaltlichen Bestimmungen seiner Stockwerkeinteilungen des Seins, der Erkenntnis(organe) und Aufstiegsmodelle des geistigen Fortschritts werden zwar ganz spezifisch christliche Interessen zur Geltung gebracht, dennoch spiegeln sich in

---

[25] A. Augustinus, De civitate Dei 12.6, ⟨edd.⟩ B. Dombart / A. Kalb, ⟨tr.⟩ G. Combès, 3.164/165: *Noluerunt ergo ad illum custodire fortitudinem suam, et qui magis essent, si ei qui summe est adhaererent, se illi praeferendo id quod minus est praetulerunt.*

[26] Cf. J. Pépin, A propos la doctrine de la conversion: Augustine et Porphyre sur le degré d'Être, pp. 153–155.

ihrem Rohbau unzweideutig ihre heidnisch-platonistische, besonders ihre plotinische und porphyrianisch-victorinische Herkunft. Letztere drückte sich vorwiegend in der Geist-Triade oder Trinität aus, die anschließend im Kontext ihrer Gleichordnung mit den drei philosophischen Teildisziplinen, welche durch die Stoa berühmt wurden, genannt wird. Sie verlieh dem Gottesverständnis von Augustinus seinen besonderen Charakter.[27] Eine gewisse Übereinstimmung seines Parallelkonstrukts von Trinitarik und den drei Sparten der Philosophie mit einem analogen Prototyp von Klemens aus Alexandrien ist nicht zu übersehen. „Bei Augustin hat

(ϒ3) die Physik
(ϒ4$_{(3)}$) Gott als Ursache
(ϒ3) des Seins zum Gegenstand,
(ϒ2) die Logik
(ϒ4$_{(2)}$) Gott als Norm
(ϒ2) des Denkens,
(ϒ1) die Ethik

[27] Cf. P. Hadot, Das Bild der Dreifaltigkeit in der Seele bei Victorinus und dem Heiligen Augustinus (mit den zusammenfassenden Bemerkungen des Autors am Ende des Artikels unter dem Stichpunkt „ontologischer Dogmatismus" in Richtung heidnischer Neuplatonismus kann ich mich keinesfalls einverstanden erklären; was der Verfasser unter den Errungenschaften des Denkens von Augustinus faßt, könnte im Gegenteil gerade als dessen Mißverständnis und metaphysisches Unvermögen gedeutet werden); idem, Porphyre et Victorinus, 1.11-29 (Diskussion des Forschungsstandes); zur Lehre vom Abbild der Dreifaltigkeit (*imago trinitatis*) bei Augustinus und ihren Stufenbauten auch K. Ruh, Geschichte der abendländischen Mystik, 1.98-102; P. Manchester, The Noetic Triad in Plotinus, Marius Victorinus, and Augustine; P. Gerlitz, Ausserchristliche Einflüsse auf die Entwicklung des christlichen Trinitätsdogmas, pp. 247-264. Allgemein zum Einfluß von Porphyrios auf Augustinus: H. Dörrie, Platonica minora, pp. 454-473 (Porphyrios als Mittler zwischen Plotin und Augustin); W. Theiler, Forschungen zum Neuplatonismus (Porphyrios und Augustin).

$(\Upsilon 4_{(1)})$	Gott
$(\Upsilon 1)$	als Lebensregel.

Die augustinische Reihenfolge Physik, Logik, Ethik entspricht der Reihenfolge der göttlichen Personen in der Trinität:

$(\Upsilon 4_{(4)})[\Upsilon 4]\langle\Upsilon 4\rangle$	der Vater ist die Ursache
$(\Upsilon 3_{(4)})[\Upsilon 3_3]\langle\Upsilon 3_2\rangle$	des Seins,
$(\Upsilon 2_{(4)})[\Upsilon 3_2]\langle\Upsilon 3_1\rangle$	der Sohn die Intelligenz,
$(\Upsilon 1_{(4)})[\Upsilon 3_1]\langle\Upsilon \overset{\rightrightarrows}{3}\rangle$	der Heilige Geist die Liebe.

Die systematische Einheit der Teile der Philosophie spiegelt hier das wechselseitige Ineinander-Sein der göttlichen Personen wider."[28] Die Abhängigkeit des Spekulierens unseres Kirchenvaters vom platonistischen Stufendenken zeigt sich eindrucksvoll darin, daß er den mit distanzierter Vorsicht durchgeführten Versuch unternimmt, die Plotinschen Hypostasen in Zusammenhang mit Porphyrios' Geistfunktionen und indirekt der göttlichen Ahnenreihe der ›Chaldäischen Orakel‹ als Ausdrucksformen der christlichen Trinität hinzustellen bzw. in deren Kontext zu integrieren. Nur vergißt er dazuzusagen, daß die Herkunftsverhältnisse umzukehren sind. „Welche Prinzipien es aber sind, die gleichsam ein Platoniker [sc. Porphyrios] annimmt, wissen wir. Er spricht nämlich von Gott Vater und Gott Sohn, den er griechisch den väterlichen Intellect oder Geist nennt; über den Heiligen Geist sagt er aber nichts bzw. nichts Klares, wiewohl ich nicht einsehe, wen anders von diesen er an-/ausgesprochen haben sollte. Wollte dieser nämlich

[28] P. Hadot, Die Einteilung der Philosophie im Altertum, p. 433, mit Angabe der Originalstellen; man beachte meine drei voneinander abweichenden Graduierungen, die zeigen sollen, welche Möglichkeiten in den vorliegenden Gedanken stecken und wie leicht die Paradigmen zu kombinieren und zu mischen sind.

unter der dritten Hypostase, wie Plotin in seiner Diskussion ›über die drei urgrundhaften Sub-stanzen‹, ebenso die Seele verstehen, spräche er jedenfalls nicht von einem Mittleren von diesen, d.h. einem Mittleren zwischen Vater und Sohn. Plotin ordnet das Wesenselement der Seele dem väterlichen Intellect ja nach. Jener aber ordnet sie, indem er sie ein Mittleres nennt, nicht nach, sondern zwischen. Und selbstverständlich sprach er darüber, was wir den Heiligen Geist, weder nur [den] des Vaters noch nur [den] des Sohnes, sondern den Geist beider nennen, so gut er konnte oder wollte."[29]

Die neuplatonischen Implikationen dieser Feststellung erstrecken sich auf die beiden Hauptrichtungen dieser Schule, die das Lehrer-Schüler-Paar an ihrem Beginn einschlug, sind aber alles andere denn klar. „Die Textzitation gibt hier, und zwar buchstäblich übersetzt, nichts anderes als den Titel des Traktats an. Die Lehre von den drei Hypostasen ist in den ›Enneaden‹ derart allgemein, daß sie Augustinus in seinen groben Zügen genau darlegen konnte, ohne auf den Text selbst zurückzugreifen. Περὶ τῶν τριῶν ἀρχικῶν ὑποστάσεων ist ohne Zweifel die gedrängteste Ausführung dieser Lehre, insbesondere was die zweite Hypostase, den νοῦς, «Wort [Lógos]» des Einen betrifft. Das ist, könnte man sagen, der «christlichste» der Traktate von Plotin. Er wurde auch von mehreren Kirchenschriftstellern ersten Ranges vor wie nach Augustinus

[29] A. Augustinus, De civitate Dei 10.23, ⟨edd.⟩ B. Dombart / A. Kalb, ⟨tr.⟩ G. Combès, 34.504/506: *Quae autem dicat esse principia tamquam Platonicus, novimus. Dicit enim Deum Patrem et Deum Filium, quem Graece appellat paternum intellectum vel paternam mentem; de Spiritu autem sancto aut nihil aut non aperte aliquid dicit; quamvis quem alium dicat horum, non intellego. Si enim tertiam, sicut Plotinus, ubi de tribus principalibus substantiis disputat, animae naturam etiam iste vellet intellegi, non utique diceret horum medium, id est Patris et Filii medium. Postponit quippe Plotinus animae naturam paterno intellctui; iste autem cum dicit medium, non postponit, sed interponit. Et nimirum hoc dixit, ut potuit sive ut voluit, quod nos sanctum Spiritum, nec Patris tantum nec Filii tantum, sed utriusque Spiritum dicimus.*

zitiert. Vorher ist es Eusebius, der ihn ausgiebig verwendet; nachher sind es Kyrill von Alexandrien und Theodoret von Kyros. All diese Autoren zitieren textgetreu lange Passagen dieses Traktats und interessieren sich vor allem für die Lehre vom Wort [Lógos], wie Augustinus selbst. Es war «Basilius», der sich an die Plotinsche Beschreibung der Seele anschließt und die Elemente daraus an seine Nachforschungen über die Natur und die Attribute des Heiligen Geistes anpaßt. Der Ruf, dessen sich dieser «trinitarische» Traktat erfreut, der Kontext, innerhalb dessen ihn Augustinus zitiert, sogar die Präzision seiner Bezugnahme, machen glauben, daß "Περὶ τῶν τριῶν ἀρχικῶν ὑποστάσεων unter den *paucissimi Plotini libri* [äußerst wenigen Büchern Plotins] war, die man in Mailand in seine Hände gab."[30]

Zum Verständnis des Augustinischen Philosophierens ist neben den Übernahmen spekulativer Figuren aus dem Werk des Plotinos, wie erwähnt, gleichermaßen aber sein eifriges Ausschlachten der Bücher von dessen Schüler Porphyrios via Victorinus in Betracht zu ziehen. „Für die Lehre von der Dreifaltigkeit möchte ich jedoch eher an einen gemeinsamen Einfluß des Neuplatonismus auf Victorinus und Augustinus denken als an einen direkten Einfluß des ersteren auf letzteren."[31] Durch die Verschiebung der Betonung einzelner Elemente, die das hypostatische Gedankengebäude von Porphyrios gegenüber dem seines Lehrers auszeichnen, entsteht bei Übernahme von einzelnen Teilen beider natürlich allein

[30] P. Henry, Plotin et l'occident, pp. 127-128; meine erläuternden Ergänzungen und Übersetzungen in eckigen Klammern. Die Anführungszeichen im Zitat sind die des Originals. Cf. A. Dahl, Augustin und Plotin. Philosophische Untersuchungen zum Trinitätsproblem und zur Nuslehre, pp. 30-73.

[31] P. Hadot, Das Bild der Dreifaltigkeit in der Seele bei Victorinus und dem Heiligen Augustinus, pp. 329-330.

schon dadurch eine gewisse Spannung in der Statik der neuen Konstruktion. Dementsprechend verhält es sich denn auch in der Architektonik der Augustinischen Geist- und Seelenlehre. Ein Beispiel dafür ist die obig wiedergegebene Feststellung, Porphyrios habe das dritte Prinzip in die Mitte zwischen die beiden Urprinzipien gestellt, Plotinos dagegen darunter. Für den christlichen Theologen ist damit das trinitarische Problem von den Ordnungsverhältnissen der göttlichen Hypostasen und der Unterordnung der menschlichen Seele unter Gott verknüpft. Da ich den Sinn des zitierten Textabschnitts nicht ganz verstehe, weiß ich allerdings nicht hinreichend, wie. Die bedeutenden Interpreten schweigen sich darüber vornehm aus. Sie weisen allenfalls auf die Seelenlehre von Porphyrios als Herkunftsort des Gedankens, geben aber keinen Hinweis darauf, wie diese damit zusammenhängt. Der Doctor gratiae weiß es vermutlich selbst nicht. Wie er, frei fabulierend, darf ich deshalb meine Meinung zum besten geben:

Im besagten Passus überschneiden sich zwei Problemkreise, der übermenschlicher, reingeistiger, innergöttlicher Urgründe und der der Seelenlehre, die qua heidnische Hypostatik damit verknüpft ist. Für einen Vertreter des Christentums entstand im Gefolge davon die Mißlichkeit, einerseits die dritte Hypostase nebenordnen zu müssen, das heißt, in ihr den Hl. Geist zu erblicken, andererseits die heidnische Unterordnung der dritten Hypostase als Psyche bestätigen, ihr dadurch aber eine quasi außergöttliche Bedeutung zuerkennen und sie betreffs der Bestimmung des Hl. Geistes preisgeben zu müssen. Anders ausgedrückt, birgt die mangelnde Trennschärfe zwischen der Porphyrianischen Primärtrias, die sowohl dem Noũs als auch abbildhaft der Psyche zuzukommen scheint, bei der Aus- wie Umgestaltung der Dreifaltigkeitslehre die Gefahr einer Konfundierung der Prinzipienniveaus, die durch die im Sinn deutlich abweichende Hypostasentriade von Plotin zur Konfusion gesteigert wird. Die Prinzipienlehre von Augustinus konnte davon nicht unbeeinflußt bleiben. Er scheint sich ja auch betreffs seiner Lehre von der Seele als Abbild der Trinität gerade auf Porphyrios zu berufen. „Nach Plotin hat man die Seele weiterhin als eine vielfältige Einheit angesehen, mehr noch, man hat diesbezüglich den Begriff ὁμοούσιος [wesensgleich] verwendet. Das wissen wir durch Proklos. Hier muß man, glaube ich, die von W. Theiler in seinem Buch über Porphyrios und Augustinus formulierte Arbeitshypothese annehmen: jede von Neuplatonikern nach Augustinus und – wie ich meinerseits hinzufügen möchte – nach Victorinus vertretene Lehre, die sich bei Augustinus und – wie wir ergänzen wollen – bei Victorinus wiederfindet, muß sehr wahrscheinlich auf Porphyrios oder jedenfalls einen Neuplatoniker zurückgeführt werden, der vor Augustinus (und Victorinus) lebte. Doch muß man diese Hypothese präzisieren, indem man sagt, es verhalte sich so unter der Bedingung, daß man nicht schon bei Plotin selbst die durch Proklos bezeugte Lehre finde. ... Der spätere Neuplatonismus und, sagen wir es nochmals, wahrscheinlich Porphyrios, faßte also die Seele als eine Dreiheit auf: Sein, Leben und Denken. Proklos bezeugt diese Lehre“.[32]

Da die Porphyrianische Doktrin von der Seele andererseits auf eine trigrade Dreiheit plotinischer Provenienz rekurriert, wird die Augustinische Lehre von den psychischen Funktionskreisen und den menschlichen Erkenntnisvermögen sowohl mit den Porphyrianischen wie Plotinschen Vorlagen konfrontiert. Im ›Gottesstaat‹ beruft sich der Gottesmann aus Thagaste ein ums andere Mal auf ein verschollenes Werk von Porphyr, um seine Position zu untermauern. Es trägt den (von Augustinus latinisierten) Titel ›Von der Rückkehr der Seele/De regressu animae‹. Darin habe der Schüler Plotins, so schließen heutige

---

[32] P. Hadot, Das Bild der Dreifaltigkeit in der Seele bei Victorinus und dem Heiligen Augustinus, pp. 331 ... 332, unter Berufung auf Proklos, In Timaium II, S. 166,28.

Spezialisten aus den Ausführungen Augustins, die Lehre von einer Doppelseele im Menschen vertreten, die zwischen das Somatische und Göttliche geschoben sei. Ihr unterer Funktionsbereich sei an das Körperlich-Materielle gekoppelt, umfasse das Vegetative, Sensuale, Rationale, sei sterblich und werde von Augustinus häufig mit *spiritus* übersetzt, was ich in Ermangelung eines geeigneteren deutschen Fachbegriffs hier einmal mit Gemüt wiedergeben will. Ihr oberer Funktionsbereich sei seelisch-geistig wie der untere, im Gegensatz dazu vom Körperlichen jedoch völlig abgekoppelt und immateriell, unsterblich und ewig wie Gott, der Noũs nämlich, den Augustinus für gewöhnlich mit *mens* (Intellect/Geist) übersetze und der die Geisteinsicht des Seienden, der unkörperlichen und göttlichen Schauungsgegenstände, insbesondere der Ideen des Lógos, vollziehe.[33] Die aus dieser Schichtung resultierende Tetramorphie des Mentalen taucht in der ›Trinitätsschrift‹ tatsächlich auf und kommt, während sie schon bei Philon (siehe in meinem Kapitel dazu) vorgebildet ist, dem Hypostasemodell in seiner typischen Form ziemlich nahe:

---

[33] Cf. G. Bardy ⟨com.⟩, A. Augustinus, De civitate Dei (La Cité de Dieu (VI-X)), Œuvres de Saint Augustin, 34.619-622, 628-630, notes complémentaires 77, 84-86; dort die Zitation der Porphyrios-Stelle, auf die sich Augustinus anscheinend berief, wie sie bei Kyrillos von Alexandrien, Contra Iulianum, Patrologia Graeca, 76.553B, vorliegt. Die Bemerkung des Kommentators, Augustinus habe in diesem Textstück kundgetan, daß die Lehre Plotins der seines Schülers unvergleichlich überlegen sei, ist, da ohne näheren Kommentar, in ihrem Sinn nicht erschließbar. Vielmehr evoziert sie die Frage, warum dann als heidnischer Zeuge für das Trinitätsdogma und die Rolle des Heiligen Geistes gerade Porphyrios aufgerufen wird. Daran ändert auch die Polemik gegen Porphyrios im anschließenden Kapitel 10.24 von ›De civitate Dei‹ nichts. Außerdem sehe ich nicht, wie l. c. ebenso behauptet wird, daß Augustin in der dritten Hypostase des Porphyrios den Heiligen Geist nicht erkennen konnte, wo er das über dem Umweg leiser Ironie doch gerade tut.

(ϒ4) Gott (*Deus*);
(ϒ3) Abbild und Zierde Gottes (*imago et gloria Dei*) = Geist/ Intellect (*mens*) = Kontemplations-/Schauungsvernunft (*ratio contemplationis*) = Vernuft- oder Verstandesseele (*anima rationalis vel intellectualis*) = Geistseele (*animus*) = Mann (*vir*): im gottgemäßen Leben auf das Unsichtbare hingewendet;
(ϒ2) Zierde des Mannes (*gloria viri*) = Vernunft (*ratio*) = Aktions-/Werkvernunft (*ratio actionis*) = Seele (*anima*) = Frau (*mulier*): aus Überlebensgründen auf den Gebrauch
(ϒ1) wandelbarer und körperlicher Dinge ausgerichtet;
(ϒ'1) Körpersinne (*sensus corporis*) = Schlange (*serpens*).[34]

Der Porphyrianischen BewußtSeins-Hierarchie gemäß, die ja, das wurde bereits vorgeführt, noch weiter unterteilt ist, finden wir in einer pseud-augustinischen Schrift – wie nahe sie den diesbezüglich variierenden Originalen steht, muß ich einmal dahingestellt sein lassen – ein Modell von fünf typisch neuplatonischen Hauptschichten, das folgendermaßen wiederzugeben ist:

[34] Cf. Augustinus, De Trinitate 12.13.20-21 (Hauptstelle); 12.1.1-12.8.13; 15.1.1, ⟨edd./trr.⟩ M. Mellet / T. Camelot / P. Agaësse, 16.248/251; 212/237; 420/421. Zu den Bildern: Adam, Eva, Schlange cf. Philon, De opificio mundi 149-166. Die geplante Aufnahme und Weiterführung des Schemas und Themas durch Meister Eckhart, Die lateinischen Werke, 1.601-624 (Liber parabolarum Genesis 3/135-1.26/153), konnte leider nicht realisiert werden. H. Liebeschütz, Meister Eckhart und Moses Maimonides, p. 86, gibt ein zusätzliche Stelle seiner Überlieferung an: Ambrosius, De paradiso 2.11-3.23, Patrologia Latina, 14.295C-300B. Zur generellen Bedeutung und zum allgemeinen, merklich schwankenden Augustinischen Gebrauch der Termini *anima, animus, mens, spiritus,* cf. J. Moingt ⟨com.⟩, A. Augustinus, De Trinitate (La Trinité (Livres VIII-XV)), Œuvres de Saint Augustin, 16.581-583, notes complémentaires 9.

(ϒ1) Sinne (*sensus*) – Erde (*terra*)
(ϒ1½) Ein-bildung/Vorstellung (*imaginatio*) – Wasser (*aqua*)
(ϒ2) Vernunft (*ratio*) – Luft (*aer*)
(ϒ3_1) Intellect/Verstand (*intellectus*) – Äther (*æther*) oder Firmament (*firmamentum*)
(ϒ3_2) [ϒ $\overset{\rightleftarrows}{3}$] Geisteinsehen (*intelligentia*) – höchster Himmel (*supremum cœlum*) oder Empyreum (*empyreum*).[35]

In anderen Werken wird die geradezu klassische Drei-/Vierfachheit oder Drei-/Vierstufung durch Fünf- bis Siebengradskalen ergänzt bzw. ersetzt. Diese Schwankungen dürften auf die Auslegungsweisen des Porphyrianischen Vorbilds zurückgehen, in welchem, genau gezählt, sowohl für den reingeistigen als auch für den innerkosmischen Bereich jeweils drei Funktionskreise zu veranschlagen sind: Sein – Leben – Geist; Seele – Vorstellungskraft/Phantasie – Körper; von den Subtilitäten möchte ich hier gar nicht anfangen zu reden. Als Beispiel für die Erweiterung des Fünfphasenmodells hier der sechssprossige, nicht mit dem Porphyrianischen deckungsgleiche, Aufstieg (*gradatim*) der Erkenntnis, wie er in den ›Konfessionen‹ expliziert ist. Er erstreckt sich

(ϒ1) vom Körperlichen (*a corporibus*)
(ϒ2_1) zu der durch den Körper empfindenden Seele, der Empfindungsseele (*ad sentientem per corpus animam*), von da
(ϒ2_2) zu deren inneren Kraft, der
(ϒ'1) die Körpersinne
(ϒ1) das Äußere melden (*ad eius interiorem vim, cui sensus corporis exteriora nuntiaret*),

[35] Pseud-Augustinus, De spiritu et anima 4, Patrologia Latina, 40.782, ⟨edd./trr.⟩ J. M. Péronne et al., 22.415.

(Υ2₃) dann weiter zum Vernunftvermögen, das über das zu urteilen hat, was die Körpersinne aufnehmen (*inde rursus ad ratiocinantem potentiam, ad quam refertur iudicandum, quod sumitur a sensibus corporis*), aber selbst noch veränderlich/unstet/unsicher ist (*quae se quoque in me conperiens mutabilis*),

(Υ'3₁) dann erhebt es sich zu seiner Intellect-Einsicht und führt das Geisterfassen/Erwägen weg von der Gewohnheit (*erexit se ad intellegentiam suam*),

(Υ'3₂) um letztlich in einer Erschütterung, einem Schlag zitternden Erblickens bei dem anzugelangen, was ist,

(Υ4) indem das (göttliche) Unsichtbare

(Υ'3₂) durch das geschaffene Einsehbare/Verstehbare erblickt wird (*et pervenit ad id, quod est in ictu trepidantis aspectus. Tunc vero »invisibilia tua per ea quae facta sunt intellecta« conspexi*).[36]

Den von der Zahl der Sprossen her verstandenen Gipfelpunkt der Augustinischen Schemata bildet seine Siebengrad-Skala.[37] Sie beruht, wie implizit die meisten seiner Hierarchien, auf der einfachen und klassischen hypostatischen Vorlage, angewandt auf die drei Grundleistungen (*valeret/actus*) der menschlichen Seele (*anima ... humana*), die auf drei Vollzugsniveaus wirken,

(Υ1) im Körper (*in corpore*)
(Υ2) in ihr selbst (*in seipse*) und
(Υ3) bei Gott (*apud Deum*); wenn die Seele vollkommen

---

[36] Cf. A. Augustinus, Confessiones 7.17.23, ⟨ed./tr.⟩ J. Bernhart, pp. 346/347. Allgemeine Übersicht zu den Stufen der Erkenntnis(vermögen) und des geistigen bzw. geistlichen Wachstums bei Augustinus in K. Ruh, Geschichte der abendländischen Mystik, 1.91–97.

[37] E. Hendrikx, Augustins Verhältnis zur Mystik, pp. 110–123, diskutiert einige 7-Stufen-Modelle des Kirchenlehrers.

rein ist (*mundissima*),

(Υ4) ist sie ihrem höchsten und vollständigen Gut (*summum atque omne bonum suum*), nämlich Gott, am allernächsten (... *Deum cui proxima est*).[38]

„Die Parallelen der Neuplatoniker zu diesen drei Sprossen sind ... unschwer zu finden."[39] Diese sind wiederum aufgefächert in sieben Stufen, von denen so manche der unteren Aristoteles anklingen läßt,

1) die vegetative, verlebendigende (*vivicat*);
2) die sinnliche (*sensus*), gekennzeichnet durch Schlaf (*somnus*), Traum (*somnia*) und Gedächtnis (*memoria*);
3) die rein menschliche (*homini proprius*) der Künste (*ars*) und Kultur (*cultus*), auf der die Religion die Seele zu führen beginnt (*incipit ducere*);
4) die reinigende (*mundationis*), um sich in sich selbst zurückzuhalten (*in seipsa .. tenet*), auf der die Religion die Seele reinigt (*purgat*);
5) die gereinigte (*tenere puritatem*), um sich mit ungeheurem und unglaublichem Vertauen zu Gott, d.h. unmittelbar zur Schau der Wahrheit aufzumachen (*ingenti quadam et incredibili fiducia pergit in Deum, id est, in ipsam contemplationem veritatis*), auf der die Religion die Seele erneuert/reformiert (*reformat*);
6) die des höchsten Anblicks für die Seele (*summus aspectus .. animae*), auf der die Religion hineinführt (*introducit*);
7) die unmittelbare Schau und Kontemplation der Wahrheit (*Iamvero in ipsa visione atque contemplatione veritatis*), die

---

38 Cf. A. Augustinus, De quantitate animae 33.70, ⟨ed.⟩ C. Andresen, ⟨tr.⟩ K.-H. Lütcke, pp. 216/217.

39 O. Schissel v. Fleschenberg, Marinos von Neapolis und die neuplatonischen Tugendgrade, p. 82.

> siebte und letzte Stufe, die eigentlich keine Stufe mehr ist, sondern ein Aufenthalt, zu dem man über jene Stufen gelangt (*qui septimus atque ultimus animae gradus est; neque iam gradus, sed quaedam mansio, quo illis gradibus pervenitur*), an dem die Religion die Seele ergötzt (*pascit*).[40]

Diese längeren Ausführungen Augustins werden gegen Ende des besprochenen Passus von ihm selbst in dreifacher Weise auf den Punkt gebracht, und zwar in der einfachen Aufzählung der sieben Aktionsstufen, der dazugehörigen Aktionsradien und der jeweiligen Schönheiten oder Vortrefflichkeiten (*propria pulchritudo*) dieser.[41]

[40] Cf. A. Augustinus, De quantitate animae 33.70–76; 36.80, ⟨ed.⟩ C. Andresen, ⟨tr.⟩ K.-H. Lütcke, pp. 218/229; 240/241.

[41] Cf. A. Augustinus, De quantitate animae 35.79, ⟨ed.⟩ C. Andresen, ⟨tr.⟩ K.-H. Lütcke, pp. 238/239.

DIE SIEBEN SEELENTREPPEN DES HL. AUGUSTINUS

	Hypostase	Aktstufe	Aktradius	Schönheit	
(Υ_4)	DEUS Gott			PULCHRITUDO Schönheit	
(Υ_3)	apud Deum bei Gott	*contemplatio* Kontemplation	*apud Deum* bei Gott	*pulchre apud pulchritudinem* schön bei der Schönheit	7
		ingressio Eintritt	*ad Deum* zu Gott	*pulchre ad pulchritudinem* schön zur Schönheit hin	6
(Υ_2)	in seipsum in sich selbst	*tranquillitas* Ruhe/Stille	*in seipsa* in sich selbst	*pulchre in pulchro* schön im Schönen	5
		virtus Tugend	*ad seipsam* zu sich selbst	*pulchre ad pulchrum* schön zum Schönen hin	4
(Υ_1)	in corpore im Körper	*ars* Kunst	*circa corpus* im Umkreis des Körpers	*pulchre circa aliud* schön im Umkreis von anderem	3
		sensus Sinnlichkeit	*per corpus* durch den Körper	*pulchre per aliud* schön durch anderes	2
		animatio Beseelung	*de corpore* wegen des Körpers	*pulchre de alio* schön wegen anderem	1

Wie diese komplexe Konfiguration, nehmen die meisten Auf- und Abstiegsmodelle des aus Nordafrika stammenden Gottesmannes ihren Ausgang von der basalen Hypostatik der heidnischen Neuplatoniker. So beruht die Augustinische Skala seiner drei Betrachtungsarten (*tria visionum genera*) auf der einfachen Form des Plotinischen Aufbaus. „In ›De genesi ad litteram‹ (Buch XII, fertiggestellt 415) übernimmt Augustinus diese Klassifikation anläßlich der Visionen, entsprechend welcher die Heiligen gewürdigt werden können: ...“[42] Ich möchte sie abschließend mit einer Vorerinnerung an die Darstellung der drei Bewegungsformen von Geistvollzügen (geradlinig, helixartig, kreisförmig), des dreifachen Geistauges und des mystischen Dreitakts (Reinigung, Erleuchtung, Einung) als schlichteste, doch tragfähigste seiner Einteilungen wiedergeben:

(ϒ1) Die körperliche (*corporale*) Betrachtungsart,
(ϒ2) die seelisch-gemüthafte (*spiritale*) und
(ϒ3) die intellectuale/geistige (*intellectuale/mentale*).[43]

---

[42] G. Bardy ⟨com.⟩, A. Augustinus, De civitate Dei (La Cité de Dieu (VI-X)), Œuvres de Saint Augustin, 34.620, notes complémentaires 77.

[43] Cf. A. Augustinus, De genesi ad litteram libri duodecim 12.6.15-12.37.70; 12.31.59, ⟨ed.⟩ J. Zycha, ⟨rev.⟩ P. Monat, ⟨tr.⟩ P. Monat, 49.346/457; 434/437; idem, Contra Adimantum 28.2, ⟨edd./trr⟩ R. Jolive / M. Jourjon, 17.368/375; idem, Tractatus in Iohannis evangelium 20.11, ⟨ed. bénedictine⟩, ⟨tr.⟩ M.-F. Berrouard, 72.254/257; detaillierte inhaltliche Erläuterungen dazu bei P. Agaësse / A. Solignac, A. Augustinus, De genesi ad litteram libri duodecim (La Genèse au sens littéral en douze livres VIII-XII), Œuvres de Saint Augustin, 49.559-585, notes complémentaires 49-52; andere dreigliedrige Schemata mit den Komponenten (ϒ4), (ϒ2), (ϒ1) und annähernd viergliedrige (mikrokosmische) bei Augustinus gibt J. Pépin, Univers Dionysien et univers Augustinien, pp. 188-189, 197-199; zur Triade »Sein, Leben, Erkennen« und den bei Augustinus aufscheinenden, nach der Unterscheidung intellectiv-intelligibel (*intellectualis-intelligibilis*, gr. *noerón-noētón*) graduierten neuplatonischen Geistwelten, cf. o.c., pp. 192-195.

Als letztes Dokument aus dem lateinisch-weströmischen Überlieferungszweig des antiken Christentums führe ich das Schema des Wahrnehmungsprozesses von Boëthius aus Rom (ca. 480-524) an:

(Υ'1) Die Sinne (*sensus*) beurteilen
(Υ1) die Gestalt
(Υ0) in der zugrundeliegenden Materie (*figuram in subiecta materia*);
(Υ'1) diese Erkenntnisweise ist den unbeweglichen Lebewesen eigentümlich (*immobilibus animantibus*).
(Υ1½) Die Vorstellung (*imaginatio*) beurteilt die Gestalt ohne Materie (*solam sine materia figuram*); diese Erkenntnisweise ist den beweglichen Tieren mit Neigung zu meiden und zu begehren eigentümlich (*mobilibus beluis, quibus iam inesse fugiendi appetendive aliquis videtur affectus*).
(Υ2) Die Vernunft (*ratio*) erwägt die Idee/Gattung/Form selbst nach universalen Gesichtspunkten (*speciem ipsam universali consideratione perpendit*); diese Erkenntnisweise hat nur die menschliche Gattung (*humani tantum generis est*).
(Υ3) Die Intellecteinsicht (*intelligentia*) betrachtet jene einfache Form/Idee selbst mit der reinen Schärfe des Geistes (*ipsam illam simplicem formam pura mentis acie contuetur*); diese Erkenntnisweise ist nur
(Υ4) der göttlichen Art eigentümlich (*sola divini*).[44]

Würde es auffallen, wenn ich dafür einen Nachweis aus den Abhandlungen von Porphyrios, Augustinus oder anderen neuplatonisch angehauchten Spekulationskünstlern gäbe? Was an

44 Cf. Boëthius, Consolatio philosophiae 5.4.83-116; 5.5.12-21.

diesen Modellen, außer einigen schulspezifischen Bezeichnungen, speziell christlich, neu und einzigartig sein soll, ist verschwindend. Ihre Versehung mit einer sekteneigenen Symbolik und ihre Füllung mit theologischen Inhalten ändern nichts daran, daß sie aus dem breiten Strom metaphysischer Überlieferung gefischt und dieserart Allgemeingut der Philosophie sind. Die daran vorgenommenen Umdeutungen, die Einbettung in andere Sinnbezüge, die Verwendung für verengte dogmatische Interessen, sind übliche Verfahrensweisen vieler, ja aller weltanschaulichen Schulen, die zu einer Erhöhung ihres rationalen Status führen sollen. Da die meisten Einschätzungen des sogenannten christlichen und sogenannten heidnischen Neuplatonismus strukturphilosophisch betrachtet auf beiden Seiten verzerrt oder ungenügend sind, weil sie fast nie rein, d.h. ohne ihre inhaltlichen Besonderheiten vorgenommen werden, müssen es selbstverständlich auch die Vergleiche beider sein, weshalb die Diskussion der dazu vorliegenden Forschungsbeiträge eine mehrschichtige und verwickelte Angelegenheit darstellt, die die Parallaxen und Brüche einzeln und in bezug aufeinander thematisieren müßte und auf diese Weise beträchtlichen Raum in Anspruch nähme. Mosaiksteine meiner Auseinandersetzung damit sind über die gesamte Studie hier verstreut; einen größeren Forschungsaufwand ist mir die Sache nicht wert, um die Erforschung von Wichtigerem, das in den abschließenden beiden Faszikeln zur Sprache gebracht werden soll, nicht zu verabsäumen.

Literatur

Aall, Anathon: Der Logos. Geschichte seiner Entwicklung in der griechischen Philosophie und der christlichen Litteratur, 2 Bde., Frankfurt 1968 (Nachdr. d. Ausg. Leipzig 1896-1899)

Aland, Barbara: Erwählungstheologie und Menschenklassenlehre. Die Theologie des Herakleon als Schlüssel zum Verständnis der christlichen Gnosis?, in: ⟨ed.⟩ Krause, Martin: Gnosis and Gnosticism. Papers read at the Seventh International Conference on Patristic Studies (Oxford, September 8th–13th 1975), Leiden 1977, 148-181

Aland, Barbara: Gnosis und Philosophie, in: ⟨ed.⟩ Widengren, Geo, assisted by Hellholm, David: Proceedings of the International Colloquium on Gnosticism, Stockholm, August 20-25 1973, Stockholm–Leiden, 34-73

Alexander Aphrodisias: De anima liber cum mantissa, ⟨ed.⟩ Bruns, Ivo, Berlin 1887

Alexander Aphrodisias: De anima, ⟨tr.⟩ Fotinis, Athanasios P.: The De anima of Alexander of Aphrodisias, Washington/DC 1979

Alexander Aphrodisias: De anima (Mantissa), ⟨tr.⟩ Sharples, R. W.: Alexander of Aphrodisias: Supplement to On the Soul, London 2004

Alexander Aphrodisias: De intellectu, ⟨trr.⟩ Schroeder, Frederic M. / Todd, Robert B.: Two Greek Aristotelian Commentators on the Intellect. The *De Intellectu* Attributed to Alexander of Aphrodisias and Themistius' Paraphrase of Aristotle *De Anima* 3.4-8, Toronto 1990

Alkinoos [Albinus]: Didaskalikos (gr./frz.), ⟨ed.⟩ Whittaker, John, ⟨tr.⟩ Louis, Pierre: Enseignement des doctrines de Platon/Epitome doctrinae Platonicae, Paris 1990

Alkinoos [Albinus]: Didaskalikos, ⟨tr.⟩ Dillon, John M.: Alcinous: The Handbook of Platonism, Oxford et al. 1995 (reprint of [1]1993)

Allard, Guy-H.: Johannis Scoti Eriugenae Periphyseon indices generales, Montréal–Paris 1983

Amelios: Fragmenta, ⟨ed.⟩ Zoumpos, A. N.: Amelii neoplatonici Fragmenta (Pars I) & Amelius von Etrurien. Sein Leben und seine Philosophie. Beitrag zur Geschichte des Neuplatonismus (Pars II), Phil. Diss. München, Athen 1956

Apollonios Tyanaios: Epistolae (gr./engl.), ⟨ed./tr./adnot.⟩ Penella, Robert J.: The Letters of Apollonius of Tyana. A Critical Text with Prolegomena, Translation and Commentary, Leiden 1979

Aristoteles: Metaphysica, 2 Halbbde. (gr./dt.), ⟨ed.⟩ Seidl, Horst, ⟨tr.⟩ Bonitz, Hermann, Hamburg ^{3}1989 & ^{2}1984

Armstrong, A. H.: The Architecture of the Intelligible Universe in the Philosophy of Plotinus. An Analytical and Historical Study, Amsterdam 1967 (reprint of ed. Cambridge ^{1}1940)

Arnou, R.: Platonisme des pères, in: ⟨edd.⟩ Vacant, A. / Mengenot, E. / Amann, É.: Dictionnaire de théologie catholique, tome 12.2, Paris 1935, 2258-2392

Aufhauser, Johannes B.: Buddha und Jesus in ihren Paralleltexten, Bonn 1926

Augustinus, Aurelius: Confessiones (lat./dt.), ⟨ed./tr.⟩ Bernhart, Joseph, Frankfurt/M. 1987 (^{1}1955)

Augustinus, Aurelius: Confessiones (lat./frz.), ⟨ed.⟩ Skutella, M., ⟨trr.⟩ Tréhorel, E. / Bouissou G., ⟨introd./adnot.⟩ Solignac, A., 2 tomes, Œuvres de Saint Augustin, tomes 13-14, deuxième série, Paris 1962

Augustinus, Aurelius: Contra Adimantum (lat./frz.), ⟨edd./trr⟩ Jolivet, R. / Jourjon, M.: Six traités anti-manichéens, Œuvres de Saint Augustin, tome 17, deuxième série, Paris 1961, 195-375

Augustinus, Aurelius: De civitate Dei contra paganos libri viginti duo (lat./frz.), ⟨edd.⟩ Dombart, B. / Kalb, A., ⟨tr.⟩ Combès, G.: La Cité de Dieu, 5 tomes, Œuvres de Saint Augustin, tomes 33-37, cinquième série, Paris 1959-1960

Augustinus, Aurelius: De doctrina christiana (lat./frz.), ⟨edd./trr.⟩ Combès, G. / Farges, J.: La doctrine chrétienne, Œuvres de Saint Augustin, tome 11, première série, Paris 1949, 149-541

Augustinus, Aurelius: De genesi ad litteram imperfectus liber (lat./frz.), ⟨ed.⟩ Zycha, J., ⟨rev.⟩ Monat, Pierre, ⟨tr.⟩ Monat, Pierre: Sur la Genèse au sens littéral, livre inachevé, Œuvres de Saint

Augustin, tome 50, septième série, Paris 2004, 385-580

Augustinus, Aurelius: De genesi ad litteram libri duodecim (lat./frz.), ⟨ed.⟩ Zycha, J., ⟨trr.⟩ Agaësse, P. / Solignac, A.: La Genèse au sens littéral en douze livres, 2 tomes, Œuvres de Saint Augustin, tomes 48-49, septième série, Paris 1972

Augustinus, Aurelius: De Genesi contra Manichaeos (lat./frz.), ⟨ed.⟩ Mauristes, ⟨rev.⟩ Monat, Pierre, ⟨tr.⟩ Monat, Pierre: Sur la Genèse contre les Manichéens, Œuvres de Saint Augustin, tome 50, septième série, Paris 2004, 1-383

Augustinus, Aurelius: De quantitate animae de magistro, ⟨ed.⟩ Andresen, Carl, ⟨tr.⟩ Lütcke, Karl-Heinrich: Die Größe der Seele der Lehrer: Philosophische Spätdialoge (lat./dt.), Zürich–München 1973

Pseud-Augustinus: De spiritu et anima, in: ⟨ed.⟩ Migne, J.-P.: Patrologia Latina, tomus 40, Paris 1887

Augustinus, Aurelius: De Trinitate (lat./frz.),⟨edd./trr.⟩ Mellet, M. / Camelot, Th. / Agaësse, P.: La Trinité (Livres I-XV), 2 tomes, Œuvres de Saint Augustin, tomes 15-16, deuxième série, Paris 1955

Augustinus, Aurelius: Œuvres complètes de Saint Augustin évêque d'Hippone (lat./frz.), 33 tomes, ⟨edd./trr.⟩ Péronne, Joseph Maxence et al., Paris 1869-1878

Augustinus, Aurelius: Tractatus in Iohannis evangelium I-XXXIII (lat./frz.), ⟨ed. bénedictine⟩, ⟨tr.⟩ Berrouard, M.-F., 2 tomes, Œuvres de Saint Augustin, tomes 71-72, neuvième série, Paris 1969-1977

Bäumer, Bettina: Trika. Grundthemen des kaschmirischen Śivaismus, ⟨ed./tr.⟩ Fürlinger, Ernst, Innsbruck–Wien [3]2008 ([1]2003)

Balas, David L.: The Idea of Participation in the Structure of Origen's Thought. Christian Transposition of a Theme of the Platonic Tradition, in: ⟨edd.⟩ Crouzel, Henri / Lomiento, Gennaro / Rius-Camps, Josep: Origeniana. Premier colloque international des études origéniennes (Montserrat, 18-21 septembre 1973), Bari 1975, 257-275

Baltes, Matthias: Marius Victorinus. Zur Philosophie in seinen theologischen Schriften, München–Leipzig 2002

Baltes, Matthias: Numenios von Apamea und der Platonische Timaios, in: Vigiliae Christianae 29 (1975), Leiden, 241-270 von Balthasar, Hans Urs: Die Hiera des Evagrius, in: Zeitschrift für katholische Theologie 63 (1939), Innsbruck–Leipzig, 86–106, 181–206

von Balthasar, Hans Urs: Kosmische Liturgie. Das Weltbild Maximus' des Bekenners, Einsiedeln–Trier [3]1988

von Balthasar, Hans Urs: Le Mysterion d'Origène, in: Recherches de science religieuse 26 (1936), 513–562 & 27 (1937), 38–64, Paris

von Balthasar, Hans Urs: Metaphysik und Mystik des Evagrius Ponticus, in: Zeitschrift für Aszese und Mystik 14 (1939), Innsbruck–Wien–München, 31–47

von Balthasar, Hans Urs: Origenes: Geist und Feuer. Ein Aufbau aus seinen Schriften, Salzburg–Leipzig 1938

Baur, Ferdinand Christian: Apollonius von Tyana und Christus. Ein Beitrag zur Religionsgeschichte der ersten Jahrhunderte nach Christus, Hildesheim–Zürich–New York 2000 (Nachdr. d. Ausg. Leipzig 1876)

Bazán, Francisco García: The „Second God" in Gnosticism and Plotinus' Anti-Gnostic Polemic, in: ⟨edd.⟩ Wallis, Richard T. / Bregman, Jay: Neoplatonism and Gnosticism, Albany/NY 1992, 55–83

Beierwaltes, Werner: Das wahre Selbst. Studien zu Plotins Begriff des Geistes und des Einen, Frankfurt/M. 2001

Beierwaltes, Werner: Platonismus im Christentum, Frankfurt/M. [2]2001 ([1]1998)

Beierwaltes, Werner: Plotins Metaphysik des Lichtes, in: ⟨ed.⟩ Zintzen, Clemens: Die Philosophie des Neuplatonismus, Darmstadt 1977, 75–117

Beierwaltes, Werner: Proklos. Grundzüge seiner Metaphysik, Frankfurt/M. [2]1979

Berchman, Robert M.: From Philo to Origen. Middle Platonism in Transition, Chico/CA 1984

van den Bergh von Eysinga, G. A.: Basileides und der Buddhismus, in: Aus Indiens Kultur. Festgabe Richard von Garbe, dem Forscher und Lehrer zu seinem 70. Geburtstag dargebracht von seinen Freunden, Verehrern und Schülern, Erlangen 1927, 74–77

Bethune-Baker, James Franklin: An Introduction to the Early History of Christian Doctrine to the Time of the Council of Chalcedon,

London 1954 (reprint of 1903)

Bidez, Joseph ⟨ed.⟩: Catalogue des manuscrits alchimiques grecs VI. Michel Psellus: Épître sur la Chrysopée. Opuscules et extraits sur l'alchimie la météorologie et la démonologie. En appendice: Proclus: Sur l'art hiératique. Psellus: Choix de dissertations inédites, Bruxelles 1928, Appendice III: Sur un passage de Jean Climaque, 167-176

Blank, Josef: Das Evangelium nach Johannes, 3 Tle. in 4 Bdn., Düsseldorf 1977-1981

Blumenthal, Henry J.: Soul and Intellect. Studies in Plotinus and Later Neoplatonism, Aldershot–Brookfield/VT 1993

Böhm, Thomas: Unbegreiflichkeit Gottes bei Origenes und Unsagbarkeit des Einen bei Plotin – Ein Strukturvergleich, in: ⟨ed.⟩ Perrone, Lorenzo, in collaboration with P. Bernardino and D. Marchini: Origeniana octava. Origen and the Alexandrinian Tradition. Papers of the 8th International Origen Congress Pisa 27-31 August 2001, Leuven, 451-463

Boëthius, Anicius Manlius Torquatus Severinus: Consolatio philosophiae (lat./dt.), ⟨ed./tr.⟩ Gigon, Olof: Boethius. Trost der Philosophie, Zürich–Stuttgart ²1969 (¹1949)

Braun, F.-M.: Hermétisme et Johannisme, in: Revue Thomiste 55 (1955), Bruges et al., 22-42, 259-299

Bregman, Jay: Synesius of Cyrene. Philosopher-Bishop, Berkeley–Los Angeles–London 1982

Bregman, Jay: Synesius, the Hermetica and Gnosis, in: ⟨edd.⟩ Wallis, Richard T. / Bregman, Jay: Neoplatonism and Gnosticism, Albany/NY 1992, 85-98

Bréhier, Émile: La philosophie de Plotin, Paris 1928

Bréhier, Émile: L'idée du néant et le problème de l'origine radicale dans le Néoplatonisme Grec, in: Revue de métaphysique et de morale 26 (1919), Paris 443-475

Bréhier, Émile: Les idées philosophiques et religieuses de Philon d'Alexandrie, Paris ³1950

Brisson, Luc: Orphée et l'Orphisme dans l'Antiquité gréco-romaine, Aldershot–Brookfield/VT 1995

Brisson, Luc: The Platonic Background in the *Apocalypse of Zostrianos,* in: ⟨ed.⟩ Cleary, John J.: Traditions of Platonism. Essays in

Honour of John Dillon, Aldershot et al. 1999, 173-188

Brumbaugh, Robert S.: Plato on the One. The Hypotheses in the *Parmenides* (gr./engl.), New Haven 1961

Brons, Bernhard: Gott und die Seienden. Untersuchungen zum Verhältnis von neuplatonischer Metaphysik und christlicher Tradition bei Dionysius Areopagita, Göttingen 1976

Bruns, J. Edgar: The Christian Buddhism of St. John. New Insights into the Fourth Gospel, New York–Paramus/NJ–Toronto 1971

Bundy, David: Structures of Origenism: The Case of the Expurgated Syriac Version (S_1) of the *Kephalaia gnostica* of Evagrius, in: ⟨ed.⟩ Daly, Robert J.: Origeniana Quinta. Papers of the 5th International Origen Congress Boston College 14-18 August 1989, Leuven 1992, 577-584

Carus, Paul: Das Evangelium des Buddha. Nach alten Quellen erzählt von Paul Carus, illustriert von O. Kopetzky, autorisierte zweite deutsche Auflage von Karl Seidenstücker, Chicago–London 1919 (1. engl. Originalausg. 1894)

Cavalcanti, Elena: Y a-t-il problèmes Eunomiens dans la pensée trinitaire de Synésius?, in: Studia Patristica 13-2 (1975), Texte und Untersuchungen zur Geschichte der altchristlichen Literatur, Bd. 116, Berlin 1975, 138-144

Ceming, Katharina: Einheit im Nichts. Die mystische Theologie des Christentums, Buddhismus und Hinduismus im Vergleich, Augsburg 2004

Ceming, Katharina: Gewalt und Weltreligionen. Eine interkulturelle Perspektive, Nordhausen 2005

Ceming, Katharina / Sturm, Hans P.: Buddhismus, in: Wissen aktuell, Weltreligionen. Die bedeutendsten Daten, Fakten, Ereignisse und Personen, Trautwein Lexikon-Edition, München 2003, 283-352

Chadwick, Henry: Philo and the Beginnings of Christian Thought, in: ⟨ed.⟩ Armstrong, A. H.: The Cambridge History of Later Greek and Early Medieval Philosophy, Cambridge et al. 1991 ([1]1967)

Clark, Mary T.: The Neoplatonism of Marius Victorinus the Christian, in: ⟨edd.⟩ Blumenthal, H. J. / Markus, R. A.: Neoplatonism and Early Christian Thought, London 1981, 153-159

Clark, Mary T.: A Neoplatonic Commentary on the Christian

Trinity: Marius Victorinus, in: ⟨ed.⟩ O'Meara, Dominic J.: Neoplatonism and Christian Thought, Albany/NY 1982, 24-33, 240-241

Clark, Robert Maurice: A Study of Christological Categories in the Indian Church, as Compared with those of the Early Church, New York 1949 (Theol. Diss.)

Clemens Alexandrinus: ⟨ed.⟩ Stählin, Otto: Clemens Alexandrinus, 4 Bde., Leipzig 1905-1936 (Bde. 1, 3, 4), Berlin [4]1985 (Bd. 2)

Clemens Alexandrinus: ⟨tr.⟩ Stählin, Otto: Des Clemens von Alexandreia ausgewählte Schriften aus dem Griechischen übersetzt, 5 Bde., München 1934-1938

Clemens Alexandrinus: Stromatum VII (gr./frz.), ⟨ed./tr.⟩ Le Boulluec, Alain: Clément d'Alexandrie: Les Stromates. Stromate VII, Sources Chrétiennes 428, Paris 1997

Combès, Joseph: Études néoplatoniciennes, Grenoble [2]1996 (revue et augmentée)

Coomaraswamy, Ananda K.: Selected Papers 1: Traditional Art and Symbolism, ⟨ed.⟩ Lipsey, Roger, Princeton/NJ 1989 (3rd. pbk. printing)

Crouzel, Henri: L'anthropologie d'Origène dans la perspective du combat spirituel, in: Revue d'ascétique et de mystique 31 (1955), Paris, 364-385

Crouzel, Henri: Origène, Paris 1985

Crouzel, Henri: Origène et la «connaissance mystique», Bruges 1961

Crouzel, Henri: Origène et la philosophie, Paris 1962

Crouzel, Henri: Origène et Plotin. Comparaisons doctrinales, Paris 1992

Crouzel, Henri: Théologie de l'Image de Dieu chez Origène, Paris 1956

Cusanus, Nicolaus: Philosophisch-theologische Schriften (lat./dt.), 3 Bde., ⟨ed.⟩ Gabriel, Leo, ⟨trr.⟩, Dupré, Dietlind / Dupré, Wilhelm, Wien [1]1982 (Nachdr. von [1]1964-1967)

Dahl, Axel: Augustin und Plotin. Philosophische Untersuchungen zum Trinitätsproblem und zur Nuslehre, Lund 1945

Damaskios: De principiis (gr./frz.), 3 tomes, ⟨ed.⟩ Westerink, Leendert Gerrit, ⟨tr.⟩ Combès, Joseph: Damascius: Traité des Premiers

Principes, Paris 1986-1991

Damaskios: Damascii successoris Dubitationes et solutiones de primis principiis, in Platonis Parmenidem (Aporiai kai lyseis), 2 vol., ⟨ed.⟩ Ruelle, Charles Émile, Amsterdam 1966 (Nachr. d. Ausg. Paris [1]1899)

Damaskios: In Platonis Parmenidem (gr./frz.), 4 tomes, ⟨ed.⟩ Westerink, Leendert Gerrit, ⟨tr.⟩ Combès, Joseph, avec la collaboration de Segonds, Alain-Philippe et de Luna, Concetta: Damascius: Commentaire du Parménide de Platon, Paris 1997-2003

Deussen, Paul: Allgemeine Geschichte der Philosophie, 2 Bde. in 6 Abt., Leipzig 1894-1915

Dillon, John M.: Eudoros und die Anfänge des Mittelplatonismus, in: Zintzen, Clemens: Der Mittelplatonismus, Darmstadt 1981, 3-32

Dillon, John M.: Plotinus, Speusippus and the Platonic *Parmenides,* in: Kairos 15 (2000), Toulouse, 61-74

Dillon, John M.: The Golden Chain. Studies in the Development of Platonism and Christianity, Aldershot–Brookfield/VT 1990

Dillon, John M.: The Great Tradition. Further Studies in the Development of Platonism and Early Christianity, Aldershot–Brookfield/VT 1998

Dillon, John M.: The Heirs of Plato. A Study of the Old Academy (347-274 BC), Oxford et al. 2003

Dillon, John M.: The Middle Platonists 80 B.C. to A.D. 220, Ithaca/NY 1996 (revised ed. with a new afterword of London [1]1977)

Dillon, John M. / Gerson, Lloyd P.: Neoplatonic Philosophy. Introductory Readings, Indianapolis–Cambridge 2004

Dilworth, David A.: Nāgārjuna's *catuṣkoṭikā* and Plato's *Parmenides*: Grammatological Mappings of a Common Textual Form, in: Journal of Buddhist Philosophy 2 (1984), Bloomington/IN, 77-104

Pseudo-Dionysios Areopagita: Corpus Dionysiacum I. De divinis nominibus, ⟨ed.⟩ Suchla, Beate Regina, Berlin–New York 1990

Pseudo-Dionysios Areopagita: Corpus Dionysiacum II. De coelesti hierarchia. De ecclesiastica hierarchia. De mystica theologia. Epistulae, ⟨edd.⟩ Heil, Günter / Ritter, Adolf Martin, Berlin–New York [2]2012 (überarb.; [1]1991)

Pseudo-Dionysios Areopagita: Die Namen Gottes, ⟨tr.⟩ Suchla, Beate

Regina, Stuttgart 1988

Pseudo-Dionysios Areopagita: Über die himmlische Hierarchie. Über die kirchliche Hierarchie, ⟨tr.⟩ Heil, Günter, Stuttgart 1986

Dodds, Eric R.: Numenius and Ammonius, in: Les sources de Plotin. Entretiens sur l'antiquité classique, Fondation Hardt, tome 5, Vandœuvres–Genève 1960, 3-61 = Dodds, Eric R.: Numenius und Ammonius, in: Zintzen, Clemens: Der Mittelplatonismus, Darmstadt 1981, 3-32

Dodds, Eric R.: The *Parmenides* of Plato and the Origin of the Neoplatonic 'One', in: Classical Quarterly 22 (1928), London–New York, 129-142

Dörrie, Heinrich: Platonica minora, München 1976

Dörrie, Heinrich: Porphyrios' „Symmikta Zetemata". Ihre Stellung in System und Geschichte des Neuplatonismus nebst einem Kommentar zu den Fragmenten, München 1959

Dörrie, Heinrich / Baltes, Mathias: Der Platonismus in der Antike. Grundlagen, System, Entwicklung, 6 Bde. in 7 Tln. plus Registerband, Stuttgart-Bad Cannstatt 1987-2002

Drecoll, Volker Hennig: Der Begriff Hypostasis bei Origenes. Bemerkungen zum *Johanneskommentar* II, 10, in: ⟨ed.⟩ Perrone, Lorenzo, in collaboration with P. Bernardino and D. Marchini: Origeniana octava. Origen and the Alexandrinian Tradition. Papers of the 8th International Origen Congress Pisa 27-31 August 2001, Leuven, 479-487

Druon, H.: Synesios: Œuvres de Synésius, Paris 1878

Dupuis, Jacques: «L'esprit de l'homme». Étude sur l'anthropologie religieuse d'Origène, Paris–Bruges 1967

Eckhart ⟨Meister⟩: Die deutschen Werke, Bde. 1-3, 4.1-2, 5, ⟨edd./trr.⟩ Quint, Josef / Steer, Georg, Stuttgart 1958-2003

Eckhart ⟨Meister⟩: Die lateinischen Werke, Bde. 1.1-2, 2-6, ⟨edd./trr.⟩ Weiß, Konrad / Sturlese, Loris et al., Stuttgart 1956-2015

Eckhart ⟨Meister⟩: ⟨ed.⟩ Pfeiffer, Franz: Deutsche Mystiker des 14. Jahrhunderts, Bd. 2: Meister Eckhart, 1. (einzige) Abteilung: Predigten, Traktate. Aalen 1991 (2. Neudruck d. Ausg. Leipzig 1857)

Edwards, Mark Julian: Origen against Plato, Aldershot–Burlington/VT 2002

Eirenaios Lugdunensis: Contra haereses, in: ⟨ed.⟩ Migne, J.-P.: Patrologia Graeca, tomus 7, Paris 1882, 431-1226

Eirenaios Lugdunensis: Contra haereses (gr./lat./frz.), ⟨edd.⟩ Rousseau, Adelin / Doutreleau, Louis: Irénée de Lyon: Contre les hérésies, 10 tomes, Paris 1965-1982

Endreß, Gerhard: The Circle of al-Kindī. Early Arabic Translations from the Greek and the Rise of Islamic Philosophy, in: Kruk, Remke / Endreß, Gerhard: The Ancient Tradition in Christian and Islamic Hellenism. Studies on the Transmission of Greek Philosophy and Sciences Dedicated to H. J. Drossaart Lulofs on His Ninetieth Birthday, Leiden 1997, 43-76

Erdin, Franz: Das Wort Hypostasis. Seine bedeutungsgeschichtliche Entwicklung in der altchristlichen Literatur bis zum Abschluß der trinitarischen Auseinandersetzungen, Freiburg/Br. 1939

Euagrios Pontikos: Epistula ad Melaniam, pars II (syr./frz.), ⟨ed./tr.⟩ Vitestam, Gösta: Seconde partie du traité, qui passe sous le nom de «La grande lettre d'Évagre le Pontique à Mélanie l'Ancienne», Lund 1964

Euagrios Pontikos: Epistulae, ⟨tr.⟩ Bunge, Gabriel: Evagrios Pontikos: Briefe aus der Wüste, Trier 1986

Euagrios Pontikos: Kephalaia Gnostica (syr./frz.), ⟨ed./tr.⟩ Guillaumont, Antoine: Les six centuries des „Kephalaia Gnostica" d'Evagre le Pontique, Patrologia Orientalis, tome 28.1, Nr. 134, Turnhout 1977

Euagrios Pontikos: Scholia ad Proverbia (gr./frz.), ⟨ed./tr.⟩ Géhin, Paul: Évagre le Pontique: Scholies aux Proverbes, Sources Chrétiennes 340, Paris 1987

Eusebeios Pamphilos ⟨Caesariensis⟩: Eusebius Werke, Bd. 8, Tle. 1-2: Praeparatio evangelica, ⟨ed.⟩ Mras, Karl, Berlin 1954-1956

Eusebeios Pamphilos ⟨Caesariensis⟩: Praeparatio evangelica (gr./frz.), 9 Vols., ⟨edd./trr.⟩ Sirinelli, Jean / des Places, Éduoard et al., Paris 1974-1991

Evangelium Veritatis: ⟨edd./trr.⟩ Malinine, Michel / Puech, Henri-Charles / Quispel, Gilles / Till, Walter, 1 Vol. + 1 Suppl., Zürich–Stuttgart 1956-1961

Fattal, Michel ⟨ed.⟩: *Logos* et langage chez Plotin et avant Plotin, Paris 2003 de Faye, Eugène: Origène. Sa vie, son œuvre, sa pensée, 3 tomes, Paris 1923-1928

Festugière, André Jean: La Révélation d'Hermès Trismégiste, 4 tomes, Paris 1949-1954

Fichte, Johann Gottlieb: Fichtes Werke, 11 Bde., ⟨ed.⟩ Fichte, Immanuel Hermann, Berlin 1971 (Nachdruck der Sämmtlichen Werke von 1834/35 & Nachgelassenen Werke von 1845/46)

Fichte, Johann Gottlieb: Gesamtausgabe der Bayerischen Akademie der Wissenschaften, 42 Bde., ⟨edd.⟩ Lauth, Reinhard / Gliwitzky, Hans / Fuchs, Peter / Schneider, Peter K., Stuttgart-Bad Cannstatt 1962-2012

Foerster, Werner / Krause, Martin / Rudolph, Kurt / Böhlig, Alexander: Die Gnosis. Bd. 1: Zeugnisse der Kirchenväter; Bd. 2: Koptische und mandäische Quellen; Bd. 3: Der Manichäismus, Düsseldorf–Zürich 1997

Frankenberg, W.: Euagrius Ponticus, Abhandlungen der königlichen Gesellschaft der Wissenschaften zu Göttingen, Philologisch-historische Klasse, Neue Folge, Bd. 13, Nr. 2, Berlin 1912

Frede, Michael: Numenius, in: ⟨edd.⟩ Haase, Wolfgang / Temporini, Hildegard: Aufstieg und Niedergang der römischen Welt (ANRW), Bd. 2.36.2, Berlin–New York 1987, 1034-1075

Früchtel, Ursula: Die Kosmologischen Vorstellungen bei Philo von Alexandrien. Ein Beitrag zur Geschichte der Genesisexegese, Leiden 1968

Gerlitz, Peter: Ausserchristliche Einflüsse auf die Entwicklung des christlichen Trinitätsdogmas. Zugleich ein religions- und dogmengeschichtlicher Versuch zur Erklärung der Herkunft der Homousie, Leiden 1963

Gersh, Stephen: From Iamblichus to Eriugena. An Investigation of the Prehistory and Evolution of the Pseudo-Dionysian Tradition, Leiden 1978

al-Ghazālī, Abū-Ḥāmid Muḥammad: Der Erretter aus dem Irrtum (al-Munqiḏ min aḍ-ḍalāl), ⟨tr.⟩ Elschazlī, ʻAbd-Elṣamad ʻAbd-Elḥamīd, Hamburg 1988

Gnilka, Joachim: Johannesevangelium. Die neue Echter Bibel. Kommentar zum Neuen Testament mit der Einheitsübersetzung, Würzburg 1979

Görgemanns, Herwig: Origenes, in: ⟨ed.⟩ Koslowski, Peter: Gnosis und Mystik in der Geschichte der Philosophie, Zürich–München 1988, 60-79

Guillaumont, Antoine: Les 'Képhalaia gnostica' d'Évagre le Pontique et l'histoire de l'origénisme chez les Grecs et chez les Syriens, Paris 1962

Gutas, Dimitri: Greek Thought, Arabic Culture. The Graeco-Arabic Translation Movement in Baghdad and Early 'Abbāsid Society (2nd-4th/8th-10th centuries), London–New York 1999 (reprint of 1998)

Guthrie, Kenneth Sylvan: Numenius of Apamea. The Father of Neo-Platonism. Works, Biography, Message, Sources, and Influence, London–Grantwood/NJ 1917

Hadot, Ilsetraut: Le problème du Néoplatonisme Alexandrin. Hiéroclès et Simplicius, Paris 1978

Hadot, Pierre: Christlicher Platonismus. Die theologischen Schriften des Marius Victorinus, ⟨trr.⟩ Pierre Hadot / Ursula Brenke, Zürich–Stuttgart 1967

Hadot, Pierre: Das Bild der Dreifaltigkeit in der Seele bei Victorinus und dem Heiligen Augustinus, in: ⟨ed.⟩ Maurach, Gregor: Römische Philosophie, Darmstadt 1976, 298-340 = Idem: L'image de la Trinité dans l'âme chez Victorinus et chez saint Augustin, in: Studia Patristica 6-4 (1962), Texte und Untersuchungen zur Geschichte der altchristlichen Literatur, Bd. 81, Berlin 1962, 409-442

Hadot, Pierre: Die Einteilung der Philosophie im Altertum, in: Zeitschrift für philosophische Forschung 36 (1982), Meisenheim/Glan, 422-444

Hadot, Pierre: Die Metaphysik des Porphyrios, in: ⟨ed.⟩ Zintzen, Clemens: Die Philosophie des Neuplatonismus, Darmstadt 1977, 208-237 = Idem: La métaphysique de Porphyre, in: Porphyre. Entretiens sur l'antiquité classique, Fondation Hardt, tome 12, Vandœuvres–Genève 1966, 127-157

Hadot, Pierre: Être, vie, pensée chez Plotin et avant Plotin, in: Les sources de Plotin, Entretiens sur l'antiquité classique 5 (1957), Vandœuvres–Genève, 107-157

Hadot, Pierre: Porphyre et Victorinus, 2 tomes, Paris 1968

Halfwassen, Jens: Der Aufstieg zum Einen. Untersuchungen zu

Platon und Plotin, München–Leipzig [2]2006 (um einen Forschungsbericht erweiterte Aufl. der Erstaufl. Stuttgart [1]1992)

Halfwassen, Jens: Geist und Selbstbewußtsein. Studien zu Plotin und Numenios, Abhandlungen der Geistes- und Sozialwissenschaftlichen Klasse der Akademie der Wissenschaften und der Literatur, Mainz, Jg. 1994, Nr. 10, Stuttgart 1994

Halfwassen, Jens: Speusipp und die metaphysische Deutung von Platons "Parmenides", in: Hagemann, Ludwig / Glei, Reinhold: ΕΝ ΚΑΙ ΠΛΗΘΟΣ. Einheit und Vielheit, Festschrift für Karl Bormann zum 65. Geburtstag, Würzburg–Altenberge 1993, 339-373

Halfwassen, Jens: Speusipp und die Unendlichkeit des Einen. Ein neues Speusipp-Testimonium bei Proklos und seine Bedeutung, in: Archiv für Geschichte der Philosophie 74 (1992), Berlin–New York, 43-73

Halfwassen, Jens: Substanz; Substanz/Akzidens, I. Antike, in: Historisches Wörterbuch der Philosophie, Bd. 10, ⟨edd.⟩ Ritter, Joachim / Gründer, Karlfried, Darmstadt 1998, 495-507

Hammerstaedt, Jürgen: Hypostasis (ὑπόστασις), in: ⟨edd.⟩ Dassmann, Ernst et al.: Reallexikon für Antike und Christentum, Bd. 16, Stuttgart 1994, 986-1035

Harder, Richard: Plotin, Frankfurt/M.–Hamburg 1958

Hartmann, Nicolai: Kleinere Schriften, Bd. 2: Abhandlungen zur Philosophie-Geschichte, Berlin 1957

Hathaway, Ronald F.: Hierarchy and the Definition of Order in the *Letters* of Pseudo-Dionysius. A Study in the Form and Meaning of the Pseudo-Dionysian Writings, The Hague 1969

Hauke, Rainer: Trinität und Denken. Die Unterscheidung der Einheit von Gott und Mensch bei Meister Eckhart, Frankfurt/M.–Bern–New York 1986

Heinze, Max: Die Lehre vom Logos in der griechischen Philosophie, Aalen 1961 (Neudr. d. Ausg. 1872)

Hendrikx, Ephraem: Augustins Verhältnis zur Mystik. Eine patristische Untersuchung, Würzburg 1936

Henry, Paul: Plotin et l'occident. Firmicus Maternus, Marius Victorinus, Saint Augustin et Macrobe, Louvain 1934

Henry, Paul: The *Adversus Arium* of Marius Victorinus, the first

Systematic Exposition of the Doctrine of the Trinity, in: Journal of Theological Studies, new series, 1 (1950), Oxford, 42-55

Hermes Trismegistos: Corpvs Hermeticvm (gr./lat./frz.), 4 tomes, ⟨ed.⟩ Nock, A. D., ⟨tr.⟩ Festugière, A.-J., Paris 1945-1954

Hermes Trismegistos: Das Corpus Hermeticum Deutsch, 3 Bde., ⟨tr.⟩ Holzhausen, Jens / ⟨ed.⟩ Colpe, Carsten et al., Stuttgart-Bad Cannstatt 1997-2018

Hippolytos Romaîos: Refutatio omnium haeresium, ⟨ed.⟩ Marcovich, Miroslav, Berlin–New York 1986

Hörmann, Werner: Gnosis. Das Buch der verborgenen Evangelien, Augsburg s. a.

Horn, Hans-Jürgen: Origenes, Cassian, der vierfache Schriftsinn und seine Beziehung zu ontologischen Vorstellungen des Platonismus, in: ⟨edd.⟩ Khoury, Raif Georges / Halfwassen, Jens, in Verbindung mit Musall, Frederek: Platonismus im Orient und Okzident. Neuplatonische Denkstrukturen im Judentum, Christentum und Islam, Heidelberg 2005, 49-60

Horten, Max: Grundlinien von Lebenssystem und mystischer Weltanschauung des Hallâg 922†, in: Archiv für Philosophie und Soziologie, I. Abteilung: Archiv für Geschichte der Philosophie und Soziologie 37, Neue Folge, 30 (1926), Berlin, 161-180

Horten, Max: Indische Strömungen in der islamischen Mystik I + II, Materialien zur Kunde des Buddhismus 12 (1927) & 13 (1928), Heidelberg

Huber, Gerhard: Das Sein und das Absolute. Studien zur Geschichte der ontologischen Problematik in der spätantiken Philosophie, Basel 1955

Hugueny, Et.: Circulaire, rectiligne, hélicoïdal. Les trois degrés de la contemplation, in: Revue des sciences philosophiques et théologiques 13 (1924), Paris, 327-331

Iamblichos: In Platonis dialogos commentariorum fragmenta (gr./ engl.), ⟨ed./tr.⟩ Dillon, John M., Leiden 1973

Igal, J.: The Gnostics and "The Ancient Philosophy" in Porphyry and Plotinus, in: ⟨edd.⟩ Blumenthal, H. J. / Markus, R. A.: Neoplatonism and Early Christian Thought, London 1981, 138-149

Inge, William Ralph: Christian Mysticism. Considered in eight Lectures Delivered before the University of Oxford (The Bampton

Lectures, 1899), London 1899

Inge, William Ralph: The Philosophy of Plotinus, 2 Vols., Westport/CT ^{3}1968 (^{1}1929)

Izutsu, Toshihiko: Creation *and the* Timeless Order *of* Things. Essays in Islamic Mystical Philosophy, Ashland/OR 1994

Izutsu, Toshihiko: Sufism and Taoism. A Comparative Study of Key Philosophical Concepts, Berkeley–Los Angeles–London 1984 (rev. ed. of A Comparative Study of the Key Philosophical Concepts in Sufism and Taoism, 2 Vols., Tokyo 1966-1967)

Janssens, Yvonne: The Trimorphic Protennoia and the Fourth Gospel, in: ⟨edd.⟩ Logan, A. H. B. / Wedderburn, A. J. M.: The New Testament and Gnosis. Essays in Honour of Robert McL. Wilson, Edinburgh 1983, 229-244

Jeck, Reinhold Udo: Platonica Orientalia. Aufdeckung einer philosophischen Tradition, Frankfurt/M. 2004

Jendorff, Bernhard: Der Logosbegriff. Seine philosophische Grundlegung bei Heraklit von Ephesos und seine theologische Indienstnahme durch Johannes den Evangelisten, Frankfurt/M.–Bern 1976

Jeremias, Alfred: Der Antichrist in Geschichte und Gegenwart. Religionswissenschaftliche Darstellungen für die Gegenwart 6 (1930), Leipzig, 1-32

Jonas, Hans: Gnosis und spätantiker Geist, 2 Bde., Göttingen, Bd. 1: Die mythologische Gnosis, ^{3}1964 (^{1}1934); Bd. 2: ⟨ed.⟩ Rudolph, Kurt: Von der Mythologie zur mystischen Philosophie, 1993

Jonas, Hans: Philosophical Essays. From Ancient Creed to Technological Man, Englewood Cliffs/NJ 1974

Jufresa, Montserrat: Basilides, a Path to Plotinus, in: Vigiliae Christianae 35 (1981), Leiden, 1-15

Kazanas, Nicholas: Advaita and Gnosticism, in: Indian Historical Review 32 (2005) New Delhi, 197-254

Kelber, Wilhelm: Die Logoslehre. Von Heraklit bis Origenes, Stuttgart 1958

Kennedy, J.: Buddhist Gnosticism, the System of Basilides, in: Journal of the Royal Asiatic Society of Great Britain and Ireland, Jg. 1902, London, 377-415

Kenney, John Peter: Mystical Monotheism. A Study in Ancient

Platonic Theology, Hanover/NH–London 1991

Kenney, John Peter: *Proschresis* Revisited: An Essay in Numenian Theology, in: ⟨ed.⟩ Daly, Robert J.: Origeniana Quinta. Papers of the 5th International Origen Congress Boston College 14–18 August 1989, Leuven 1992, 217–230

Kenney, John Peter: The Platonism of the *Tripartite Tractate* (NH I, 5), in: ⟨edd.⟩ Wallis, Richard T. / Bregman, Jay: Neoplatonism and Gnosticism, Albany/NY 1992, 187–206

Kern, Otto: Orphicorvm Fragmenta, Berolini 1922

King, Charles William: The Gnostics and their Remains, Ancient and Mediæval, Minneapolis/MN 1973 (repr. of [2]1887)

Kobusch, Theo: Metaphysik als Lebensform. Zur Idee einer praktischen Metaphysik, in: ⟨ed.⟩ Goris, Wouter: Die Metaphysik und das Gute. Aufsätze zu ihrem Verhältnis in Antike und Mittelalter. Jan A. Aertsen zu Ehren, Leuven 1999, 27–56

Koch, Hal: Pronoia und Paideusis. Studien über Origenes und sein Verhältnis zum Platonismus, New York–London 1979 (Reprint der Ausgabe Berlin 1932)

Koch, Josef: Die Ars coniecturalis des Nikolaus von Kues. Arbeitsgemeinschaft für Forschung des Landes Nordrhein-Westfalen. Geisteswissenschaften, Heft 16, Köln–Opladen 1956

Köster, Helmut: ὑπόστασις, in: ⟨ed.⟩ Friedrich, Gerhard: Theologisches Wörterbuch zum Neuen Testament. Begründet von Gerhard Kittel, Bd. 8, Stuttgart et al. 1969, 571–588

Krämer, Hans Joachim: Der Ursprung der Geistmetaphysik. Untersuchungen zur Geschichte des Platonismus zwischen Platon und Plotin, Amsterdam [2]1967 ([1]1964)

Kretschmar, Georg: Studien zur frühchristlichen Trinitätstheologie, Tübingen 1956

Krivocheine, Basil: The Holy Trinity in Greek Patristic Mystical Theology I + II, in: Sobornost, Ser. 3, 21 (1957), 462–469 & 22 (1957/58), 529–537, London

Lebreton, Jules: Les degrés de la connaissance religieuse d'après Origène, in: Recherches de Science Religieuse 12 (1922), Paris, 265–296

Leisegang, Hans: Die Gnosis, Stuttgart [4]1955

Lévi, Sylvain: Abel Bergaigne et l'Indianisme (1). Leçon d'ouverture, in: Revue politique et littéraire Revue Bleu 45 (1890), Paris, 261-268

Liber de causis (arab./lat./dt.), ⟨ed./tr.⟩ Bardenhewer, Otto: Die pseudo-aristotelische Schrift Ueber das reine Gute bekannt unter dem Namen Liber de causis, Freiburg/Br. 1882 (repr. Frankfurt/M. s. a.)

Liebeschütz, Hans: Meister Eckhart und Moses Maimonides, in: Archiv für Kulturgeschichte 54 (1972), Köln–Wien, 64-96

Lieske, Aloisius: Die Theologie der Logosmystik bei Origenes, Münster/Westf. 1938

Lilla, Salvatore R. C.: Clement of Alexandria. A Study in Christian Platonism and Gnosticism, Oxford et al. 1971

Lindtner, Christian: Geheimnisse um Jesus Christus. Das Neue Testament ist Buddhas Testament, Süderbrarup 2005 (erw. u. verb. Ausg. der dän. Originalausg. 2003)

Lockwood, Michael: Buddhism's Relation to Christianity. A Miscellaneous Anthology with Occasional Comment, Chennai 2010

Löhr, Winrich Alfried: Basilides und seine Schule. Eine Studie zur Theologie und Kirchengeschichte des zweiten Jahrhunderts, Tübingen 1996

Logan, Alastair H. B.: Origen and Alexandrian Wisdom Christology, in: ⟨edd.⟩ Hanson, Richard / Crouzel, Henri: Origeniana Tertia. The third International Colloquium for Origen Studies, University of Manchester, September 7th – 11th, 1985, 123-129

Logan, Alastair H. B.: Origen and the Development of the Trinitarian Theology, in: Lies, Lothar: Origeniana Quarta. Die Referate des 4. Internationalen Origeneskongresses (Innsbruck, 2.-6. September 1985), Innsbruck–Wien 1987, 424-429

Louth, Andrew: The Origins of the Christian Mystical Tradition. *From Plato to Denys,* Oxford et al. 1981

de Lubac, Henri: La rencontre du Bouddhisme et de l'Occident, Paris 1952

Mahadevan, Telliyavaram Mahadevan Ponnabalam: Śaiva-Siddhānta, in: ⟨edd.⟩ Radhakrishnan, Sarvepalli et al: History of Philosophy Eastern and Western, 2 Vols., London 1952-1953, 2.369-380

Maheṣvarānanda: Mahārthamañjarī with the Auto-Commentary 'Parimala', ⟨ed.⟩ Dviveda, Vrajavallabha, Varanasi 1992

Maheṣvarānanda: Mahārthamañjarī, ⟨ed./tr.⟩ Silburn, Lilian: La Mahārthamañjarī de Maheṣvarānanda (skr./frz.) avec des Extraits du Parimala (frz.), Paris 1968

Manchester, Peter: The Noetic Triad in Plotinus, Marius Victorinus, and Augustine, in: ⟨edd.⟩ Wallis, Richard T. / Bregman, Jay: Neoplatonism and Gnosticism, Albany/NY 1992, 207-222

Markschies, Christoph: Valentinus Gnosticus? Untersuchungen zur valentinianischen Gnosis mit einem Kommentar zu den Fragmenten Valentins, Tübingen 1992

Maximos Homologetos (Maximus Confessor): Ambigua (De variis difficilibus locis Sanctorum Dionysii et Gregorii), in: ⟨ed.⟩ Migne, J.-P.: Patrologia Graeca, tomus 91, Paris 1865, 1027-1418

Maximos Homologetos (Maximus Confessor): Ambigua, ⟨tr.⟩ Ponsoye, Emmanuel: Saint Maxime le Confesseur: Ambigua, Paris–Suresnes 1994

(Pseudo-)Maximos Homologetos (Maximus Confessor): Diversa capita ad theologiam et œconomiam spectantia deque virtute ac vitio, in: ⟨ed.⟩ Migne, J.-P.: Patrologia Graeca, tomus 90, Paris 1865, 1177-1392

(Pseudo-)Maximos Homologetos (Maximus Confessor): Diversa capita ad theologiam et œconomiam spectantia deque virtute ac vitio, ⟨tr.⟩ Soppa, Wilhelm: Die Diversa Capita unter den Schriften des heiligen Maximus Confessor in deutscher Bearbeitung und quellenkritischer Beleuchtung, Dresden 1922 (Diss.)

Maximos Homologetos (Maximus Confessor): Qvaestiones ad Thalassivm, 2 vol., ⟨edd.⟩ Laga, Carl / Steel, Carlos, Corpvs Christianorvm. Series Graeca 7 & 22, Turnhout 1980-1990

Maximos Homologetos (Maximus Confessor): Quaestiones ad Thalassium, ⟨tr.⟩ Ponsoye, Emmanuel: Saint Maxime le Confesseur: Questions à Thalassios, Suresnes 1992

Mayr, Florian: Herders metakritische Hermetik. Eine Untersuchung zum Diskurs über die „Heilige Tetraktys“ im Deutschland des 18. Jahrhunderts, München 2003 (Phil. Diss.)

McGinn, Bernard: Meister Eckhart on God as Absolute Unity, in: ⟨ed.⟩ O'Meara, Dominic J.: Neoplatonism and Christian Thought, Albany/NY 1982, 128-129

Mead, George Robert Stow: Apollonius of Tyana. The Philosopher-Reformer of the First Century A.D. A Critical Study of the only

Existing Record of His Life with Some Account of the War of Opinion Concerning Him and an Introduction on the Religious Associations and Brotherhoods of the Times and the Possible Influence of Indian Thought on Greece, London–Benares 1901

Méhat, André: Clément d'Alexandrie et les sens de l'écriture. *I*[er] *Stromate, 176, 1 et 179, 3,* in: ⟨edd.⟩ Fontaine, Jacques / Kannengiesser, Charles: Epektasis. Mélanges patristiques offerts au Cardinal Jean Daniélou, s.l. 1972, 355-365

Méhat, André: Étude sur les 'Stromates' de Clément d'Alexandrie, Paris 1966

Meyer, Hans: Geschichte der Lehre von den Keimkräften von der Stoa bis zum Ausgang der Patristik, nach den Quellen dargestellt, Bonn 1914

Meyer, Hans: Jüdisch-alexandrinische Religionsphilosophie und christliche Väterspekulation. Zwei analoge Erscheinungen, in: Abhandlungen aus dem Gebiete der Philosophie und ihrer Geschichte. Eine Festgabe zum 70. Geburtstag, Georg Freiherrn von Hertling gewidmet von seinen Schülern und Verehrern, Freiburg/ Br. 1913, 211-235

Michel, A.: Trinité, in: ⟨edd.⟩ Vacant, A. / Mengenot, E. / Amann, É.: Dictionnaire de théologie catholique, tome 15.2, Paris 1950, 1545-1855

Migne, Jacques-Paul: Patrologia Graeca, 161 Vol., Paris 1857-1866 (Nachdrucke und elektronische Fassungen verfügbar)

Migne, Jacques-Paul: Patrologia Latina, 221 Vol., Paris 1844-1865 (Nachdrucke und elektronische Fassungen verfügbar)

Montserrat-Torrents, Josep: La cosmogonie du Timée et les premiers chapitres de la Genèse. Quelques lectures juives et gnostiques, in: Archivio di filosofia 53 (1985), Pisa, 287-298

Münchener Neues Testament. Studienübersetzung, ⟨tr.⟩ Collegium Biblicum München e.V., ⟨ed.⟩ Hainz, Josef / Schmidl, Martin / Sunckel, Josef, Düsseldorf 1998

Murphy, Francis X.: Evagrius Ponticus and Origenism, in: ⟨edd.⟩ Hanson, Richard / Crouzel, Henri: Origeniana Tertia. The third International Colloquium for Origen Studies, University of Manchester, September 7th – 11th, 1985, 253-269

Narbonne, Jean-Marc: Hénologie, ontologie, et *Ereignis* (Plotin – Proclus – Heidegger), Paris 2001

Nasr, Seyyed Hossein: Living Sufism, London–Boston–Sydney 1980 ([1]1972)

Nautin, Pierre: Notes sur le Stromate I de Clément d'Alexandrie, in: Revue d'histoire ecclésiastique 47 (1952), Louvain, 618-631

Nayak, Anand: Der Stellenwert des johanneischen Logos in indischer Theologie, in: ⟨ed.⟩ Rose, Martin: Johannes-Studien. Interdisziplinäre Zugänge zum Johannes-Evangelium. Freundesgabe für Jean Zumstein, Zürich 1991, 9-38

Nayak, Anand: Die innere Welt des Tantra. Eine Einführung, Freiburg/Br.–Basel–Wien 2001 ≈ Tantra, Freiburg/Schweiz 1998

Nemeshegyi, Peter: La paternité de Dieu chez Origène, Tournai/Belge 1960

Nicholson, Reynold A. ⟨ed./tr.⟩: Selected Poems from the Dīvāni Shamsi Tabrīz (pers./engl.), Cambridge 1898

Nikiprowetzky, V.: Le commentaire de l'Écriture chez Philon d'Alexandrie, Leiden 1977

North, Helen F.: Canon and Hierarchies of the Cardinal Virtues in Greek and Latin Literature, in: ⟨ed.⟩ Wallach, Luitpold: The Classical Tradition. *Literary and Historical Studies in Honor of* Harry Caplan, Ithaca/NY 1966, 165-183

Noumenios: Fragmenta (gr./lat./frz.), ⟨ed./tr.⟩ des Places, Édouard: Numénius: Fragments, Paris 1973

Noumenios: Fragmenta (gr./lat./engl.), ⟨ed./tr.⟩ Guthrie, Kenneth Sylvan: Numenius of Apamea. The Father of Neo-Platonism. Works, Biography, Message, Sources, and Influence, London–Grantwood/NJ 1917

Novum Testamentum Tetraglotton (gr./lat./dt./engl.), ⟨edd.⟩ Theile, C. G. G. / Stier, R., Zürich 1981 (Nachdr. d. Ausg. 1858)

O'Laughlin, Michael: New Questions concerning the Origenism of Evagrius, in: ⟨ed.⟩ Daly, Robert J.: Origeniana Quinta. Papers of the 5th International Origen Congress Boston College 14-18 August 1989, Leuven 1992, 528-534

O'Meara, Dominic J.: Structures hiérarchiques dans la pensée de Plotin. Étude historique et interprétative, Leiden 1975

Ohly, Friedrich: Hohelied-Studien. Grundzüge einer Geschichte der Hoheliedauslegung des Abendlandes bis um 1200, Wiebaden 1958

Olympiodoros: In Platonis Alcibiadem, ⟨ed.⟩ Westerink, Leendert G., Amsterdam 1982 (corr. repr. of ed. Amsterdam 1956)

Olympiodoros: In Platonis Phaedonem (gr./engl.), ⟨ed./tr.⟩ Westerink, Leendert G.: The Greek Commentaries on Plato's Phaedo, Vol. 1: Olympiodorus, Amsterdam–Oxford–New York 1976

Oracula Chaldaica: ⟨ed./tr.⟩ Majercik, Ruth: The Chaldean Oracles (gr./engl.), Leiden et al. 1989

Oracula Chaldaica: ⟨ed./tr.⟩ des Places, Édouard: Oracles chaldaïques avec un choix de commentaires anciens (gr./frz.), Paris 1971

Origenes: Commentarium in Canticum Canticorum, ⟨tr.⟩ Lawson, R. P.: Origen: The Song of Songs. Commentary and Homilies, Westminster/MD–London 1957

Origenes: Contra Celsum (gr./frz.), ⟨ed./tr.⟩ Borret, Marcel: Origène: Contre Celse, 5 tomes, Sources chrétiennes 132, 136, 147, 150, 227, Paris 1967-1976

Origenes: De principiis libri IV (lat./dt.), ⟨edd./trr.⟩ Görgemanns, Herwig / Karpp, Heinrich: Origenes. Vier Bücher von den Prinzipien, Darmstadt 1976

Origenes: In Ioannem (gr./frz.), ⟨ed./tr.⟩ Blanc, Cécile: Origène: Commentaire sur Saint Jean, 5 tomes, Sources Chrétiennes 120, 157, 222, 290, 385, Paris 1966-1992

Origenes: Werke, 12 Bde., ⟨ed.⟩ Kommission für spätantike Religionsgeschichte der Preussischen Akademie der Wissenschaften (verschiedene Einzeleditoren), Leipzig 1899-1955

Padoux, André: Vāc. The Concept of the Word in Selected Hindu Tantras, Albany/NY 1990

Pagels, Elaine, H.: The Joahannine Gospel in Gnostic Exegesis: Heracleon's Commentary on John, Nashville/TN–New York 1973

Parmentier, Martin: Evagrius of Pontus' „Letter to Melania" I + II, in: Bijdragen, tijdschrift voor filosofie en theologie 46 (1985), Louvain, 2-38

Pearson, Birger A.: Philo, Gnosis and the New Testament, in: ⟨edd.⟩ Logan, A. H. B. / Wedderburn, A. J. M.: The New Testament and Gnosis. Essays in Honour of Robert McL. Wilson, Edinburgh 1983, 73-89

Pépin, Jean: A propos la doctrine de la conversion: Augustine et Porphyre sur le degré d'Être, in: ⟨edd.⟩ Kobusch, Theo / Erler,

Michael: Metaphysik und Religion. Zur Signatur spätantiken Denkens. Akten des Internationalen Kongresses vom 13.-17. März 2001 in Würzburg, München–Leipzig 2002, 153-166

Pépin, Jean: De la philosophie ancienne à la théologie patristique, London 1986

Pépin, Jean: Univers Dionysien et univers Augustinien, in: Recherches de philosophie 2 (1956), Paris, 179-224

Philon ⟨Ioudaios⟩ Alexandrinus: ⟨edd.⟩ Cohn, Leopold / Wendland, Paul: Philonis Alexandrini opera quae supersunt, 6 Bde. + 1 Doppel-Indexband, Berlin 1962-1973 (Nachdr. von [1]1896-1930)

Philon ⟨Ioudaios⟩ Alexandrinus: ⟨edd.⟩ Cohn, Leopold / Heinemann, Isaak / Adler, Maximilian / Theiler, Willy: Philo von Alexandria. Die Werke in deutscher Übertragung, 7 Bde., Berlin [2]1962-1964

Philon ⟨Ioudaios⟩ Alexandrinus: ⟨edd./trr.⟩ Colson, F. H. / Whitaker, G. H.: Philo in ten Volumes and two Supplementary Volumes [by Marcus, Ralph] (gr./engl.), Cambridge/MA–London 1960-1971

Philon ⟨Ioudaios⟩ Alexandrinus: ⟨tr.⟩ Yonge, C. D.: The Works of Philo Judæus, the Contemporary of Josephus, 4 Vols., London 1854-1855

Philoponos, Ioannes: In Aristotelis de anima libros commentaria, ⟨ed.⟩ Hayduck, Michael, Berlin 1897

Philostratos, Flavius: Vita Apollonii (gr./dt.), ⟨ed./tr./adnot.⟩ Mumprecht, Vroni: Das Leben des Apollonios von Tyana, München–Zürich 1983

Picavet, François: Essais sur l'histoire générale et comparée des théologies et des philosophies médiévales, Paris 1913

Picavet, François: Hypostases Plotiniennes et trinité chrétienne, in: Annuaire de l'École pratique des Hautes-Études, Section des Sciences Religieuses, Jg. 1917, Paris, 1-52

Platon: Werke (gr./dt.), 8 Bde. in 9 Tln., ⟨ed.⟩ Eigler, Gunther, Text der Œuvres complètes (gr./frz.), 14 Bde. in 26 Tln., verschiedener Editoren der Société d'Édition les Belles Lettres, Paris, unterschiedliche Jahrgänge und Auflagen, ⟨trr.⟩ Schleiermacher, Friedrich / Kurz, Dietrich / Müller, Hieronymus / Schöpsdau, Klaus, verschiedene Bearbeiter, Darmstadt [3]1990 (Sonderausgabe von [3]1990 der Ausg. Darmstadt 1973)

Platon: Jubiläumsausgabe sämtlicher Werke zum 2400. Geburtstag

(Artemis-Paperbackausgabe), 8 Bde., ⟨tr.⟩ Rufener, Rudolf, Zürich–München 1974

Plotinos: ⟨ed./tr.⟩ Armstrong, H. A.: Plotinus in Seven Volumes (gr./engl.), Cambridge/MA–London 1966-1988

Plotinos: ⟨ed./tr.⟩ Harder, Richard: Plotins Schriften [Enneaden], (gr./dt.), 6 Haupt-/6 Ergänzungsbände, Hamburg 1956-1971

Plotinos: ⟨edd.⟩ Henry, Paul / Schwyzer, Hans-Rudolf: Plotini opera, 3 Vols., Oxonii (Oxford) 1964-1982

Ploutarchos: Moralia 1-1147, Fragments, Index (gr./engl.), verschiedene ⟨edd./trr.⟩: Plutarch's Moralia in Seventeen Volumes, Cambridge/MA–London 1962-1976 (z. Tl. Reprints)

Porphyrios: Ad Marcellam (gr./dt.), ⟨ed./tr.⟩ Walter Pötscher: ΠΡΟΣ ΜΑΡΚΕΛΛΑΝ, Leiden 1969

Porphyrios: Fragmenta, ⟨edd.⟩ Smith, Andrew / Wasserstein, David, Stuttgart–Leipzig 1993

Porphyrios: Die Sentenzen des Porphyrios, ⟨tr.⟩ Larrain, Carlos J., Frankfurt/M. et al. 1987

Porphyrios: Sententiae ad intelligibilia dvcentes, ⟨ed.⟩ Lamberz, Erich, Leipzig 1975

Porphyrios: Vita Plotini (gr./dt.), ⟨ed./tr.⟩ Harder, Richard: Plotins Schriften, Bd. 5e, Anhang: Porphyrios: Über Plotins Leben, Hamburg 1958

Pratyabhijñāhṛdayam: ⟨ed./tr.⟩ Singh, Jaideva: Pratyabhijñāhṛdayam. The Secret of Self-Recognition, Delhi et al. [4]1991 (reprint of 1982; [1]1963)

Proklos: Commentarius in Parmenidem (lat.), ⟨ed.⟩ Steel, Carlos: Proclus: Commentaire sur le Parménide de Platon. Traduction de Guillaume de Moerbeke, 2 tomes (mit fortlaufender Paginierung), Leuven 1982-1985

Proklos: De providentia, libertate, malo, übersetzt und erläutert nach Vorarbeiten von Theo Borger von Michael Erler: Proklos Diadochos. Über die Vorsehung, das Schicksal und den freien Willen an Theodoros, den Ingenieur (Mechaniker), Meisenheim/Glan 1980

Proklos: Elementa Theologiae (gr./engl.), ⟨ed./tr./com.⟩ Dodds, Eric R.: Proclus. The Elements of Theology, Oxford [2]1992 ([1]1932)

Proklos: In Platonis Alcibiadem (gr./frz.), ⟨ed./tr.⟩ Segonds, A. Ph.: Sur le premier Alcibiade de Platon, 2 tomes, Paris 1985-1986

Proklos: In Platonis Parmenidem, ⟨trr.⟩ Morrow, Glenn R. / Dillon, John M.: Proclus' Commentary on Plato's *Parmenides,* Princeton/NJ 1987

Proklos: In Platonis Parmenidem Commentaria, 3 tomi, ⟨edd.⟩ Steel, Carlos / Mace, Caroline / D'Hoine, Pieter / Gribomont, Aurelie / van Campe, Leen, Oxford–New York 2007-2009

Proklos: In Platonis Theologiam libri VI (gr./frz.), ⟨edd./trr.⟩ Saffrey, Henri D. / Westerink, Leendert G.: Proclus. Théologie platonicienne, livres I-VI, 6 tomes, Paris 1968-1997

Proklos: In Platonis Timaevm Commentaria, 3 Bde., ⟨ed.⟩ Diehl, Ernst, Leipzig 1903-1906

Proklos: In Platonis Timaeum, ⟨tr.⟩ Festugière, A. J.: Proclus: Commentaire sur le Timée, 5 tomes, Paris 1966-1968

Proklos: Parmenides usque ad finem primae hypothesis nec non Procli commentarium in Parmenidem, pars ultima adhuc inedita, interprete Guillelmo de Moerbeka (lat./engl.), ⟨edd./trr.⟩ Klibansky, Raymundus / Labowsky, Carlotta, London 1953

Proklos: Tria opuscula (De providentia, libertate, malo) (lat./gr.), ⟨ed.⟩ Boese, Helmut, Berlin 1960

Proklos: Tria opuscula (lat./gr./frz.), ⟨ed./tr.⟩ Isaac, Daniel: Proclus: Trois études sur la providence, 3 tomes, Paris 1977-1982

Puech, Henri-Charles: Numénius d'Apamée et les théologies orientales au second siècle, in: Annuaire de l'Institut de Philologie et d'Histoire Orientales 2 (1934), Mélanges Bidez, Bruxelles, 745-778 = Idem: Numenios von Apameia und die orientalischen Theologien im 2. Jh.n.Chr., in: Zintzen, Clemens: Der Mittelplatonismus, Darmstadt 1981, 451-487

Quispel, Gilles: L'homme gnostique (*La doctrine de Basilide*), in: Eranos-Jahrbuch 16 (1948), Zürich 1949, 89-139

Radhakrishnan, Sarvepalli: Eastern Religions and Western Thought, Delhi et al. ²1982 (4th impr.; ¹1939)

Refoulé, François: La christologie d'Evagre et l'origénisme, in: Orientalia Christiana Periodica 27 (1961), Roma, 221-266

Réville, Jean: La Doctrine du Logos dans le quatrième Évangelie et dans les Œuvres de Philon, Saint-Denis 1881

Richard, Marcel: Un opuscule méconnu de Marcel évêque d'Ancyre, Mélanges de science religieuse 6 (1949), Lille, 5-28

Richter, Georg: Studien zum Johannesevangelium, ⟨ed.⟩ Hainz, Josef, Regensburg 1977

Riehl, Hans: Ordnung des Geistes. Eine Einführung in die Philosophie anhand der Quellen, Graz 1973 (Nachdr. d. Aufl. Wien ²1956)

Rizvi, Sajjad H.: Mysticism and philosophy: Ibn 'Arabī and Mullā Ṣadrā, in: ⟨edd.⟩ Adamson, Peter / Taylor, Richard C.: The Cambridge Companion to Arabic Philosophy, Cambridge et al. 2006 (¹2005), 224-246

Robinson, James M. ⟨ed.⟩: The Nag Hammadi Library in English, San Francisco ³1990 (revised ed.)

Roloff, Ilse: Meister Eckeharts Schriften zur Gesellschaftsphilosophie, Jena 1934

Romano, Francesco / Taormina, Daniela Patrizia: Hyparxis e Hypostasis nel Neoplatonismo. Atti del I Colloquio Internationale del Centro di Ricerca sul Neoplatonismo, Università degli Studi di Catania, 1-3 ottobre 1992, Firenze 1994

Rowe, J. Nigel: Origen's Doctrine of Subordination. A Study in Origen's Christology, Berne–Frankfurt/M.–New York–Paris 1987

Rowe, J. Nigel: The Eventual Reconciling of Human Beings to the Father by Christ, and His Consequent Subjugation to the Father, in: ⟨edd.⟩ Hanson, Richard / Crouzel, Henri: Origeniana Tertia. The third International Colloquium for Origen Studies, University of Manchester, September 7th – 11th, 1985, 139-150

Ruh, Kurt: Geschichte der abendländischen Mystik, 4 Bde., München 1990-1999

Runia, David T.: Philo of Alexandria and the *Timaeus* of Plato, Leiden 1986

Runia, David T.: Philo in Early Christian Literature. A Survey, Assen–Minneapolis 1993

Sapientia Salomonis: ⟨ed.⟩ Ziegler, Joseph: Septuaginta. Vetus Testamentum Graecum. Auctoritate Academiae Scientiarum Gottingensis editum, vol. 12,1, Göttingen ²1980 (¹1962)

Schadel, Erwin: Zum Trinitätskonzept des Origenes, in: Lies, Lothar: Origeniana Quarta. Die Referate des 4. Internationalen Origeneskongresses (Innsbruck, 2.-6. September 1985), Innsbruck–Wien 1987, 203-214

Schissel von Fleschenberg, Otmar: Marinos von Neapolis und die neuplatonischen Tugendgrade, Athen 1928

Schmidt-Biggemann, Wilhelm: Philosophia perennis. Historische Umrisse abendländischer Spiritualität in Antike, Mittelalter und Früher Neuzeit, Frankfurt/M. 1998

Scholem, Gershom: Von der mystischen Gestalt der Gottheit. Studien zu Grundbegriffen der Kabbala, Frankfurt/M. 1977

Schulze, Werner: Harmonik und Theologie bei Nikolaus Cusanus, Wien 1983

Schulze, Werner: Tetraktys – Ein vergessenes Wort der Philosophie, in: ⟨edd.⟩ Kampits, Peter / Pöltner, Günther / Vetter, Helmuth: Wahrheit und Wirklichkeit. Festgabe für Leo Gabriel zum 80. Geburtstag, Berlin 1983, 125-154

Schulze, Werner: Zahl Proportion Analogie. Eine Untersuchung zur Metaphysik und Wissenschaftshaltung des Nikolaus von Kues, Münster/Westf. 1978

Schwyzer: Hans-Rudolf, Die zweifache Sicht in der Philosophie Plotins, in: Museum Helveticum 1 (1944), Basel, 87-99

Sedlar, Jean W.: India and the Greek World. A Study in the Transmission of Culture, Totowa/NJ 1980

Sextos Empeirikos: Pyrrhoneion hypotyposeon & Adversus mathematicos (gr./engl.), ⟨ed./tr.⟩ Bury, R. G.: Sextus Empiricus in four Volumes, Cambridge/MA–London 1976-1983 (Repr. v. 1933)

Sheppard, Anne: Proclus' Attitude to Theurgy, in: Classical Quarterly, new series, 32 (1982), Oxford et al., 212-224

Sleeman, John H. / Pollet, Gilbert: Lexicon Plotinianum, Leiden–Leuven 1980

Somos, Róbert: Origen, Evagrius Ponticus and the Ideal of Impassibility, in: ⟨edd.⟩ Bienert, W. A. / Kühneweg, U.: Origeniana Septima. Origenes in den Auseinandersetzungen des 4. Jahrhunderts, Leuven 1999, 365-373

Spann, Othmar: Gesamtausgabe, 22 Bde., ⟨edd.⟩ Heinrich, Walter / Riehl, Hans et al., Graz 1970-1974

Stead, G. Christopher: Logos, in: Theologische Realenzyklopädie (TRE), Bd. 21, ⟨edd.⟩ Krause, Gerhard / Müller, Gerhard et al., Berlin–New York 1991, 432-444

Studer, B.: Hypostase, in: Historisches Wörterbuch der Philosophie,

Bd. 3, ⟨edd.⟩ Ritter, Joachim / Gründer, Karlfried, Darmstadt 1974, 1255-1259

Sturm, Hans P.: Absolute Grunddisjunktion und Hypostasen. Das Vierphasen-Schema des Wissens bei J. G. Fichte und Plotin, in: Fichte-Studien 22 (2003), Amsterdam–New York 2003, 37-47

Sturm, Hans P.: Alt-Akademische Erledigung der okzidentalen Metaphysik. Unter Berücksichtigung des Lykeions und mit Bemerkungen zur Stoa, Widerspiegelung des Geistes II/4, Augsburg 2018

Sturm, Hans P.: Die vier Stadien des Ent–Setzens (ausgehend von) der buddhistischen Mittelweg-Philosophie Ārya Nāgārjuna's, nebst Parallelen aus den »Wissenschaftslehren« von J. G. Fichte. Eine Grundlegung der Strukturtheorie der Re–flexion, Widerspiegelung des Geistes I, Augsburg [2]2014 ([1]2004)

Sturm, Hans P.:Einleitung in die Strukturphilosophie der Re–flexion in transkulturaler Anwendung (Transkultural-Philosophie) auf die antike Philosophie Indiens, Griechenlands und Chinas. Von der szientistischen Real-Aporie: Formalien, Ausgangspunkt, Methodik, Rahmenbedingungen, Widerspiegelung des Geistes II/1, Augsburg 2016

Sturm, Hans P.: Tetralogos – Ein erster Versuch. Die vier Positionen der Aussage und die vier Glieder des Geistes in der Māṇḍūkya-Upaniṣad und der ars coniecturalis des Nicolaus Cusanus, in: ⟨edd.⟩ Schneider, Notger / Mall, Ram Adhar / Lohmar, Dieter: Einheit und Vielfalt. Das Verstehen der Kulturen, Studien zur interkulturellen Philosophie, Bd. 9, Amsterdam–Atlanta 1998, 85-98

Sturm, Hans P.: Urteilsenthaltung oder Weisheitsliebe zwischen Welterklärung und Lebenskunst, Freiburg/Br.–München 2002

Sturm, Hans P.: Weder Sein noch Nichtsein. Der Urteilsvierkant (catuṣkoṭi) und seine Korollarien im östlichen und westlichen Denken, Würzburg 1996

Synesios: De insomniis, ⟨tr.⟩ Lang, Wolfram: Das Traumbuch des Synesius von Kyrene, Tübingen 1926

Synesios: Hymni (gr./dt.), ⟨edd./trr.⟩ Gruber, Joachim / Strohm, Hans: Synesios von Kyrene: Hymnen, Heidelberg 1991

Synesios: Opere (gr./ital.), ⟨ed./tr.⟩ Garzya, Antonio: Opere di Sinesio di Cirene. Epistole Opere Inni, Torino 1989

Synesios: Opuscula I, ⟨ed.⟩ Lamoureux, Jacques, ⟨tr.⟩ Aujoulat, Noël:

Synésios de Cyrène, Tome IV, Opuscules I, Paris 2004

Szlezák, Thomas Alexander: Platon und Aristoteles in der Nuslehre Plotins, Basel–Stuttgart 1979

Tarán, Leonardo: Speusippus of Athens. A Critical Study with a Collection of the Related Texts and Commentary, Leiden 1981

Theiler, Willy: Forschungen zum Neuplatonismus, Berlin 1966

Theon Smyrnaios: Expositio rerum mathematicarum ad legendum Platonem utilium (gr./frz.), ⟨ed./tr.⟩ Dupuis, J.: Théon de Smyrne, Philosophe Platonicien. Exposition des connaissances mathématiques utiles pour la lecture de Platon, Bruxelles 1966 (Nachdr. d. Ausg. Paris 1892)

Thomassen, Einar: The Philosophical Dimension in Gnosticism: the Valentinian System, in: ⟨ed.⟩ Skarsten, Roald: Understanding and History in Arts and Sciences, Oslo 1991, 69-79

Tornau, Christian: Die Prinzipienlehre von Moderatos von Gades. Zu Simplikios in Ph. 230,34-231,24 Diels, in: Rheinisches Museum für Philologie, Neue Folge, 143 (2000), Frankfurt/M., 197-220

Tripolitis, Antonia: The Doctrine of the Soul in the Thought of Plotinus and Origen, New York 1978

Trouillard, Jean: La médiation du verbe selon Plotin, in: Revue philosophique de la France et de l'étranger 146 (1956), Paris, 65-73

Turner, John D.: The Gnostic Threefold Path to Enlightenment. *The Ascent of Mind and the Descent of Wisdom,* in: Novum Testamentum 22 (1980), Leiden, 324-351

Ullmann, Wolfgang: Die Beziehungen von Trinitätstheologie und Christologie im 6. Buch von Origenes' *Johannes-Kommentar,* in: ⟨edd.⟩ Crouzel, Henri / Quacquarelli, Antonio: Origeniana Secunda. Second colloque international des études origéniennes (Bari, 20-23 septembre 1977), Roma 1980, 165-176

Victorinus, Marius: Christlicher Platonismus. Die theologischen Schriften des Marius Victorinus, ⟨trr.⟩ Hadot, Pierre / Brenke, Ursula, Zürich–Stuttgart 1967

Victorinus, Marius: Marii Victorini opera, 2 Bde., Pars prior: Opera theologica, ⟨edd.⟩ Henry, Paul / Hadot, Pierre. Pars posterior: Opera exegetica, ⟨ed.⟩ Gori, Franco, Wien 1971-1986

Völker, Walther: Das Vollkommenheitsideal des Origenes. Eine Untersuchung zur Geschichte der Frömmigkeit und zu den Anfängen christlicher Mystik, Tübingen 1930

de Vogel, C. J.: On the Neoplatonic Character of Platonism and the Platonic Character of Neoplatonism, in: Mind 62 (1953), Edinburgh, 43-64

Vollenweider, Samuel: Neuplatonische und christliche Theologie bei Synesios von Kyrene, Göttingen 1985

Volk, Stefan: System und Kritik. Eine Einleitung in die tropologische Methode, Würzburg 2005

Vorländer, Karl: Geschichte der Philosophie, 2 Bde., Hamburg [9]1949-1955

Wallis, Richard T.: Neoplatonism. With a Foreword and Bibliography by Lloyd P. Gerson, London–Indianapolis [2]1995 ([1]1972)

Wallis, Richard T.: Soul and Nous in Plotinus, Numenius and Gnosticism, in: ⟨edd.⟩ Wallis, Richard T. / Bregman, Jay: Neoplatonism and Gnosticism, Albany/NY 1992, 461-482

Wallis, Richard T. / Bregman, Jay ⟨edd.⟩: Neoplatonism and Gnosticism, Albany/NY 1992

Waszink, Jan-Hendrik: Porphyrios und Numenios, in: Porphyre. Entretiens sur l'antiquité classique, Fondation Hardt, tome 12, Vandœuvres–Genève 1965, 35-83

Webb, Clement Charles Julian: God and Personality Being the Gifford Lectures Delivered in the University of Aberdeen in the Years 1918 & 1919. First Course, London–New York 1920 (reprint of [1]1919)

Weber, Karl-Otto: Origenes der Neuplatoniker. Versuch einer Interpretation, München 1962

Weinsberg, Leopold: Der Mikrokosmos, ein angeblich im 12. Jahrhundert von dem Cordubenser Josef ibn Zaddik verfasstes philosophisches System, nach seiner Echtheit untersucht, Breslau 1888, Nachdruck in: ⟨ed.⟩ Katz, Steven T.: Jewish Neo-Platonism, New York 1980

Whittaker, John: Studies in Platonism and Patristic Thought, London 1984

Wilke, Annette: Ein Sein – Ein Erkennen. Meister Eckharts Christologie und Śaṃkaras Lehre vom Ātman: Zur (Un-)Vergleichbarkeit zweier Einheitslehren, Bern et al. 1995

Windelband, Wilhelm: Geschichte der abendländischen Philosophie im Altertum, bearbeitet von Albert Goedeckemeyer, München [4]1923

Witt, R. E.: ʽΥΠΟΣΤΑΣΙΣ, in: ⟨ed.⟩ Wood, Herbert G.: Amicitiæ Corolla. A Volume of Essays Presented to James Redel Harris on the Occasion of His 80th Birthday, London 1933, 319-343

Wolfson, Harry Austryn: Philo. Foundations of Religious Philosophy in Judaism, Christianity, and Islam, 2 Vols., Cambridge/MA–London [5]1982 ([1]1947)

Wolfson, Harry Austryn: Studies in the History of Philosophy and Religion, Vol. 1, ⟨edd.⟩ Twersky, Isadore / Williams, George H., Cambridge/MA 1973

Wytzes, J.: The Twofold Way I + II. Platonic Influences in the Work of Clement of Alexandria, in: Vigiliae Christianae 11 (1957), 226-245 & 13 (1960), 129-153, Amsterdam

Wundt, Max: Fichte-Forschungen, Stuttgart–Bad Cannstatt 1976 (Nachdr. d. Ausg. Stuttgart 1929)

Yogananda Paramahansa ⟨tr./com.⟩: God Talks With Arjuna. The Bhagavad Gita (skr./engl.). Royal Science of God-Realization, 2 Vols. (mit durchlaufender Paginierung), Los Angeles/CA [1]1995

Zeller, Eduard: Die Philosophie der Griechen in ihrer geschichtlichen Entwicklung, 3 Bde. in 6 Tln., Leipzig 1920-1923 (4.-7. Aufl.)

Ziebritzki, Henning: Heiliger Geist und Weltseele. Das Problem der dritten Hypostase bei Origenes, Plotin und ihren Vorläufern, Tübingen 1994

Zoumpos, A. N. → Amelios

Namensregister

Autoren, Kompilatoren, Editoren, Übersetzer, historische Persönlichkeiten (nicht von Buch- und Werktiteln) und ohne Verfassernamen überlieferte Quellenschriften

Q

R

S

T

Corrigendum zu

Faszikel II/4:
»Alt-Akademische Erledigung der okzidentalen Metaphysik«

p. 7, Inhaltsverzeichnis: Zeile 5 von unten: (falsch: 2.2), richtig: 2.3